Hape Kerkeling

PFOTEN VOM TISCH!

Meine Katzen,
andere Katzen und ich

PIPER

Mehr über unsere Autoren und Bücher:
www.piper.de

Von Hape Kerkeling liegen bei Malik und Piper außerdem vor:
Ich bin dann mal weg. Meine Reise auf dem Jakobsweg
Der Junge muss an die frische Luft. Meine Kindheit und ich
Frisch hapeziert. Die Kolumnen
Ich sach mal so. 55 Zitate aus seinen Bestsellern

Der Autor spendet zehn Prozent seines Honorars
an den Deutschen Tierschutzbund e.V., Bonn.
Spendenkonto: Sparkasse KölnBonn
BLZ: 370 501 98
Konto: 40 444
IBAN: DE88 3705 0198 0000 0404 44
BIC: COLSDE33

Inhalte fremder Webseiten, auf die in diesem Buch (etwa durch Links) hingewiesen wird, macht sich der Verlag nicht zu eigen. Eine Haftung dafür übernimmt der Verlag nicht.

ISBN 978-3-492-08000-2
8. Auflage 2022
© Piper Verlag GmbH, München 2021
Abbildungen im Vor- und Nachsatz: Hape Kerkeling privat
Satz: Satz für Satz, Wangen im Allgäu
Gesetzt aus der Berling LT Std
Druck und Bindung: GGP Media GmbH, Pößneck
Printed in Germany

Für Peterle, Samson, Spock, Anne, Bolli und Kitty

Das kleinste Katzentier ist ein Meisterstück.
Leonardo da Vinci

INHALT

Vorwort **11**

Peterle, mein Kater to go,
oder
Eine Katze hat mindestens zwei Leben **23**

Ein neues Zuhause **47**

Samson und Spock **61**

Das Orakel von Umbrien **145**

Mein Samtpfoten-Atlas **171**

Meine zweitbeste Freundin Gudrun und
ihr blauer Kater Schmitti – Ein Kapitel für sich **253**

Katzen, die einfach so ins Leben fallen **265**

Der gestiefelte Kater von Oedelsheim …
frei nach einem Märchen der Gebrüder Grimm **275**

Ein finales Miau **287**

Quellen **291**

VORWORT

Liebe Leserinnen und Leser, werte Katzenfreundinnen und Katzenfreunde, verehrte Katzen und Kater,

ich mag Hunde. Ganz ehrlich. Unbestritten sind sie wundervolle und putzige Haustiere. Nicht ohne Grund leben unter deutschen Dächern über zehn Millionen dieser possierlichen Art. Wie schrieb schon der alte Geheimrat Goethe so treffend im »Faust«? »Dem Hunde, wenn er gut gezogen, wird selbst ein weiser Mann gewogen.« Anhänglich, stubenrein und gehorsam ist er, wenn's gut läuft! Was will man also mehr?

In der Regel ist diese Art auch noch mit einem fast manischen Beschützerinstinkt ausgestattet, welcher selbst einen mickrigen Rehpinscher, zumindest akustisch, in einen tollwütigen sibirischen Schneewolf im Stimmbruch verwandeln kann. Das aber auch nur, wenn er sich dabei Schutz suchend hinter einem meterhohen Zaun verbarrikadieren darf. Für mich als tendenziell schreckhaften und eher Ruhe liebenden Charakter kann eine solche Begegnung dazu führen, einen sonnigen Tag vorzeitig für gelaufen zu erklären.

Cocker Spaniel & Co. sorgen dafür, dass Herrchen oder Frauchen regelmäßig an die frische, herrlich gesunde Luft kommt, um sich die müden Beine zu vertreten. Vorzugsweise morgens um halb sechs bei strömendem Regen im nebligen Spätherbst, versteht sich.

Wie gesagt: Ich mag Hunde. Oder sagen wir besser, ich habe nichts gegen sie. Vorsicht, Ironie! Zumindest nichts Wirksames. Vor allem dann nicht, wenn sie möglicherweise drollige Kunststückchen draufhaben, wie zum Beispiel Bällchen- oder Stöckchenholen ... Das kann mich durchaus erheitern und mein Gemüt erfreuen.

Der treue Hund ist mir jedoch generell zu fixiert auf seinen Halter. Mitunter hat das so etwas obsessiv Verbissenes und erinnert mich sehr an Stalking. Als potenzielles Herrchen bräuchte ich schlicht mehr Freiraum, als so ein niedlicher Yorkshire Terrier mir zugestehen würde. Hunde scheinen immer irgendwie darauf zu warten, dass etwas Entscheidendes und Aufregendes passiert. Sie sind dauer-unternehmungslustig. So bin ich nicht. Ich bin froh, wenn mal nichts passiert. Meine Devise lautet: Ruhe im Karton!

Jetzt werden Sie vielleicht denken: Was erzählt der ältere, dickliche Herr uns hier eigentlich vom Pferd ... äh, Hund? Das Tier auf dem Buchumschlag ist doch ganz eindeutig eine herzige Katze!

Als ich etwa fünf Jahre alt war, hatte meine Mutter Margret in einem spontanen Anfall von Großherzigkeit einem grauen, herzkranken Riesenpudel namens Whiskey Urlaubsasyl in unseren bescheidenen, mit Blümchentapete verzierten vier Wänden gewährt.

Eine Stammkundin aus Omas Krämerladen, die stets frisch ondulierte und ihrem Hund in Wuchs und Ausdruck nicht unähnliche Frau Melchior, wollte ihre Sommerfrische im bayerischen Bad Reichenhall im Jahre 1969 gänzlich unbepudelt antreten. So hatten Mama und ich also den fast erblindeten Whiskey für ellenlange zwei Wochen an der Backe. Gehört hat er allerdings auch nicht.

»So ein treuer und lieber Weggefährte« sei er. Mit diesen salbungsvollen Worten hatte Frau Melchior uns das Ungetüm seinerzeit wie Sauerbier angepriesen.

»Und wachsam ist er schließlich auch.« Fun Fact war: Das bissige Viech hat uns vierzehn Tage lang gekonnt und knurrend in Schach gehalten, ständig observiert und kontrolliert. Whiskey hätte problemlos bei der Stasi anfangen können. Schnell wäre er dort die Karriereleiter hinaufgetrappelt. Der olle Mielke hätte seine helle Freude an dem grau gelockten Ungetüm gehabt. Whiskey war ein Schnüffler vor dem Herrchen.

In diesen unvergessenen vierzehn Tagen erlebten meine Mutter und ich jedenfalls, gänzlich unfreiwillig, die Vorzüge fleischloser Kost. Egal, was wir auch Unveganes in die Hand nahmen und zum Munde führen wollten, ob Leberwurstschnittchen, Bockwurst oder Frikadelle, Whiskey schnappte danach und verlangte mit nicht gespieltem Nachdruck die unmittelbare Herausgabe des Fleischgerichts. Schnapspralinen-Genießer war er darüber hinaus auch noch. Kein Wunder also, dass er herzkrank war und konsequent so hieß wie die irische Edelspirituose! Nach dieser einschneidenden Erfahrung habe ich nie wieder ernsthaft mit dem Gedanken gespielt, mir einen Hund zulegen zu wollen. Warum auch? Man ist ja schließlich nicht blöd.

Heilfroh waren wir, als wir den teuren Whiskey wieder in Frau Melchiors Zweiraumwohnung in Herten-Scherlebeck abliefern konnten. Die quietschfidele Urlauberin hingegen hatte wohl still und heimlich gehofft – und deshalb vermutlich auch verzweifelte Stoßgebete gen Himmel gesandt –, ich möge mich unsterblich in ihren hochprozentigen Kumpel verknallen, am Ende ihrer Sommerfrische heulend meinen Besitzanspruch auf selbigen anmelden und die Rückgabe fußstampfend verweigern. Weit gefehlt. Stattdessen haben meine Mutter und ich einen Freudentanz am Pudel-Abgabetag aufgeführt.

So kann man sich manchmal irren. Ich nehme an, Whiskey hat Frau Melchior, samt ihrer Wasserwelle und einer Schachtel Likörpralinen, irgendwann schlichtweg aufgefressen. Oder Frau Melchior ihn? Seitdem jedenfalls habe ich es nicht mehr so mit Hunden.

Vielleicht verstehe ich Hunde aber auch einfach nicht!? Jedenfalls begreifen Hunde mich als Person in all meinen schillernden Facetten definitiv nicht. Das muss ich so annehmen, da sie mich meistens mit einem riesigen Fragezeichen über der nasskalten Schnauze erwartungsvoll anschauen.

Hechelt mich beispielsweise ein Boxer mit heraushängender, dampfender Zunge an, frage ich mich: Bedeutet dieses klebrige Sabbern womöglich die Vorbereitung auf einen nahenden brutalen Angriff? Bringt der Hund sich gerade nur in die richtige üble Stimmung dafür? Oder hat er Durst? Hunger? Diabetes, Verdauungsstörungen oder Asthma? Will er gar nur spielen? Ist ihm heiß? Oder soll das einfach nur witzig sein? Genau so sieht es nämlich aus. Geradezu skurril.

Schlussendlich schüttelt der behäbige Hund dann meist völlig unerwartet seinen Kopf, und zwar exakt in der Geschwindigkeit, in der die Erde sich um die eigene Achse zu drehen pflegt. Und wem fliegt der ganze frisch produzierte und zähflüssige Sabber um die Ohren? Mir! Der Hund wollte mich nur ärgern. Das war's also. Hunde können manchmal recht unerfreuliche Charaktere sein.

Trotzdem vermute ich als überzeugter Tierschützer natürlich stark, dass Hunde eventuell, unter Umständen, möglicherweise doch so etwas Ähnliches wie eine Seele besitzen könnten. Meinen Sie etwa nicht? Könnte doch sein!

Dennoch: Seien Sie mir jetzt nicht gram, und haben Sie mich bitte weiterhin lieb. Ich weiß, das ist jetzt ein ziemlich dicker Hund, aber Boxer, Terrier und Dobermann sind meine Welt nicht. Bobtails, Bernhardiner und Neufundländer? Geht so.

Ach, was soll ich noch lange drum herumreden? Lassen wir die Katze doch einfach aus dem Sack: Ich vergöttere Samtpfoten. Still bete ich sie an. Der geborene Katzenpapa bin ich. Katzen sind meine heimliche Religion. Wo auch immer auf der Welt ich stehe, schlummere oder gehe, Katzen laufen, schnurren, kuscheln oder fliegen auf mich zu, hinter mir her oder an mich ran. Und bei mir liegen sie immer goldrichtig.

Selbst der lauteste Kater der Welt, Merlin aus Torquay in Großbritannien, würde an meiner Begeisterung nichts ändern. Sein Schnurren erreichte in einer Messung sage und schreibe 67,8 Dezibel. Damit ist das Brumm-Monster fast so laut wie ein alter, benzinbetriebener Rasenmäher. Gratulation dazu!

Katzen und meine Wenigkeit: Das ist eine gegenseitige und geradezu zauberhafte Anziehung, quasi feline Magie. Selbst die argwöhnischste und ausgemergeltste Kitty, ausgestattet mit dem miesesten aller Charaktere, kann sich meiner ganzen Bewunderung sicher sein. »Blind vor Liebe« nennt man das wohl landläufig.

Sollten Sie übrigens stolzer Hundebesitzer sein und sich jetzt ein wenig auf den Schlips oder Schweif getreten fühlen, denken Sie bitte immer daran: Wer einen Hund besitzt, der ihn verzückt anhimmelt, sollte unbedingt auch einen Kater haben, der ihn komplett ignoriert. Das erdet ungemein und wirkt ausgleichend auf den Charakter.

In den Achtzigern durfte ich genau so einem gefräßigen US-amerikanischen Katergeschöpf namens Garfield meine Stimme auf Hörspielkassetten leihen. Im Prinzip war das für einen ausgewiesenen Cat Lover wie mich der absolute Höhepunkt der gesamten Showkarriere. Acht Folgen lang säuselte und krächzte ich mich mit ausgefahrenen Krallen und getigerter Wampe durch die wunderbaren Abenteuer. Da gab es auch so einen typischen Hund namens … na, wie hieß er doch gleich? Ach ja, Odie! Er war im Übrigen nicht besonders klug. Sicher nur ein dusseliger Zufall.

Mein allererstes Referat in der Sexta im Fach Biologie am Marie-Curie-Gymnasium in Recklinghausen beschäftigte sich mit dem Thema Hauskatzen. Wie sie so sind, wo sie herkommen, was sie so können, im Allgemeinen und überhaupt. Dafür gab es von Frau Dr. Gabi Biletzki ein Sehr gut minus.

Sie sehen: In meinem Fall haben Sie es mit einer kompetenten und ausgewiesenen Fachkraft zu tun. Insofern können Sie sich also beruhigt zurücklehnen: Alles, was Sie hier zu lesen und zu hören bekommen, stammt aus der Feder einer echten Hobbykoryphäe auf dem Gebiet der »Felis silvestris catus«, sprich Waldkatze.

Finden Sie nicht auch, dass Katzen anmutige, weise und edle Geschöpfe von geradezu royaler Gestalt sind!? Definitiv besitzen sie eine Seele. Das habe ich jedenfalls so für mich entschieden, und in diesem Buch werde ich es Ihnen sogar beweisen. Aufgepasst: Heute quatsche ich Sie so was von in Katzen rein!

Die Menschheit lässt sich laut Francesco Petrarca, dem großen italienischen Humanisten des Spätmittelalters, grob in zwei Gruppen einteilen: in Katzenliebhaber und in vom Leben Benachteiligte. Na, auf welcher Seite stehen Sie?

Mit der Leidenschaft für den gemeinen Stubentiger bin ich gewiss nicht allein. Womit wir auch schon mitten im wunderbaren Thema wären, sozusagen bei des Pudels Kern.

Der Hund gilt ja gemeinhin als der beste Freund des Menschen. Aber Katzen sind die wahren Lieblingstiere der Deutschen. Vielleicht ist das so, weil sie selbstständig aufs Klo gehen? Ich finde ja, es liegt vor allem daran, dass sie einem viele Freunde auf einmal ersetzen, vom besten Kumpel über den guten Zuhörer bis hin zur Zicke.

Die Katze hat in Deutschland als Haustier die weiche Schnauze ganz weit vorn. Über fünfzehn Millionen Exemplare fläzen sich genüsslich zwischen Sylt und Garmisch-Partenkirchen auf teutonischen Wohnzimmercouches. Von der Deutschen Langhaarkatze über den Abessinier bis hin zur Burma oder der Türkisch Angora. Und ich wette, keinem der Millionen von stolzen Katzenbesitzern ist es jemals gelungen, seiner Mieze das Sofa als Thronersatz auszureden. Die Katze ist unter allen Viechern unser absoluter und erklärter Liebling. Fast jeder zweite Katzenbesitzer hat, laut Umfrage, sogar ein Bild seiner Mieze in der Brieftasche.

Der guten Ordnung halber sei hier noch erwähnt, dass bei uns in Deutschland 3,5 Millionen Ziervögel gezählt wurden und es rund 3,2 Millionen Aquarien oder Gartenteiche mit Fischen gibt. Welcher Beamte hat sich eigentlich die Mühe gemacht, da mal ordentlich durchzuzählen? Vielleicht ein tierlieber Schwabe? Zudem gibt es in Deutschland 1,3 Millionen Terrarien. Merken Sie was? Allesamt Beutetiere unserer pelzigen Lieblinge.

Falls Sie sich mit dem Gedanken tragen, eine noble Katze in Ihr Heim zu holen, kann Ihnen dieses Buch vielleicht ein bisschen dabei helfen, dass Sie, ganz sprichwörtlich, nicht die Katze im Sack kaufen. Nachts sind zwar alle Katzen angeblich grau, aber tagsüber erkennt man eben doch gewaltige Unterschiede, vor allem im Charakter.

Eines ist sicher: Eine Katze kann uns eine verwandte Seele sein und das Leben enorm bereichern, solange man sich dem Tier mit einer gewissen Hingabe nähert. Wie sagt das alte chinesische Sprichwort: Glücklicher Besitzer, glückliche Katze. Gleichgültiger Besitzer, unzufriedene Katze.

---

1. Goldene Katzenregel: WIDMEN SIE SICH IHRER KATZE IMMER UND AUSSCHLIESSLICH LIEBEVOLL, SONST WIRD SIE AUCH NUR SCHWER STUBENREIN. FREI NACH DEN BEATLES IST ALLES, WAS SIE IM LEBEN BRAUCHEN, LIEBE UND EINE KATZE.

Was macht die Katze so sympathisch, unwiderstehlich und attraktiv? Warum erscheint sie uns manchmal sogar wie ein überirdisches oder gar mystisches Wesen? Was fühlen Fellnasen? Ist die Katze sich ihrer selbst bewusst? Wie kommuniziere ich mit meinem Liebling? Haben Katzen Humor? Können sich Katzen schämen? Wie verwöhne ich meine Katze? Sind Katzen die besseren Psychologen? Sind unsere Stubentiger vielleicht sogar hellsichtig? Diesen interessanten Fragen wollen wir uns hier ausgiebig widmen.

Natürlich habe ich auch ein paar nützliche Erziehungstipps für Sie auf Lager. Aber, ich sage das hier in aller Offenheit, sie sind fast alle zwecklos. Am Ende verändern die kleinen Löwen immer den Katzenpapa oder die Katzenmama. Wir geben es irgendwann ohnehin auf, unsere Katzen als Kinder zu betrachten. Ein entscheidendes Geheimnis darf ich Ihnen deshalb gleich zu Beginn schon anvertrauen: Ich glaube, Katzen halten uns ihr ganzes Leben lang für ihre Kinder. Sie werden niemals müde, uns zu erziehen und an das Wesentliche zu erinnern.

Liebevoll, entschlossen und klug ermahnen sie uns, immer schön im Moment zu bleiben. Das Jetzt zu genießen und voll auszuschöpfen will der Buddhismus uns lehren. Der Katze gelingt es nahezu mühelos, uns diese wichtige Lebenslektion spielerisch beizubringen. Sie ist ihrer Natur nach eine spirituelle Meisterin. Nicht umsonst heißt es: Nur Katzen können dem Blick eines Königs standhalten.

In diesem Buch werden Sie natürlich so einiges über unsere Freunde mit dem weichen Fell erfahren, doch auch ganz viel über sich selbst. Unfassbar viel Spannendes, Berührendes und Unterhaltendes habe ich bei meiner Recherche für dieses Buch lernen, entdecken und erkennen dürfen. Nun freue ich mich darauf, es mit Ihnen hier zu teilen.

Sind Sie bereit? Dann betreten wir jetzt gemeinsam das geheimnisvolle Universum der Katzen. Es wird kitty-katty-magisch!

Selbstverständlich hoffe ich, dass Sie nach der Lektüre Katzen* genauso lieben werden wie ich, denn Sie wissen ja: Jeder Katzenhasser wird unweigerlich als graue Maus wiedergeboren.

Viel Vergnügen bei der Lektüre
Ihr Hape Kerkeling

PS: Meine nigelnagelneue Katze Kitty sitzt übrigens gerade direkt vor der gläsernen Terrassentür und zwinkert mir sanft zu. Das Vorwort hat ihr anscheinend gefallen. Sie hat es genehmigt. Es kann also losgehen. Darauf ein freundliches »Murr«.

---

* Im Folgenden ist, sofern das Geschlecht nicht ausdrücklich genannt wird oder aus dem Kontext hervorgeht, mit »Katze« auch »Kater« gemeint, ebenso wie mit dem Katzenhalter auch die Katzenhalterin, mit dem Tierarzt auch die Tierärztin sowie mit dem Forscher auch die Forscherin gemeint ist.

PETERLE, **MEIN KATER** TO GO, ODER EINE KATZE HAT MINDESTENS ZWEI LEBEN

*Für blinde Seelen sind alle Katzen ähnlich.
Für Katzenliebhaber ist jede Katze von Anbeginn an
absolut einzigartig!*

Jenny de Vries

Nachdem meine Mutter im Sommer 1973 auf tragische Weise verstorben war, hatten meine Großeltern, beide bereits jenseits der siebzig, meine Erziehung übernommen. Vor allem waren sie nun damit beschäftigt, mich, den achtjährigen Wonneproppen, wieder behutsam in ein seelisches Gleichgewicht hineinwachsen zu lassen. Keine besonders leichte Aufgabe. Dabei sollte nun auch ein passendes Haustier behilflich sein. Hamster, Hase, Huhn oder was auch immer. Irgendetwas Weiches zum Kuscheln eben.

Opa Kerkeling, aufgewachsen auf einem münsterländischen Bauernhof, wusste um die besondere Wirkungskraft eines tierischen Gefährten. So ein Haustier kann einen festen Ankerplatz in einem zerbrechlichen Kinderherzen einnehmen. Ein Tier kann einem dabei helfen, ein barmherziger und gütiger Mensch zu werden. So sehen das inzwischen auch moderne Pädagogen.

Mein Wallach Bubi war erst ein Jahr zuvor an Altersschwäche gestorben. Also wollte ich kein anderes, neues Pferd. Dazu war ich nicht bereit, und auch standen die finanziellen Mittel dafür nicht zur Verfügung.

Man kann schließlich auch kein Familienmitglied nach dessen Tod einfach ersetzen. Stirbt die Mama, dann bleibt sie unersetzlich. Das ändert sich nie, mag es auch noch so schmerzlich sein.

Oma Bertha pirscht sich also eines Morgens beim Frühstück, an ihrer Teetasse nippend, vorsichtig an das tierische Thema heran: »Opa und ich dachten …«

Oje!, schießt es mir durch den Kopf, wenn Oma schon so anfängt, dann gibt es garantiert wieder ein Problem!

»Also, wir dachten ...«, fährt sie fort, »du hättest vielleicht Freude an einem kleinen Hund!«

Leicht geschockt, aber durchaus gekonnt, pruste ich den lauwarmen Kakao über den adrett gedeckten Frühstückstisch und vor allem über den weißen Teller mit Kochschinken, einer Hausmacherspezialität der Metzgerei Köster.

Es gibt also tatsächlich ein Problem, und zwar ein gewaltiges, denke ich beim Anblick der gesprenkelten Wurstware und mosere kauend: »Oma!? Bist du verrückt geworden? Was soll ich denn mit einem Hund? Dafür habe ich wirklich keine Nerven!«

Kinder können sich manchmal so unsagbar altklug aufführen. Diesbezüglich war ich vermutlich sogar eine richtige kleine Pest. Meine Großeltern sitzen jedenfalls perplex und stumm betroffen auf der Eckbank; gerade so, als hätte ich sie bei irgendetwas Blödem erwischt. Mein Gott, die zwei waren immer so besorgt um mein Seelenheil. Wie stark mich dieses Bild der zwei Senioren auf der Holzbank unterm Kruzifix heute, im Rückblick aus der Perspektive des gesetzten Herrn, doch rührt. Ihnen war diese Hundediskussion weitaus ernster als mir, dem unbedarften Knirps.

Oma stottert: »Wir dachten, du hättest vielleicht gern einen Hund? Alle Jungs wollen doch immer einen kleinen Hund!«

Tja, Oma hat die Hoffnung anscheinend immer noch nicht ganz aufgegeben, dass ich mich eines Tages doch noch über Nacht, o Wunder, wie alle Jungs aus dem Kohlenpott in einen Fußball spielenden, pöbelnden und Schimpfwörter speienden Rotzlöffel mit bissigem Dobermann an der Leine verwandeln könnte. Nicht, dass ihr das besonders gefallen würde, aber nach ihrer Einschätzung würde es mir das Leben wohl ein nicht unwesentliches Stück leichter machen in dieser rauen Gegend zwischen kargen Kohlenhalden und qualmenden Schloten.

»Ich will aber keinen Hund! Hunde sind doof! Erinner dich an Whiskey, den doofen Köter von Frau Melchior! Aber … wie wäre es mit einer Katze!?«, entfährt es mir erstaunlich spontan.

Jetzt habe ich nicht nur meine Großeltern, sondern auch mich selbst gerade überrascht. Keine Ahnung, wie ich auf diese putzig-pelzige Idee komme. Irgendwo in mir schlummert wohl die drängende Sehnsucht nach einer seelenverwandten Katze. Der Katzenpapa will anscheinend gerade raus aus mir. Mein Cat-Coming-out!

»Wie sein Vater!«, grummelt mein Opa und meint weiter: »Der hat doch als Kind auch immer halb verhungerte und abgemagerte Katzen angeschleppt. Lasst uns am Wochenende mal zu Tante Elfriede nach Billerbeck fahren. Die hat bestimmt Sommerkätzchen auf dem Bauernhof. Da suchst du dir dann das passende aus, Hans-Peter!«

Gesagt, getan. An jenem besagten Augustwochenende geht es also im giftgrünen Renault zu Tante Elfriede ins idyllische Münsterland. Ich bin so was von aufgeregt. Tja, so muss sich jemand fühlen, der sich endlich einen Porsche Carrera leisten kann und zum ersten Mal im Leben ins Luxus-Autohaus fährt. Mein Katzentraum wird wahr.

Tante Elfriede erwartet uns bereits, freudestrahlend und vor Begeisterung wild mit den Armen fuchtelnd, in gepunktetem Kittel und Holzschuhen an der großen Toreinfahrt zu ihrem Hof.

Tante Elfriede mag ich einfach. Sie ist drollig, verschmitzt und extrem kinderfreundlich. Ihre blonde Kunsthaarperücke sitzt heute allerdings schief. Das Ding sieht ohnehin nicht besonders kleidsam aus. Wieso sagt ihr das eigentlich keiner? Wie ein sonnengegerbtes Katzenfell aus billigen Kunstfasern thront der Haarersatz schräg auf ihrem Haupt. Ihr Mann, Onkel Franz, sieht nicht mehr so gut. Das erklärt einiges, aber doch nicht alles.

Einen Moment lang überlege ich, ob ich sie auf die unübersehbare Schieflage ihrer fragwürdigen Kopfbedeckung aufmerksam machen soll, konzentriere mich dann aber doch lieber wieder auf das Wesentliche. Man will ja die Verwandtschaft auch nicht unnötig in Verlegenheit bringen. Und wieso muss eigentlich immer ich die unangenehmen Dinge in dieser bekloppten Familie zur Sprache bringen?

Wenn mein Großvater oder andere Verwandte aus dem Münsterland oder Holland nicht wollen, dass ich zuhöre oder etwas verstehe, wird in Plattdeutsch »gekürt« oder Nederlands »gepraat«, wahlweise direkt an mir vorbei oder über mich hinweg. Da ich aber nicht so doof bin, wie ich anscheinend aussehe und wie alle gemeinhin denken, verstehe ich Knirps das meiste dann wider Erwarten doch. Dieses kleine Geheimnis behalte ich natürlich für mich. Sorry, oder besser gesagt, »dat deit mi leed«. Diese Form der Heimlichtuerei hat man mir ja schließlich peu à peu beigebracht.

Tante Elfriede ruft auf Plattdeutsch: »Kinners, wat ben ick frouh, dass ihr eins von den Kätzchen mitnehmen wollt. Unsere Minka hat dieses Jahr so viele Kätzchen! Aber nehmt man bloß nicht den kleinen Kater mit. So was Freches und ›Dummdriestes‹ habe ich noch nie gesehen. Aber für unseren Hans-Peter habe ich schon mal vorsorglich die ruhigste Katze ausgesucht. Ein Draufgänger ist unser Junge ja auch nicht gerade!«

Ruhige Katze?, denke ich still erheitert. Ich will Spaß und kein komatöses Fellknäuel!

Tante Elfriede scheint mich also auch nicht für einen übermäßig aggressiven Fußballrowdy zu halten, sondern eher für eine Art sympathischen Softie. Auch wenn dieser Begriff noch gar nicht existiert. Jungs wie mich hält man auch gern mal für Vollpfosten. Leider komme ich auch bei Tante Elfriede nicht so hart rüber, wie ich es mir manchmal doch wünschen würde. Ein ganzer Kerl dank Chappi? Das trifft auf mich, den bald Neunjährigen, nun mal nicht zu.

Elfriede, eine Herzenscousine meines Vaters Heinz, ist die geborene Bäuerin. Bei »Bauer sucht Frau« hätten sie sie – Gott hab sie selig – mit Kusshand genommen und problemlos an den vereinsamten geneigten Landmann gebracht. Die Landwirtschaft als solche wurde nämlich eigens für Tante Elfriede erfunden, damit sie ihr gesamtes Potenzial restlos ausschöpfen kann. Auf ihrem Hof leidet kein Tier unnötig, alles ist blitzeblank, jede und jeder hat ihre oder seine Aufgabe, und Elfriede ist die großmütige Königin über Schwein, Huhn, Kuh, Katze, Feld, Flur und Mähdrescher. Besser geht Agrikultur nicht. Zumindest nicht 1973 hier im Münsterland.

Bald stehen wir vor dem Kuhstall. Dort stinkt es bereits vor dem Tor immer bestialisch beißend, egal, wie sauber es hier auch grundsätzlich sein mag. Ich liebe Tiere, doch so manche Ausdünstung ihrerseits erschwert sensiblen Gemütern wie mir das Leben wirklich unnötig.

»Der Gestank ist nix für unsern Hans-Peter. Dat weiß ich schon. Du bist ja 'n empfindliches Kerlchen, nich, Hans-Peter!? Aber die Katze wohnt nun mal hier im Stall. Hol getz mal tief Luft, und dann gehen wir fix rein! Dat schaffste schon. Wenn du es gar nicht aushältst, musst du dir die Nase zuhalten. Bisse so weit, oder soll ich dir 'ne Wäscheklammer auf die Nase setzen?«, kommandiert meine Tante mich entschlossen in den Stall.

Dieser penetrante Geruch ist wirklich gar nix für mich oder für schwache Nerven im Allgemeinen. Aber es muss auch ohne Wäscheklammer, Taucheranzug oder Atemgerät gehen. Ich muss auch mal gegen mein vorherrschendes Weichei-Image ankämpfen. Man sollte die eigene Familie einfach mal an unerwarteter Stelle überraschen. Wenn's sein muss, kann ich auch kernig ... wenigstens für ein paar Momente.

Selbst wenn viele meiner Vorfahren über Generationen hinweg erdverbundene, heimattreue Landwirte gewesen sein mögen, bin ich da anscheinend völlig aus der rustikalen Art geschlagen. Hat doch die Mehrheit meiner Vorfahren zweifelsfrei einen Großteil ihres Lebens schwitzend und ächzend zwischen Mähen, Viehzucht und Pflaumenernte verbracht. Für meine schillernde und rosige Zukunft wünsche ich mir hingegen eher ein etwas luftigeres Leben zwischen Baden-Baden, Babelsberg und Beverly Hills. Übrigens gern mit viel

Eau de Cologne. Auch gegen Schloss Neuschwanstein als ständigen Wohnsitz hätte ich rein gar nichts einzuwenden. Katzenpapa eben. Durch und durch.

Falsche Bescheidenheit kenne ich nicht. Insofern bin ich eigentlich kein waschechter Westfale, sondern eher ein blaublütiger, leicht degenerierter Bourbone mit Hang zum Opulenten. Vielleicht sollte ich hier und heute auch gar keine bescheidene Hauskatze wählen, sondern stattdessen gleich auf einer Angora-, Perser- oder Siamkatze bestehen!? Am liebsten natürlich auf allen drei Rassen zusammen.

Katzenmama Minka hat es sich im Stroh bei der schwarz-weiß gescheckten Resi, Tante Elfriedes mehrfach prämierter Erfolgsmilchkuh, gemütlich gemacht.

Die gute Resi ist anscheinend genauso tierlieb wie ich, denn Minka liegt ganz selig zu Resis Hufen, sich ausgiebig putzend, im Heu. Um sie herum toben fünf kunterbunt gemusterte Kätzchen. Das sechste – ein weißes Kätzchen – liegt da und schläft trotz des Tumults seelenruhig mit offenem Mund und heraushängender Zunge. Das macht die Qual der Wahl schon einfacher: Wer meine Ankunft sabbernd verschläft, ist raus. Und tschüs!

Begeisterung beeinflusst offenbar auch die Wahrnehmung positiv. Tatsächlich gewöhnt man sich recht schnell an den penetranten Gestank im Kuhstall. Das schwarz-weiß-grau getigerte Katzenexemplar erblickt mich plötzlich, und nachdem es um meine Beine gestreift ist, hüpft es förmlich begeistert auf mich zu.

So eine schöne Katze habe ich noch nie gesehen. Fit, lustig und hellwach. Die ist ja goldig. Cat for fun! Zugegeben, sie wirkt ein bisschen verrückt und schaut so, als führte sie etwas Freches im Schilde. Während die leicht verschrobene Katzennudel sich in mein Herz miaut, raunzt Tante Elfriede: »Nee, die besser nich.«

Ich höre noch die alarmierte Stimme meiner Großmutter im Nacken: »Hans-Peter, bloß nicht den Kater!«

Aha, das ist er also, der dummdreiste Kater. Es ist zu spät. Das nennt man wohl schockverliebt. Wie heißt es so schön in Marianne Rosenbergs Erfolgsschlager: »Er gehört zu mir!« Der Kater hat das so entschieden. Waren da etwa noch andere Kätzchen? Habe ich nicht gesehen. Ich will dieses agile und quietschfidele Kerlchen, das sich schon bald als außergewöhnliche Intelligenzbestie erweisen soll.

Schwups, habe ich mir meinen Kater auch schon gekrallt, und der ist wiederum bald dabei, seine Krallen endgültig sanft in mein Herz zu schlagen. Das ist mein Kater to go! Peterle, so soll er heißen! Mein Urgroßvater hat mich immer so genannt.

Ach, so eine Samtpfote, frech oder lieb, ist der beste tierische Gefährte, den man nur haben kann. Zwei verwandte Seelen treffen ihrer Bestimmung nach endlich aufeinander. Dieser Kater hat, wie sich zeigen wird, mehr Charakter als ein ganzes Rudel von Schlittenhunden zusammen. Und was um Himmels willen hätte ein Rudel Schlittenhunde auch in meiner schneearmen und grob charmanten Heimatstadt Recklinghausen verloren? Ein sperriger, etwas hochnäsiger Kater passt hingegen perfekt, entweder in die Bronx oder eben ins Kohlerevier! Hier wächst doch tatsächlich zusammen, was zusammengehört.

Während wir mit dem Kater bereits auf dem abendlichen Nachhauseweg in den sauerstoffarmen und stickstoffreichen Kohlenpott sind, redet meine Oma vom Beifahrersitz mahnend und hüstelnd auf mich, auf der Rückbank sitzend, ein: »Der Kater kommt mir aber nicht ins Haus! Das ist dir schon klar, oder?«

»Natürlich!«, sage ich im Brustton der Überzeugung, auch wenn ich der Sache ein wenig skeptischer gegenüberstehe. Abgesehen davon hat meine Oma das größte Herz unter der Sonne. Weder mir noch dem Kater wird sie eine Bitte abschlagen können. Ich habe zwar keine Mutter mehr, und das ist schlimm. Dafür habe ich aber die beste Oma der Welt.

»Er bleibt auf jeden Fall draußen. Peterchen kann ja in Opas Werkstatt im Stall wohnen! Hörst du, Hans-Peter?«, beharrt Oma auf ihrem Standpunkt. So wie sie es sagt, scheint sie bereits zu ahnen, dass dieser Vorsatz schon bald Makulatur sein könnte.

Vielleicht geht Oma davon aus, dass eine Katze, die im Stall geboren wurde, dort auch dringend bleiben möchte. Aber genauso wie der Mensch im Allgemeinen strebt eben auch manches Tier instinktiv nach Höherem. Nicht umsonst heißt es ja: Wie der Herr, so's G'scherr!

Noch weiß ich ja nicht besonders viel über Peterle, allerdings sieht er definitiv nicht so aus, als wollte er weiterhin im Stall oder in einer Werkstatt wohnen. Wenn ich ihn mir da so in Omas altem Einkaufskorb etwas genauer betrachte, wie er interessiert hervorlugt, komme ich zu dem Schluss, dass er ein feudales Sofakatzen-Gesicht hat. Er hat Lust auf behagliche Gemütlichkeit. Das Motto »herrische Hauskatze« steht ihm unsichtbar auf die Stirn geschrieben. Doch, er würde auch gut nach Versailles passen!

Meine Großeltern neigen zwar manchmal dazu, mich ein bisschen zu unterschätzen, aber bei diesem Kater liegt Oma jetzt völlig daneben. Der Minilöwe ist ein geborener Imperator, denn dieses Raubkätzchen hat Charakter. Ein Sonnenkönig, jedoch einer mit Herz.

Zu Hause angekommen, liefere ich Peter, wie von Oma erwartet, im Stall hinter dem Haus ab. Von hier kann er dann durch ein Kläppchen in der Stalltür, welches Opa eigens für den Kater bereits im Vorfeld gezimmert hat, hinaus in den Garten.

Draußen dämmert es langsam, und auch dem tapsigen kleinen Kater scheint gerade etwas zu dämmern. Ein bisschen verstört wirkt er und verloren, hier zwischen Opas Werkbank und dem himmelblauen Mofa meines Bruders.

Ein weißer Napf mit Katzenfutter wartet vergeblich darauf, angerührt zu werden. Peter miaut aus ganzem Herzen und schaut mich dabei flehentlich an. So schreit nur jemand, der dringend wieder nach Hause will. Es wird jetzt meine vornehmste Aufgabe sein, ihm klarzumachen, dass er von nun an *bei mir* zu Hause ist. Einen Rückfahrschein zu Tante Elfriede gibt es nicht.

Im Auto war es noch die Katzenbaby-Neugier, die ihn, von der Abenteuerlust getrieben, relativ ruhigen Blutes bis hierher gebracht hat. Doch nun scheint ihm langsam aufzugehen, dass der schnelle und unerwartete Abschied von seiner Mama wohl ein endgültiger war und dass er auch seine Geschwister zukünftig nicht mehr in seiner Nähe haben wird. Ein kleiner, tapferer Kerl muss hier gerade endgültige Wahrheiten verkraften.

Obwohl es noch Spätsommer ist, das Kätzchen scheint mit einem Mal zu frieren. Peter zittert. Annäherungsversuche meinerseits lässt er nicht mehr zu.

Er verkriecht sich vor mir unter Opas Werkbank in das hinterste Eckchen.

Von der Haustür schallt Omas Stimme über den Hof: »Hans-Peter, komm bitte ins Haus. Es wird dunkel!«

»Gleich, Oma« brülle ich zurück, »die Katze hat solche Angst!«

»Noch zehn Minuten, dann bist du bitte im Haus!«, hallt es zurück.

Was soll ich machen? Die Katze brüllt wie am Spieß. Peter fühlt sich nicht wohl. Er will nur weg. Kurzum: ein Katzenjammer, das Ganze.

In meiner Not lege ich mich auf den kalten Steinboden. Irgendetwas sagt mir, ich solle gefälligst damit aufhören, den Kater so eindringlich anzustarren und derartig verzweifelt mit Nachdruck auf ihn einzureden. Das nervt nämlich und scheint rein gar nichts Positives zu bewirken. Im Gegenteil: Das Tier fühlt sich dadurch anscheinend sogar von mir bedroht.

Nun gut. Dann gucke ich einfach mal unbeteiligt nach oben, an die Decke, und schaue mir Opas dort aufgehängte Gerätschaften etwas genauer an, vom Besen über die Harke bis zum Rechen. Dabei trällere ich intuitiv und leise das Liedchen »Abendstille überall ...«. Das hat meine Mutter mir immer vorgesungen, und geschadet hat es nichts. Vielleicht nützt es ja bei Peter sogar etwas?

Und siehe da! Fixiere ich mich nicht zu sehr auf ihn, wird er sichtlich ruhiger. Die Tatsache, dass ich den rostigen Gartenwerkzeugen meines Großvaters unbeirrbar ein Gutenachtlied vorplärre, scheint ihn zu besänftigen. Oder besser gesagt: Ignoriere ich mein Katerchen, findet er das toll.

Die schwedische Schriftstellerin Astrid Lindgren hat einmal konstatiert, dass man in Tiere gar nichts hineinprügeln, aber manches aus ihnen herausstreicheln kann. Sie hat, wie meistens, recht. Geduld ist nämlich auch das entscheidende Schlüsselwort bei der Katzenerziehung. Soweit man bei Katzen eben überhaupt von Erziehung sprechen kann. Nennen wir es lieber: vorsichtiges Einwirken ohne Hoffnung auf erkennbare Ergebnisse.

Je weniger ich Peterle direkt anschaue, je mehr ich ihm den Rücken zuwende und behutsam etwas vor mich hin summe, desto sanfter wird er. Glücklich ist er zwar deshalb noch lange nicht, aber zumindest nicht mehr ganz so verzweifelt. Das nenne ich Fortschritt. Ich mag zwar kein angeborenes Talent fürs Bolzen besitzen, aber vielleicht schlummert in mir ja ein Tierforscher? Vielleicht bin ich weniger Günter Netzer, sondern mehr Heinz Sielmann? Könnte doch sein!

2. Goldene Katzenregel: STARREN SIE DIE KATZE NIE DIREKT UND LANGE AN.

Dieses »Angestarrtwerden« erlebt das Tier als eine Bedrohung, die im schlimmsten Fall in einer körperlichen Auseinandersetzung enden kann. Als erzieherische Maßnahme darf es jedoch ab und zu maßvoll eingesetzt werden. Wenn Sie Ihrem Stubentiger allerdings sanft und langsam zuzwinkern, bedeutet es wiederum etwas völlig anderes. Dazu später mehr.

Nach knapp einem Monat ist Peter zum vollwertigen und besonders gut gelaunten Familienmitglied herangewachsen. Detailgenau kennt er inzwischen unseren Tagesablauf und hat auch unsere Charaktere eingehend studiert. Komme ich von der Schule nach Hause, wartet er bereits, brav im Hof sitzend, auf mich. Meine Wenigkeit hat er mittlerweile zum besten Kumpel auserkoren. Opa ist zu seinem wohlwollenden Butler mutiert, und Oma akzeptiert er uneingeschränkt als Chefin im Ring. Zumindest lässt er sie in dem Glauben, sie sei der Boss. Er durchschaut uns alle. Genau wie seinerzeit der gute alte Pudel Whiskey. Nur missbraucht Peter dieses Wissen nicht. Er setzt es zwar zu seinem Besten ein, aber ohne dabei jemandem hinterhältig zu schaden oder ihn gar zu ängstigen. Ein guter Kerl eben.

Peter wohnt und schläft zwar weiter im Stall, welchen er durch die schmale Katzenklappe nach Gusto betreten oder verlassen kann, aber morgens und abends gibt es nun Ausnahmen von der strengen Regel. Der Kater darf tatsächlich ins Haus. Durch einen knapp einwöchigen Sitzstreik vor der Haustür hat er das maunzend eingefordert. Katzen hassen nichts mehr, als vom Familienleben ausgeschlossen zu werden. Selbst wenn sie manchmal nur teilnahmslos und wie tot, auf Brokatkissen schnarchend, im Wohnzimmer herumliegen, wollen sie doch um jeden Preis dabei sein und kriegen tatsächlich das Wesentliche immer mit.

Mit dem mitleiderregenden, dahinmiauten Vorwand, er wolle sich nur mal kurz im Hause umschauen, rein interessehalber, hat mein Kater sich nun also nahezu uneingeschränkten Zugang zu allen Räumen verschafft. Meine pseudostrenge Oma ist am Ende doch noch schwach geworden. Die Schlafzimmer bleiben allerdings weiterhin tabu.

Begleitet von den verständnisvoll gesäuselten Worten: »Ach, eigentlich ist er doch ein ganz lieber Kerl!«, hat Oma ihm eigenhändig die Haustür geöffnet. Beim Frühstück darf Peter nun allmorgendlich neben mir auf der Eckbank sitzen und seinen Blick über die angebotenen Köstlichkeiten der Metzgerei Köster schweifen lassen. Mehr aber auch nicht.

Einmal versucht er, seine Pfote ziemlich unsanft auf meinen Teller zu schieben, um die streichzarte, extrafeine Geflügelleberwurst zu ergattern. Diese Köstlichkeit streicht Oma ihm jedoch entschlossen und endgültig von der Speisekarte, indem sie ihm einen etwas längeren, strengen Blick schenkt und ihm einen klitzekleinen, unangenehmen Stupser zielgenau aufs Näschen verpasst, untermalt von der einleuchtenden Bemerkung: »Pfoten vom Tisch!« Und zu mir gewandt: »Genau so erzieht ihn die Katzenmama übrigens auch!« Ansonsten gilt sowieso immer die alte japanische Weisheit: Statt die Katze zu verjagen, stell lieber mal den Teller weg.

Im Anschluss starrt der beleidigte Kater, innerlich vor sich hin maunzend, unbeteiligt an die Küchendecke, seine Pfoten aber behält er fortan bei sich. Sowieso gilt: Ist Oma im Raum, benimmt sich mein Kater stets wie ein Gentleman. Er verhält sich formvollendet, wie ein Dressurpferd auf dem Olympiaparcours, und erlaubt sich keinen einzigen Patzer. Geradezu erstaunlich, dass er sich nicht vor Oma verbeugt. So nimmt es nicht Wunder, dass Oma ihn ihrerseits für einen ganz lieben Kerl hält. Das ist er zwar, aber er ist auch unfassbar raffiniert.

Jeden Morgen öffne ich ihm die schmale Fensterklappe oberhalb der Klinke in der Eingangstür, und Peter springt mit einem Satz gekonnt auf das Fensterbänkchen und in den Hausflur. Ein herrliches Bild, wie der dicke, getigerte Kater da akrobatisch im hohen Bogen ins Haus hineinfliegt, um dann auf Entdeckungsreise zu gehen.

Durch Peterle lerne ich bereits im Kindesalter, was es heißt, Verantwortung für jemanden zu übernehmen. Man baut zu Tieren nun mal eine echte Beziehung auf, durchaus auch mit Höhen und Tiefen, Krisen und guten Phasen.

Der Fressnapf muss zu festen Zeiten morgens und abends gefüllt und dann auch entsprechend wieder gesäubert werden. Gut – ab und zu übernimmt natürlich Opa auch mal diese Aufgabe. Abspülen ist, wie das Fußballspielen, auch nicht so wirklich meins.

Beim Fressen auf Bodenniveau stellt die Katze ihre Ohren automatisch nach hinten, weil sie ihr eigenes Schmatzen nicht hören mag. Das nenne ich halbwegs gut erzogen! Vielleicht laufen Chili-Chips mampfende Teenies deshalb neuerdings mit fetten Kopfhörern durch die Innenstädte? Eine Katze hat übrigens in jedem Ohr 32 Muskeln, die es ihr ermöglichen, die Öhrchen zu drehen, zu bewegen, besonders gut zu hören und zu orten. Menschen haben hingegen nur sechs.

Bezüglich der Fütterungszeiten übernehmen Katzen praktischerweise völlig den Rhythmus ihrer menschlichen Familienmitglieder. Soll noch jemand sagen, Stubentiger seien nicht anpassungsfähig! Katzen sind in der Regel genauso entspannt, wie sie meistens aussehen, und das wirkt glücklicherweise ansteckend auf den Menschen.

Ein Katzenklo braucht Peter nicht, da er derartige Geschäfte fein säuberlich und unauffällig im Garten erledigt. Wie praktisch!

Nach etwa einem Jahr ist Peter als Familienmitglied unersetzlich geworden. Grundsätzlich gilt sowieso: Ein Leben ohne Katze ist in etwa so sinnvoll wie ein Leben ohne Liebe.

Eine zweiwöchige Urlaubsreise nach Österreich mit meinem anderen Opa, Willi, trete ich wirklich nur schweren Herzens an. Wie soll ich Peter erklären, dass ich für einige Zeit von der Bildfläche verschwinden werde? Urlaub!? Wie soll ein Kater das denn begreifen?

3. Goldene Katzenregel: DIE TRENNUNG VON IHREM GELIEBTEN MENSCHEN ERLEBT EINE KATZE ALS DIE ABSOLUTE HÖCHSTSTRAFE. SIE SOLLTE TUNLICHST VERMIEDEN WERDEN.

Aber vielleicht muss ich meinem Kater die Sache mit den Ferien nur vernünftig erklären? Dazu stelle ich mich mitten ich den Garten, pfeife zweimal lang und viermal kurz – das ist unser Erkennungszeichen –, und es dauert keine zwei Minuten, bis mein Katerchen, fröhlich miauend, aus dem Dickicht auftaucht und mir wie stets behaglich brummend zur Begrüßung um die Beine streicht.

Über meine hochtrabenden Reisepläne kläre ich ihn in einem ernsthaften Vieraugengespräch auf. So, wie es unter guten Kumpels im Kohlenpott in den quietschfidelen Siebzigern üblich war.

Mag sein, dass ich als Kind ein wenig zu sensibel war, und eventuell hatte ich auch ein bisschen zu viel Fantasie. Aber wenn Sie mich fragen, hat mein Kater damals vollumfänglich begriffen, was ich ihm da ferientechnisch zu erläutern versucht habe. Ich bin dann mal weg. Diesen einfachen Satz muss er doch begriffen haben. Der Junge muss an die frische Luft. Das ist doch auch für ein durchschnittlich intelligentes Haustier eine unmissverständliche Botschaft!

Peterles Schnurren wird mir im Wanderurlaub zwar fehlen, da es auf mich diese tiefe, beruhigende Wirkung hat, aber ich will meinen Opa mütterlicherseits auch nicht enttäuschen und allein in den Urlaub fahren lassen.

Egal, was ich Opa Willi in der Regel so alles »vom Pferd« erzähle, er lacht herzlich darüber und ist irgendwie … glücklich. Wenn meine Katze brummt, bin ich übrigens auch glücklich. Oder ist es umgekehrt?

Der Kater ist zwar ein Draufgänger und legt sich in der Nachbarschaft gern mit allen Konkurrenten an. Was mich betrifft, bringt er jedoch eher sein zurückhaltendes und wenig aufdringliches Wesen zum Ausdruck. Auch ist er ein sagenhaft geduldiger Zuhörer und dadurch zu meinem kleinen Seelsorger auf vier Pfoten geworden. Jeden noch so blöden Kummer hört sich Peter an, er hat nicht immer einen guten Rat parat, und wird es ihm zu viel, verkrümelt er sich in die Untiefen des Gartens. Amüsiert scheint er nie über das, was ich ihm erzähle. Er nimmt das alles sehr ernst.

Relativ beruhigt fahre ich also, mit der gefühlten Erlaubnis meines Katers in der Tasche, in die Ferien.

Oma und Opa werden sich wie immer aufopferungsvoll um den kleinen Quälgeist kümmern. Wird schon schiefgehen!

Nach vierzehn Tagen jedenfalls komme ich eines lauen Sommerabends zurück nach Hause und erlebe mein allerblauestes Wunder.

Auf der heimischen Eckbank sitzen meine ziemlich bedröppelten Großeltern. Hilflos die Hand meines Opas suchend, stottert Oma mit hochrotem Haupt: »Wir haben wirklich alles versucht, Hans-Peter. Das kannst du uns glauben, aber dein Peterle war so krank! Es war besser so.«

Was bitte war genau besser so!? Was meint Oma denn damit? Meine aufgeregten Gedanken überschlagen sich förmlich in meinem Kopf.

Großvater Hermann wischt sich indes eine Träne aus dem Gesicht und jammert: »Er war doch so schrecklich abgemagert, kaum wiederzuerkennen, und nach einer Woche hat er ja auch überhaupt nichts mehr gefressen. Ich habe noch versucht, ihm flüssige Nahrung einzuflößen, aber er wollte nicht mehr! Selbst den lauwarmen Kamillentee hat er nicht mehr gewollt.«

Im völlig falschen Film bin ich hier gerade gelandet und traue meinen Ohren nicht. In mir denkt es erstaunlich besonnen: Nie im Leben stirbt meine Katze einfach so. Sie verschwindet nicht einfach so mir nichts, dir nichts aus meinem Leben, während ich genüsslich im Urlaub weile. Peter würde das nicht tun! Es ist ein Ding der Unmöglichkeit. Wir hatten schließlich eine klare Abmachung.

Tränenerstickt bricht es aus mir heraus: »Das kann nicht sein. Ihr habt euch geirrt. Mein Kater lebt ... das spüre ich!«

Hilflos schauen meine Großeltern mich an und schweigen verstört.

Wie von der Tarantel gestochen springe ich auf und renne hinaus in die Dunkelheit des Gartens. Mein ersticktes Heulen verhindert fast, dass ich unser Erkennungszeichen, das Zweimal-kurz-viermal-lang-Pfeifen, über die Lippen bringe. Doch es gelingt mir. Erst ganz verhalten und schließlich in der üblichen Lautstärke. Der verzweifelte Pfiff geht hinaus in die Stille der Nacht. Nichts tut sich. Nur der kühle Abendwind rauscht in den Blättern der Bäume. Aber kein Rascheln zwischen den Sträuchern oder gar Miauen ist zu hören.

Da versuche ich schweren Herzens, still vor mich hin schluchzend und so gefasst wie möglich, den schrecklichen Gedanken zuzulassen und zu akzeptieren: Peter ist tot. Was bleibt mir denn auch anderes übrig? Es ist hart, aber manchmal muss man sich … abfinden.

Wie aus dem Nichts direkt vor meine Füße geworfen, streicht plötzlich mein hysterisch laut miauender Kater um meine Beine. Er wirkt völlig verstört und überdreht. So, als wollte er sagen: »Bist du wahnsinnig geworden? Wie kannst du mich bloß so lange allein lassen!? Tu das gefälligst nie wieder!«

Ein unbeschreiblich unheimlicher Moment, den ich da erlebe. Ich hatte mich bereits mit dem Allerschlimmsten zu arrangieren versucht, und dann lässt da jemand einfach ein Wunder geschehen, ein ziemlich großes sogar.

Schlagartig bekomme ich am ganzen Körper Gänsehaut. Mein Kopf wendet sich automatisch nach oben, gen sternenklaren Nachthimmel, und ich stammele nur: »Danke!« Instinktiv ergreife ich meine Katze, renne mit ihr auf dem Arm zurück ins Haus und rufe: »Er lebt! Schaut nur!«

Peter fühlt sich in meinen Armen zwar ein wenig dünner und leichter an, aber eben doch nicht tot, sondern quicklebendig. Meine Großeltern sind beim Anblick des maunzenden Katers einer Ohnmacht nahe. Opa jedenfalls wird leichenblass.

»Aber ... ich habe ihn doch im Garten begraben! Er war tot!«, versichert er mir fassungslos.

»Opa, welchen Kater du auch immer begraben hast, es war nicht meiner. Du hast da was nicht richtig gesehen!«

Oma pflichtet Opa bei und ergänzt: »Aber er hat doch auf den Namen Peter gehört!«

Oha!, denke ich. »Dann war das Kerstin Hallermanns Kater!«

Ein Mädchen aus unserer Nachbarschaft hatte auch einen Kater namens Peter, und der war meinem nicht völlig unähnlich. Sie unterschieden sich nur durch eine Kleinigkeit, nämlich durch die Stirnzeichnung. Kerstins Peter trug eine Art graues, leicht verwaschenes V wie Victory auf der Stirn, während mein Peter ein weißes M mit einer schwarzen Umrandung auf der Stirn hatte. Abergläubische Neapolitaner meinen übrigens, dass genau diese Tiere direkt von der Madonna mit einem speziellen Auftrag auf die Erde gesandt werden.

Opa hatte also Kerstins Kater wenig feierlich, mit dem Spaten in der Hand, in unserem Garten unter der alten Esche die letzte Ruhestätte geschenkt.

Am darauffolgenden Tag bin ich es dann, der vier Häuser weiter zur kleinen Kerstin ins Kinderzimmer stapft und ihr die schmerzliche Nachricht, so tapfer wie möglich, überbringt. Das Nachbarskind ist sichtlich traurig. Immerhin hat Kerstin ja noch ihren kläffenden Rehpinscher Fritz. Mit dem geht sie doch tatsächlich immer, im Schottenkaro-Regencape und mit passender Mütze gekleidet, Gassi. Also der Hund, nicht Kerstin – sie trägt Bluejeans und ein sonnengebleichtes Schweinchen Dick-T-Shirt. Vielleicht kann ihr der kleine Fritz im Plastikschottenrock jetzt ein Trost sein?

Mein Peter jedenfalls soll noch fünf weitere Jahre leben. Totgesagte leben nun einmal länger. Gegen Ende seines recht glücklichen Lebens ist er so riesig und moppelig geworden, dass er eines Morgens beim Sprung durch das schmale Fensterkläppchen in der Haustür einfach stecken bleibt. Da ist er dann selbst einigermaßen verblüfft. Mir gelingt es mit Drücken und Schieben und unter massivem Protest-Miauen seinerseits, ihn dennoch heile ins Haus zu befördern. Von da an wartet er vorzugsweise geduldig darauf, dass ihm jemand gnädigerweise die Haustür öffnen möge.

Dass wir den Kater nie haben kastrieren lassen, ist ihm am Ende wohl zum Verhängnis geworden. Heute weiß man es einfach besser.

Der unglaublich starke Sexualtrieb zwingt Kater nämlich, so lange unterwegs zu sein, bis sie ein paarungswilliges Weibchen finden. Dafür nehmen sie mitunter enorm weite Wanderungen in Kauf, verlassen kopflos ihr angestammtes Areal und lassen jegliche Vorsicht außer Acht. Katzen haben zwar einen fantastischen Orientierungssinn, aber wagen sie sich zu weit weg von zu Hause, kann es sein, dass sie nicht mehr zurückfinden. Die traurige Wahrheit ist: Die meisten überfahrenen Katzen waren auf verzweifelter Partnersuche.

4. Goldene Katzenregel: LASSEN SIE IHRE KATZE RECHTZEITIG KASTRIEREN ODER STERILISIEREN.

Etwa ab dem sechsten Lebensmonat sollte man diesen unkomplizierten Eingriff durchführen lassen. Die Katze hat dadurch eine wesentlich höhere Lebensqualität, und aufgrund des niedrigeren Infektionsrisikos steigt auch die Lebenserwartung. Der Trieb ist nichts, was Kater oder Katze echtes Vergnügen bereitet. Hier dürfen wir bitte nicht vom lüsternen Menschen auf den Vierbeiner schließen. Fünf Monate muss eine Katze mindestens alt sein, um erstmals rollig und Mutter zu werden. Kater sind frühestens ab dem siebten Monat geschlechtsreif.

Im Umgang mit meinen Katzen habe ich Entscheidendes fürs Leben gelernt. Vor allem habe ich früh kapiert, dass man die Grenzen eines Gegenübers respektieren muss. Im Rückblick bin ich froh, dass ich so früh einen innigen Kontakt zu meinem Kater Peter aufbauen konnte. Genau deshalb hatten und haben alle Katzen fortan einen besonderen Platz in meinem Leben und in meinem Herzen.

EIN NEUES **ZUHAUSE**

Das Leben und dazu eine Katze,
das ergibt eine unglaubliche Summe,
ich schwör's euch!

Rainer Maria Rilke

Der Anfang ist also gemacht, aber wie nehme ich so ein kleines, liebebedürftiges Katzenknäuel denn nun zu Hause richtig auf?

Als ich irgendwann wild dazu entschlossen war, wieder einer Fellnase ein neues Heim zu schenken, habe ich damit auch eine tatsächlich lebensverändernde Entscheidung gefällt. Für viele Jahre beeinflusst eine Katze nämlich den Alltag und Tagesablauf nachhaltig.

Sie gehört wie Tante Elfriede, Onkel Helmut, Bello, der Hund, oder Hansi, der Kanarienvogel, zur Familie. Während ein Hund sich in der Regel unterordnet, greift die Katze eher ordnend in das Leben des Halters ein. Eine Katze ist zwar in der Haltung generell pflegeleicht und passt sich dem Lebensrhythmus ihres Menschen an, besitzt aber einen anspruchsvollen, individuellen Charakter.

Katzen können, bei besonders guter Pflege, mitunter ein recht stolzes Alter erreichen. Die bisher älteste bekannte Katze trug den mysteriösen Namen Creme-Puff, lebte im US-Bundesstaat Texas und wurde exakt 38 Jahre und drei Tage alt. Im Jahre 2005 ist die gute alte Lady Creme-Puff leider verstorben. Der Besitzer, ein gewisser Jake Perry, war auch der Besitzer des vorhergehenden Rekordhalters, eines Katers namens Grandpa Rex Allen. Irgendetwas macht der Mann richtig!

Irrtümlich gilt immer noch die Faustregel, dass man das Alter einer Katze nur mit sieben multiplizieren muss, um es in Menschenjahre umzurechnen. Nun, das stimmt so nicht. Während man eine einjährige Katze gut und gern mit einem volljährigen Menschen vergleichen kann, gleicht eine sechzehn Jahre alte Katze einem etwa achtzig Jahre alten Menschen. Mit zunehmendem Alter verringert sich das Verhältnis der Katzenjahre zu Menschenjahren. Im Schnitt können Katzen, bei guter Pflege, ein Alter zwischen vierzehn und zwanzig Jahren erreichen.

In frei laufenden Katzenpopulationen ohne menschliche Zuwendung und medizinische Versorgung liegt die Lebenserwartung einer Katze etwa zwischen ein und drei Jahren bei männlichen beziehungsweise drei und vier Jahren bei weiblichen Tieren. Sie sehen: Katze und Mensch gehören einfach schicksalhaft zusammen. Es wäre einmal interessant zu erfahren, welchen Einfluss die Katze auf die Lebenserwartung des Menschen hat. Dazu gibt es leider noch keine fundierte Studie.

Denken wir bitte immer daran: Katzen wurden vor Tausenden von Jahren im alten Ägypten sogar als Gottheiten verehrt. Glauben Sie bloß nicht, das hätten die Miezen völlig vergessen. Sie kennen ja vermutlich den blöden Spruch: Füttert ein Mensch den Hund, sagt sich der Hund: Er muss Gott sein! Füttert ein Mensch die Katze, sagt sich die Katze: Ich muss Gott sein!

Das Kätzchen wird unweigerlich ein wichtiger Teil der Familie sein. Genauso erwartet es das Tier in der Regel auch. In einem Singlehaushalt kann eine Katze in der heutigen Zeit sogar die komplette Familie ersetzen. Der Robinson-Crusoe-Erfinder Daniel Defoe, ein ausgewiesener Experte in Sachen Einsamkeit, formulierte es einmal besonders treffend: »Wer eine Katze hat, braucht das Alleinsein wirklich nicht zu fürchten.«

Eines muss klar sein: Vertrauen und Schutz wird die Katze fortan ausschließlich bei uns suchen. Nicht nur die Gesundheit, sondern auch das seelische Gleichgewicht des Tieres hängt nun stark von unserer Aufmerksamkeit ab.

Meistens ist das Kätzchen zwischen zwei und drei Monaten alt, wenn es aus seiner vertrauten Katzenfamilie herausgenommen wird und in sein eigentliches Zuhause kommt. Die frühe Erziehung durch die Katzenmama legt die Grundlage für das spätere Verhalten unseres Stubentigers.

Von der Mutter lernen die Katzenjungen, wie man sich putzt, verteidigt oder auf die Jagd geht. Hier lernen die Kleinen auch, Bindungen aufzubauen und sich spielerisch auf ihre Geschwister einzulassen, ohne dabei die Krallen auszufahren, Zähne zu zeigen oder grob zu werden. Dass Katzenkinder sich gegenseitig Wunden zufügen, werden Sie nie erleben. Das ist ein völliges Tabu. Deshalb ist es gut, die Katzenbabys so lange wie möglich bei der Mutter zu belassen, wenigstens jedoch zwei Monate und am liebsten volle drei Monate.

Ein Waisenkätzchen hingegen hat es im Vergleich zu einem normalen Katzenbaby ungleich schwerer und benötigt wesentlich mehr Aufmerksamkeit und Zuwendung. Ein vom Menschen aufgezogenes Kätzchen könnte durchaus das eine oder andere Problemchen entwickeln wie zum Beispiel eine ungehemmte Bissfreude, da ihm die Grenzen im Spiel nie wirklich aufgezeigt wurden. Mit viel Geduld und gutem Zureden kann man einer Katze ein solches Fehlverhalten jedoch abtrainieren.

Wenn das Kätzchen in sein neues Zuhause kommt und seine neuen Familienmitglieder kennenlernt, hat es in der Regel bereits ganz eigene Erfahrungen gemacht. Meist sind wir erstaunt darüber, wie schnell sich da ein klarer Charakter zu erkennen gibt.

Es ist wie bei menschlichen Kindern. Da gibt es die schüchternen Beobachter und die wagemutigen Abenteurer, die ruhigen Vertreter und die überdrehten Klassenkasper, die zärtlichen Kuschler und die reservierten Rühr-mich-nicht-ans. Jeder, der schon mal eine Katze hatte, wird Ihnen bestätigen, dass Katzen enorm viel Geduld im Umgang mit unseren menschlichen Beschränkungen aufbringen. Das Tigerchen ist selbst dem allergrößten Philosophen in Sachen Lebensweisheit überlegen.

Akzeptieren Sie es, wie es kommt und wie es Ihnen der liebe Gott ins Haus gesandt hat. Jedes Tier kommt mit seiner eigenen Lektion. Gesellig oder aufdringlich. Einzelgängerisch oder scheu.

Geben Sie dem Tier Zeit, und, vor allem, reden Sie mit Ihrer Katze – und zwar viel. Meinetwegen labern Sie sie von morgens bis abends voll. Nur wenn die Katze mal muss, sollte völlige meditative Ruhe im Haus herrschen. Ist schließlich beim Menschen auch nicht so viel anders! Auch wenn Katzen im Charakter noch so unterschiedlich sein mögen, eines haben sie gemeinsam: Sie sind eigentlich alle wahnsinnig interessierte und gute Zuhörer. Katzen wollen verstehen, was wir sagen, fühlen und denken. Das wiederum erwarten sie auch von ihrem menschlichen Gegenüber.

Durch ein paar simple Vorkehrungen und Tricks kann man dem Vierbeiner das Einleben in der neuen Umgebung vereinfachen.

Der Stubentiger sollte sich in den ersten 24 Stunden zunächst nur an einen Raum gewöhnen, bevor er dann

Stück für Stück den gesamten Wohn- und Lebensraum erkundet, schließlich erobert und als neues Territorium akzeptiert.

Genau in diesem Eingewöhnungsraum sollte auch die Toilette stehen.

Das Unschöne gleich zuerst: Voilà, la toilette. Dann haben wir das besprochen. Das Katzenklo sollte am Tage des Einzugs einsatzbereit an einem ruhigen Platz stehen. Die Katze verlangt nach einem wirklich stillen Örtchen.

5. Goldene Katzenregel: FÜR DIE KATZE GILT IMMER: RUHE IM KARTON! SIE BRAUCHT EIN STILLES ÖRTCHEN.

Um zu verhindern, dass die Katze die Toilette nicht annimmt oder gar als unangenehmen Ort empfindet, ist es essenziell, sie ihr Geschäft immer ungestört verrichten zu lassen. Auch für das anschließende Verscharren braucht das Tier eine gewisse Abgeschiedenheit. Natürliche Feinde wie Wölfe oder Füchse sollten in Urzeiten schließlich keine Fährte aufnehmen können. Die Katze war im Moment der Verrichtung auch besonders verletzlich und angreifbar. Diese Angst ist bis heute tief in ihrer DNA verankert.

Setzen Sie sich also bloß nicht mit einer Zeitschrift direkt neben die Box oder quatschen während der Verrichtung der Notdurft tapfer auf das Tier ein. Das nervt nur – und das wollen wir doch nicht.

Kommen Sie bitte bloß nicht auf die Idee, die Katze samt Katzenklo zum Veterinär zu schleppen. Das habe ich tatsächlich in einer Praxis mal so gesehen und war sprachlos. Leute gibt's, die gehen mit dem Katzenklo zur Tierärztin! Urinprobe mitbringen heißt ja bei uns Menschen auch nicht, Klo abmontieren und directement zum Onkel Doktor schleppen.

Schlafzimmer, Esszimmer oder Kinderzimmer eignen sich schon aus rein hygienischen Gründen gar nicht für die Pipibox. Das Badezimmer, die Garage, ein Abstell- oder ein Kellerraum kommen da schon eher infrage. Der freie Zugang zum Katzenklo muss immer gewährleistet sein, auch wegen der Dringlichkeit so mancher Angelegenheit. Die Türen in der Wohnung also bitte offen halten.

Stolze Katzeneltern kennen das Problem nur zu gut: Katzen sitzen ja grundsätzlich immer auf der falschen Seite der Tür. Lässt man sie raus, wollen sie rein. Lässt man sie rein, wollen sie raus. Wobei es natürlich akrobatische Intelligenzbolzen gibt, die sehr wohl in der Lage sind, Türen durch gekonnte Sprünge und behänden Pfoteneinsatz spielend zu öffnen. Das mit dem Wiederverschließen ist dann allerdings so eine Sache. Es soll angeblich auch Siamkatzen geben, die fähig sind, ein normales WC mit Spülung zu benutzen. Meine durchschnittlich begabten Hauskatzen haben es allerdings nie zu dieser besonderen Meisterschaft gebracht.

Manche Katzen bevorzugen ein »Häuserl« mit »Dacherl«. Andere wiederum mögen eine Cabrio-Toilette, also oben ohne. Pro Katze braucht man streng genommen eine Toilette. Zwei Katzen stellen die absolute Obergrenze für die Nutzung ein und desselben

Örtchens dar. Ginge es nach der Vorstellung der Katze, müsste sowieso in jedem Raum mindestens eine Box stehen.

Auch was das Katzenstreu betrifft, kann es sein, dass man ein bisschen herumexperimentieren muss, bis man den Geschmack des äußerst wählerischen Toilettengängers trifft. Krümelig, sandig, klumpend oder fluffig: Ihr Stubentiger wird den Test machen und Sie das Ergebnis nach eingehender Prüfung wissen lassen. Sie merken es dann schon am Gesichtsausdruck. Katzen können herzzerreißend und verzweifelt dreinschauen, wenn ihnen das falsche Streu unter den Fellpopo kommt. Wenn das Streu an den Pfoten haften bleibt, ist es dem geborenen Feingeist sichtlich ein Gräuel. Verächtlich versuchen die Tiere, sich durch gekonntes Schütteln der Pfote von dem Unrat schleunigst zu befreien. Der neue Mitbewohner lernt erstaunlich schnell und mit großer Selbstverständlichkeit, die Katzentoilette zu benutzen. 600 Euro zahlt ein Haushalt im Schnitt pro Jahr allein für Futter und Katzenstreu; insgesamt – mit Pflege, Spielzeug, Tierarztbesuchen, Impfungen – sollten als jährliche Unterhaltskosten für eine Katze rund tausend Euro veranschlagt werden.

Unmittelbar nach ihrer Ankunft im neuen Heim sollte man die Katze also am besten gleich in die Toilette setzen, Ruhe bewahren und Daumen drücken. Einmal auf den Topf gesetzt, wird sie diesen zu gegebener Zeit immer wieder aufsuchen.

Das erste Säubern des Klos ist zweifellos eine heikle Sache, besonders für empfindliche Gemüter. Der Toiletteninhalt sieht nicht besonders ansprechend aus und riecht mitunter recht streng. Da kann man noch so viel Deo-Wunderpulver aus der Zoohandlung drüberstreuen, es ist und bleibt eine unappetitliche Sache. Genau genommen riecht es sogar schlimmer, wenn sich der Lavendelparfümgeruch des weißen Mehls mit dem Ammoniakgestank der Exkremente mischt. Genug davon.

Keine Sorge: Der aufkeimende Würgereiz bei der ersten Entsorgung der zähen Biomasse stellt sich spätestens nach einer Woche nicht mehr ein. Die menschliche Ekelgrenze ist recht variabel und verschiebt sich im Laufe der Zeit deutlich nach oben. Man wird schlicht unempfindlicher. Schließlich weiß man, für wen man den unangenehmen Job macht.

Micki, Mausi, Minka oder Felix werden es Ihnen jedenfalls danken. Betrachten Sie die Sache indisch, und zwar als eine Form von Karma-Yoga. Fische füttern bewirkt angeblich ähnlich gutes Karma.

Sehen Sie es so: Sie lassen einem beseelten Wesen etwas Gutes angedeihen. Das bringt Ihnen nicht nur Pluspunkte im Hier und Jetzt, sondern auch später mal im Nirwana, wenn sich entscheidet, ob Sie als Hamster, Hund, Königin von Holland oder Siamkatze wiedergeboren werden. Vielleicht legt Ihre Katze da ein gutes Maunzen für Sie ein?

Behandeln Sie Ihr Haustier am besten so, dass Sie im nächsten Leben ohne Probleme auch mit vertauschten Rollen klarkommen. You never know!

Die Reinigung der Toilette mit der Sandschaufel erfolgt mindestens einmal täglich. Den kompletten Inhalt des Behälters samt Streu wechselt man nach maximal einer Woche. Katzen sind überaus reinliche Zeitgenossen und verweigern konsequent die Nutzung einer schmutzigen Toilette. Sie selbst verwenden gern mehrere Stunden am Tage darauf, sich zu säubern, wobei das Putzen nicht nur der Reinlichkeit und Abwehr von Parasiten dient, sondern auch dem Schutz des Fells und bei sommerlichen Temperaturen der Abkühlung.

Na, war doch alles gar nicht so schlimm mit dem ersten Geschäft!

Der Tierarzt des Vertrauens sollte bald ausgewählt werden. Sowohl unser Liebling als auch wir brauchen einen verlässlichen und vertrauensvollen Ansprechpartner. Das sollte nach Möglichkeit immer ein und dieselbe Person sein. Unsere Katze besucht den Onkel oder die Tante Doktor am besten in regelmäßigen Abständen, mindestens aber einmal im Jahr zum großen Check-up. Kostenpunkt circa 100 bis 200 Euro je nach Region, manchmal aber auch deutlich weniger.

So gewöhnt sich die Katze an die regelmäßigen Ausflüge, und die Angst vor dem Besuch der Praxisräume wird geringer. Auch der Arzt muss sich ebenso an das Tier gewöhnen und es Stück für Stück besser kennenlernen.

Die Katze sollte zum eigenen und zum Schutz anderer immer im Korb transportiert werden. Fremde Gerüche, unbekannte Menschen und andere Tiere können den Vierbeiner leicht aus der Fassung bringen. Selbst der ansonsten geselligste Stubentiger kann im Wartezimmer eingeschüchtert werden oder gar die Flucht ergreifen wollen. Eine Decke, ein Handtuch oder ein kleines Stofftier, welches dem Liebling aus dem Schlafkörbchen vertraut ist, kann dabei helfen, das erhitzte Gemüt zu beruhigen. Hauptsache, etwas, das wie zu Hause riecht. Es mag sogar hilfreich sein, den Korb komplett abzudecken, um die äußeren Einflüsse gänzlich auszublenden.

Wenn die Katze nur für den Besuch beim Tierarzt in den Korb klettern muss oder besser gesagt hineingeschoben wird, kann sich schnell eine schlimme Aversion gegen das Transportmittel entwickeln. Sobald der Korb auftaucht, taucht unser Freund unter, wehrt sich mit Krallen und Pfoten. Der Reisekorb sollte deshalb Bestandteil des Lebensraums der Katze sein. Vielleicht dient er sogar als Schlafplatz!? Ab und zu mal ein Leckerli in den Käfig zu legen kann ein Übriges dafür tun, dass der Ort als angenehm wahrgenommen wird.

Wenn nichts mehr hilft, um Ihren Schatz ruhig in das Körbchen zu bewegen, stülpen Sie zügig ein Handtuch über das gesamte Tier und befördern es rasch, unmerklich und irgendwie akrobatisch in den Korb. Geben Sie sich halt Mühe, und seien Sie fix! Das kann ja nicht so schwer sein. Und sagen Sie bitte niemandem, dass Sie diesen unmöglichen Tipp von mir haben. Was habe ich bei solchen Aktionen schon Nerven gelassen und geschwitzt!

Im Wartezimmer sollte der Korb weiter bedeckt bleiben und weit entfernt von anderen Tieren stehen. Die angeborene Katzenneugier weicht beim Anblick eines verkühlten, knurrenden Bullterriers schnell einer enormen Einschüchterung und einem gesunden Desinteresse an der Außenwelt.

Es gibt einige Symptome oder vielmehr Alarmsignale, bei denen die Katze schleunigst zum Tierarzt muss. Katzen zeigen bei einer Krankheit nicht immer äußere Anzeichen. Auch miauen sie nicht herzerweichend oder beschweren sich bei jedem Wehwehchen. Besorgniserregend wird es, wenn die Katze stark abmagert, sich deutlich weniger oder gar nicht mehr bewegen will und sich an Plätzen versteckt, die für die Katzeneltern nur schwer oder überhaupt nicht zugänglich sind.

Zu den schweren Symptomen, die nicht ignoriert werden dürfen, gehören:

- Die Katze frisst weniger oder hat komplett den Appetit verloren.
- Sie verliert an Gewicht,
- trinkt zu wenig oder zu viel,
- hat Probleme beim Urinieren,
- Blut im Urin,
- Probleme beim Atmen,
- ihre Augen verfärben sich gelblich, sie hat rote Augen, tränende Augen,
- blasses Zahnfleisch,
- Krämpfe,
- Husten oder Schnupfen,
- Durchfall oder Erbrechen,
- stumpfes Fell,
- schmutzige Ohren,
- Fieber.

Sollte auch nur eines dieser Symptome auftreten, muss die Katze dringend tierärztlich untersucht und behandelt werden. Warten Sie auf keinen Fall ab, wie sich die Sache weiterentwickelt.

CAVE: Das Gleiche gilt für Wunden, Bisse, schwere Stürze oder Autounfälle.

Falls eine Wunde desinfiziert werden muss, benutzen Sie keinen Alkohol, sondern nur Wasserstoffperoxid. Die Augen lassen sich gut mit lauwarmem Kamillentee reinigen oder desinfizieren. Bitte geben Sie dem Tier keine Medizin, welche für Menschen oder Hunde gedacht ist. Selbst ein Anti-Flohmittel für Hunde kann für Katzen bereits eine tödliche Gefahr darstellen.

SAMSON UND SPOCK

*Hunde kommen, wenn sie gerufen werden.
Katzen nehmen die Aufforderung zur Kenntnis und
kommen gelegentlich darauf zurück.*

Mary Biy

Nachdem ich fast zwanzig Jahre katzenlos und davon zwölf Jahre lang besonders karriereorientiert war, halte ich es im Jahre 1997 nicht mehr aus.

Wer einmal eine Katze hatte, kann danach eigentlich nur noch schwer ohne diese besonderen Wesen leben. Katzenhalter kennen das: Eine Katze führt unweigerlich zur anderen. Sie sind wie eine Erweiterung unserer eigenen Sensorik und Sinnesorgane. Der Horizont vergrößert sich automatisch, und das Leben gewinnt schlicht an Vielfalt. Man zwingt sich mit einer Katze ruckartig zurück ins Hier und Jetzt. Das Gestern ist passé, und das Morgen ist noch lange hin.

Ich will wieder Katzen – und zwar am besten gleich zwei.

Im sehr, sehr flüchtigen Bekanntenkreis kennt da jemand jemanden, der wiederum irgendwen mit supersüßen Katzenbabys kennt. Da soll es im tiefsten Ruhrpott einen ganz zauberhaften Wurf bei einer kundigen Katzenkennerin namens Gerti geben. Katzenkennerin ist ein sehr großes Wort, denke ich noch. Die einzige Expertin, die mir spontan einfällt, heißt Heinz Sielmann und ist ein versierter Tierforscher.

An einem sommerlichen Julimorgen stehe ich, ausgerüstet mit einem großen, wattierten Luxus-Katzenkorb aus dem Tiermarkt, vorm Hause der Paslowskis in Herne-Wanne, ehemals Wanne-Eickel.

Im Ruhrpott erklärt man die Lage des Ortes übrigens wie folgt: Wanne ist da, wo Baden. Baden ist da, wo Wasser. Wasser ist da, wo Hahn. Da wo Hahn ist, ist Henne. Und Herne ist da, wo Wanne. Getz weiße Bescheid!

In Wanne war ich bis dato noch nie und erkenne auch schnell, warum, nämlich als ich vor dem etwas schrammeligen, ergrauten Häuschen samt verwahrloster ehemaliger Grünfläche der Paslowskis stehe. Sie sind zu meinem Entsetzen vom Schlage der Messies. Diesbezüglich scheinen sie sogar richtige Könner zu sein. Im Vorgarten steht ein verrosteter Autoanhänger, und fünf alte Winterreifen stapeln sich lustlos direkt hinter dem Gartentor. Wieso eigentlich fünf Reifen? Dass es sich dabei weder um Kunst noch um eine gelungene Deko-Idee handelt, erkennt auch mein Laienauge recht flott.

Manchmal muss man vielleicht ein Stückchen durch die Hölle watscheln, um wahres Glück zu erleben, denke ich noch vor lauter Schreck.

Auch der Fachterminus »Animal Hording« dürfte Paslowskis nicht völlig fremd sein, denn beim flüchtigen Durchzählen auf meinem Weg vom defekten Gartentor bis zur Eingangstür komme ich bereits auf drei Hunde, fünf Katzen, zwei Papageien und irgendetwas mit gestreiftem Fell und drolligem Puschelschwanz. Und das war jetzt nur die Schnellanamnese. Um mich herum tut und tummelt es recht hysterisch. Es kläfft, kräht und wuselt.

Eine Klingel gibt es nicht, und die Eingangstür öffnet sich praktischerweise von allein, wie von Geisterhand. Es könnte sogar sein, dass sie gar nicht verschließbar ist. Trotz dieses Tags der offenen Tür will der Eingangsbereich partout keine wärmende Willkommensatmosphäre ausstrahlen. Dort erwartet mich zunächst ein sehr grün angelaufenes Monsteraquarium mit schwer defekter Pumpe. Dieses blubbernde, ächzende Geräusch würde mich kirre machen. Aber ich bin ja auch hypersensibel, und Wanne ist nun mal nicht Beverly Hills. Hills ist übrigens da, wo Berg.

Ich atme durch, soweit das im Hause der Paslowskis überhaupt möglich ist. Denn schon auf der Schwelle zum Wohnzimmer erwartet mich ein unerträglich beißender Geruch, der sich penetrant durch das ganze Haus zieht.

Paslowkis sind eindeutig stolze Besitzer eines richtig schmutzigen Katzenklos. Soll man dazu jetzt gratulieren? So manches Geschäft scheint auch gründlich danebengegangen zu sein.

Außer einem viel zu großen und völlig ruinierten elfenbeinfarbenen Kunstledersessel mit Rissen und Kratzspuren scheint hier niemand zu wohnen. Denn genau der bereitet mir gerade einen ziemlich mauen Empfang.

Zu meiner Überraschung taucht, wie aus dem Nichts, dann doch die Dame des Hauses auf. Oder ist das ein junger Herr in skurriler Damenoberbekleidung? Bezüglich dieses Hobbys wäre ich ja absolut tolerant. Verwirrt greife ich nach meiner Sehhilfe, die heute ausnahmsweise leider keine rosa Brille ist, und alles schaut, nachdem ich sie aufgesetzt habe, noch ein wenig trostloser aus.

Vor mir nimmt die kettenrauchende Gerti Paslowski im glänzenden pinkfarbenen Blüschen und hautengen ausgewaschenen Jeans, stolz wie ein Erdmännchen, Haltung an und nuschelt: »Ja, dat is dat wahre Leben. Sehen Se warscheins au nich so oft, wat, Herr Kerkeling!«

Ich bin glatt geneigt, ihr zuzustimmen, und nicke dementsprechend stumm. Eines ist jetzt schon klar: Gerti ist sicher keine kundige Katzenkennerin. Sie hat ganz andere Probleme. Aus der Ferne sah sie doch tatsächlich aus wie ein Knabe. Aus der Nähe schaut sie jetzt aus wie ihre eigene, ausgemergelte Patentante. Aber gut, ich sehe im Fernsehen ja auch viel dicker aus, als ich in Wirklichkeit bin. Das muss nichts heißen. Vielleicht wird ja doch noch alles gut hier? Obwohl, eine Freundin fürs Leben wird Madame gewiss nicht. Das sagt mir allein meine bisherige Lebenserfahrung.

»Ja, hier gibt et kein Kaviar mit gute Butter und Rösttoast, wie bei euch Brüder vom Fernsehen!«, setzt Frau Paslowski ihre drollig gemeinten Ausführungen fort.

Die Assoziation von Fischlaich in Verbindung mit dem ätzenden Ammoniakgestank, den das Katzenklo verströmt, bringt mich fast zum Würgen. Aber wenn ich mich hier übergebe, würde das in dieser Umgebung überhaupt noch unangenehm auffallen?

Die Katzen, die inzwischen an mir vorbeispringen und -fliegen, werde ich alle definitiv nicht adoptieren. Kommt gar nicht infrage. Sie ähneln mir zu sehr der Mama. Ohne Witz: Die Tierchen sehen alle haargenau so aus wie Frau Paslowski. Der Hobbytierforscher in mir erkennt messerscharf: Nicht nur Hunde, sondern auch Katzen werden ihren Besitzern im Laufe der Jahre in erschreckender Weise immer ähnlicher.

»Von mir aus können Se die Papageien auch alle mitnehmen. Meine Frau sammelt die ja«, brüllt ein leicht untersetzter Mann im gerippten Baumwollunterhemd, der nun schwitzend mit einer qualmenden Zigarre im Mund in der Verbindungstür zum Wohnbereich steht.

Wenn ich es recht bedenke, hätte ich wohl besser einen Lieferwagen zum Abtransport aller hier in Not geratenen Kreaturen mitbringen sollen.

Der »Wohnbereich« ist, abgesehen von dem Rock-'n'-Roll-erprobten Sessel, quasi möbliert mit alten Zeitungen und Fernsehzeitschriften. Familie Paslowski liest erfreulicherweise »Hörzu« und besitzt bedauerlicherweise kein Sofa, zumindest keines, das als solches erkennbar wäre.

Ob sie auf den »Hörzu«-Stapeln eventuell auch nächtigen? Ich halte mittlerweile alles für möglich. Es würde mich nicht wundern, wenn sie bis unter die Zähne bewaffnet wären und nachts im Keller Marihuanamarmelade abfüllten.

Jetzt ist mir auch klar, warum die Herrschaften rauchen. Das überdeckt den strengen Geruch des Katzenklos, des Vogelkots und des alten Katzenfutters.

»Dat is Helmut, mein bestes Stück!«, trällert mir Frau Paslowski mit Raucherhusten entgegen und meint ihren Ehemann.

»Angenehm!«, lüge ich wie gedruckt. Warum hat meine Mutter mir als Kind beigebracht, dass man fremden Leuten artig die Hand geben muss? Muss ich diesem Helmut jetzt etwa die Hand schütteln? Wenn ich ihn mir genauer anschaue, sieht der, im Gegensatz zu mir, auch in natura ziemlich dick aus.

»Wo sind denn die Tiere?«, frage ich fast verzweifelt und mit demonstrativ hinter dem Rücken verschränkten Armen.

Helmut packt mich forsch am Arm und schnauft: »Im Wintergarten! Dann komma mit, Happe!«

Ich nehme es als Kompliment, hier so nassforsch geduzt zu werden. Das ist sicher keine Respektlosigkeit, sondern ich sehe eben rasend jung aus. Und schlank.

So zerrt mich Helmut in ein Gebilde, welches er schönfärberisch »Wintergarten« nennt. Es handelt sich dabei allerdings eher um ein überdimensioniertes und nur zur Hälfte gefliestes Gewächshaus aus blindem Glas mit einem gelblichen, gewellten Plastikdach, welches im Wind bedrohlich knarzend auf und ab flattert. Sollte es regnen, werden die Paslowskis samt animalischem Anhang hier womöglich ertrinken, schießt es mir durch den Kopf.

Es mag hier zwar nach Katzenklo müffeln, aber wie sagten schon die alten Römer, die übrigens unter den Ersten waren, die Katzen zur Mäuseabwehr in ihren Villen einsetzten: »Pecunia non olet«, Geld stinkt nicht. Mir ist jetzt nach zügiger Geschäftsabwicklung.

Bei den Paslowskis möchte man nämlich nicht tot überm Zaun hängen. Der würde mich im Übrigen in seinem grenzwertigen Zustand auch gar nicht aushalten. Genau in diese Welt wurden aber meine zukünftigen Katzen hineingeboren. Wo sind sie denn bloß?

Auf dem kalten Fliesenboden unter mir entdecke ich auf einmal vor mir zwei eng aneinandergeschmiegte Katerchen. Einen etwas dickeren, braun getigerten und einen knallroten. Beide starren mich ängstlich und hilfesuchend an. Glücklicherweise sehen sie weder Frau Paslowski noch deren bestem Stück, Helmut, im Entferntesten ähnlich. Was sind die zwei goldig! Das ist Liebe auf den ersten Blick.

Die nehme ich!, jagt es mir durch den Schädel, und das sage ich auch. Ich komme mir gerade vor wie früher als Kind in der Spielwarenabteilung beim Kaufhof.

Von mir aus können wir jetzt zur Kasse gehen. »Danke, ich habe das Passende gefunden. Wickeln Sie es mir bitte als Geschenk ein.«

Im Geiste suche ich bereits nach Namen. Pauli oder vielleicht Peterle der Zweite. Mir fällt schon was ein. Helmut öffnet die Tür zum Garten, und die Kätzchen flitzen, bevor ich sie erhaschen kann, hinaus. Ich haste hinterher.

Im Garten sitzen zwei moppelige und knallrot angelaufene Jugendliche beim Kartenspiel in der prallen Sonne auf Alustühlen vor einem Baumstumpf. Darauf steht eine halb volle Zweiliterflasche Billig-Cola. Keine Gläser. Das Bild schmerzt. So geht man nicht mit Kindern um. Und Kinder sollten so auch nicht mit sich umgehen.

»Meine Jungs! Tobi und Torsten!«, baut sich Helmut vor mir auf. Womöglich wird er mich gleich fragen, ob ich anstelle der Papageien vielleicht lieber die Jungs mitnehmen will. Besser wär's wahrscheinlich, denke ich und entschließe mich trotzdem gegen die Adoption der beiden Kinder aus Wanne.

Tobi schaut mich mit glühenden Bäckchen an und erklärt: »Hömma, der getigerte Kater heißt Samson, nach meinem Tabak für Selbstgedrehte. Und der rote heißt Spock, wegen der spitzen Ohren. Kennse ›Entapreis‹, Happe?«

»Ja, kenne ich!«, entgegne ich, summe still die Titelmelodie meiner Lieblingsfernsehserie in mich hinein und akzeptiere, dass meine Katzen bereits eine heidnische Taufzeremonie durchlaufen haben. Sie wurden nicht – wie im Christentum üblich – nach einem der zwölf Apostel oder einem Heiligen benannt, sondern nach starkem Tabak und einem übertrieben vernunftgesteuerten Außerirdischen. Das nehme ich mit ganz viel Humor. Wobei der Name Samson zumindest auch, rein zufälligerweise, über eine alttestamentarische Konnotation verfügt.

Samson und Spock – klingt wie eine amüsante Geschichte, denke ich und ahne nicht, dass ich sie ein knappes Vierteljahrhundert später tatsächlich aufschreiben werde. Auf den ersten Blick tippe ich: Samson ist eine gute, draufgängerische Seele und Spock ein ängstliches, vorsichtiges Sensibelchen. Etwas allerdings scheint die zwei zu einen: Sie wollen weg hier!

Helmut greift umständlich hinter sich in eine blaue Plastikwanne voller Eiswürfel und schnappt gekonnt nach zwei Flaschen Bier im Eisbad. Es zischt zweimal kurz, und die blitzenden Kronenkorken fliegen in das, was vom Garten noch übrig geblieben ist.

»Bierchen, Happe?«, fragt er verschmitzt und reicht mir ein Fläschchen. »Muss ja noch fahren!«, entgegne ich kopfschüttelnd, und Helmut flötet keck: »Ja, meinse, ich nich?«

Er grinst breit, und die dicken Kinder kichern gehorsam. Ja, die Menschen aus dem Kohlenpott verfügen über einen eigenwilligen Mutterwitz.

Mit einem Mal brüllt Helmut aus Leibeskräften über den Gartenzaun: »Günni! Weisse, wer hier bei uns in Garten steht? Rate!«

Helmut lacht sich ins Fäustchen und erklärt mir: »Pass auf, Happe. Jetzt kommt gleich der Günni. Dat is mein alten Gartenfreund. Wir knacken jeden Abend ein Kasten Krombecker. Da kenn wa nix.«

Durch das Dickicht einer Hecke wuschelt sich ein hageres Herrengesicht mit langen Fingern raschelnd in unsere Richtung.

»Wen hasse denn da?«, will es zischelnd wissen. Hinter dem Grün lassen zwei schmale Lider ein Augenpaar erkennen, das mich forschend und herausfordernd inspiziert.

Triumphierend entfährt es Helmut: »Dat is der Happe Kerkeling vom Fernsehen! Kennse?« Dabei tätschelt er mit seinen Wurstfingern in fast unanständiger Weise auf meiner Schulter herum. Wischt er was ab, oder macht er mich an?

Günni brüllt dumpf über die ungepflegte Hecke zurück: »Weisse wat!? Diese ganzen Happe Kerkelings können mir alle mal gestohlen bleiben!« Das ist vermutlich eine neue Volksweisheit. Die merke ich mir sicherheitshalber mal.

Dieses Schauspiel ist zutiefst deprimierend. Die Katzen müssen hier raus. Und ich erst. Das ist kein passender Ort und Umgang für sie. Und wenn Helmut so weitermacht, nehme ich die Kinder und die Papageien doch noch kurz entschlossen mit.

Völlig unvermittelt steht Frau Paslowski plötzlich neben mir, die sich inzwischen in einen ausgebleichten Badeanzug mit rötlichen Blumenornamenten gequetscht hat, und fragt: »Bleiben Sie noch zum Abendessen?«

Den Teufel werde ich tun. Mir ist der Appetit vergangen, denke ich und entgegne stattdessen: »Danke, nein! Das ist wirklich sehr nett. Aber ich nehme jetzt Samson und Spock, und dann sind wir auch schon weg...«

Sie wird sich in dem Badeanzug doch wohl nicht in die Bierwanne mit Eis legen wollen?, überlege ich noch, während Helmut aufmüpfig anmerkt: »Ja wie? Kein Geld!?«

Ich fische nach dem zerknitterten Fünfzigmarkschein in meiner Hosentasche, welchen ich dort vorsorglich hineingestopft hatte, und drücke ihn Helmut in die feuchte Hand. So, wie er lächelt, scheint die Knete bis Montag zu reichen.

Meine beiden Kater warten förmlich darauf, endlich in den Katzenkorb klettern zu dürfen. Die Tür öffnet sich ihnen nun zu einer neuen Welt, und sie nehmen das Angebot heilfroh an. Schwein gehabt! Das werden für mich die bestangelegten fünfzig D-Mark ever sein.

Fluchtartig verlassen wir drei im Anschluss das Grundstück. Nicht dass die Messies nach dem dritten Krombecker einen plötzlichen Sinneswandel durchleben und die Katzen doch behalten wollen. Was die beiden Katerchen jetzt wohl denken? Vermutlich so etwas Ähnliches wie: Diese ganzen Paslowskis können mir alle mal gestohlen bleiben.

Im Auto geben sie jedenfalls keinen Mucks von sich. Aneinandergeschmiegt schauen sie mich staunend, artig und still vom Beifahrersitz an. Es läuft gut. Die Unternehmung scheint ihnen zu behagen. Die Fahrt macht ihnen sichtlich Freude. Die beiden Jungs haben dort auf dem kalten Fliesenboden nur auf mich gewartet. Ob sie wohl wussten, dass ich komme?

Ist das eine Art Wiedersehensfreude, die mich ergreift? Angeblich können doch auch Katzen laut Buddhismus reinkarnieren! Ist Samson vielleicht Peter? Ist Spock etwa die gute alte Minka? Zu Hause werde ich mir jedenfalls erst mal ein eisgekühltes Krombecker genehmigen.

Wie wird sich unser Zusammenleben wohl gestalten? Still hoffe ich, dass die zwei sich nicht zu wild gebärden. Was, wenn sie mir erst einmal die ganze Wohnung auseinandernehmen!? Gerade erst habe ich mir, noch in völliger Unkenntnis einer bevorstehenden Katzenpapaschaft, diese sündhaft teure rote Ledercouch zugelegt. Aus dem weit zurückliegenden Biologieunterricht weiß ich jedoch noch, dass eine Mieze laufen, traben, jagen, klettern und kratzen will. Übrigens: Menschen und Hunde bewegen ihren Kopf beim Jagen auf und ab, der Kopf einer Katze bleibt hingegen immer auf einer Höhe.

Die Katzen-Chillout-Area wartet bereits im neuen Heim auf meine frischgebackenen Mitbewohner. Ein geräumiges Schlafkörbchen, welches an einem relativ warmen und ruhigen Platz steht.

Katzen kratzen nicht nur, sondern schlafen bekanntlich auch bis zu sechzehn Stunden am Tag. Mancher Schmusetiger verpennt auch gern mal den ganzen Tag und lässt sich nur zu den üblichen Fütterungszeiten kurz blicken und ab und zu ein leises Scharren in der Katzentoilette ertönen.

So eine friedlich dösende Mieze ist für mich ja das allerschönste Abbild von Seligkeit. Was den Schlaf betrifft, glaube ich, dass meine neugierigen Katzen diesen nur vortäuschen, um noch besser alle Vorgänge im Hause mitzubekommen. Ich wette, die Miezen sehen garantiert alles durch ihre geschlossenen Augenlider. Eine Katze liegt sowieso nie faul auf der Haut, sondern sie verschönert einen Raum durch bloße Anwesenheit. Mit meinen Katzen in der Wohnung beschleicht mich auch immer das wohlige Gefühl, nicht das untätigste Wesen im Haushalt zu sein.

Drei Schüsseln habe ich vorsichtshalber für meine neuen Lieblinge bereitgestellt. Eine für das Wasser und zwei weitere für Trockenfutter und Nassfutter. So wie es im Lehrbuch von Prof. Minka Miaumeier und Dr. Moritz Maunzelmann steht.

Liebe geht durch den Magen

Wasser- und Futterschüssel sollten nicht unmittelbar nebeneinanderstehen, da Katzen in der Natur ihr Futter in der Regel nicht an der Wasserstelle verzehren. Es gibt da aber auch relativ schmerzfreie Kollegen, denen ist das alles völlig schnuppe. Die sind praktisch veranlagt und haben die Dinge gern direkt beisammenstehen. Dabei lernt man schon wahnsinnig viel über den neuen Mitbewohner. Ist er eher bequem veranlagt, oder schlummert noch ein großes Stück Wildnis in ihm?

Man sollte immer nur wenig Futter in die Schüssel geben. Katzen hassen abgestandene und müffelnde Mahlzeiten. Aber wem erzähle ich das? Auch sollte die Katze nicht aus Langeweile Unmengen von Fleisch vertilgen und der gepflegten Völlerei frönen. Nach dem Motto: Die Katze frisst den Saumagen, jetzt kann sie nicht mehr Mau sagen. Übrigens: Wenn Katzen zu dick werden, sollten sie im Garten die Möglichkeit haben, ein bisschen Mausgleichsport zu treiben. (Ich liebe schlechte Katzenwitze!)

Das Katzengeschirr sollte, so erwartet es eine gut erzogene Mieze, selbstverständlich immer blitzeblank und keimfrei sein. Das Beste ist es, den Fressplatz des Stubenlöwen nicht direkt neben dem eigenen Esstisch einzurichten. Sonst ist das Kätzchen bald geneigt, den eigenen Teller mit unserem zu verwechseln. Dann geht es schnell los mit der Bettelei um Leckerlis. Eine Katze ist in der Regel mit echtem Katzenfutter gut bedient.

Einige Nahrungsmittel, die für den Menschen harmlos sind, können bei unserem Vierpfötler jedoch fatale Auswirkungen entwickeln. Manche verursachen nur leichte Magenbeschwerden, andere hingegen sind regelrecht lebensgefährlich für die Katze.

Der Stoffwechsel der Katze unterscheidet sich nämlich völlig von dem des Menschen.

Dringend zu vermeiden sind: alkoholische Getränke, Salz, Zucker, künstlich gesüßte Speisen und Getränke, Schokolade, Kaffee, Tee, Macadamianüsse, Senf, Weintrauben und Rosinen, Zwiebeln und Knoblauch, Zitrusfrüchte, Pilze, rohe Eier, roher Fisch, Hühnerknochen, Thunfischkonserven, Fischgräten, Speck und Schweinefleisch, rohes Hühner- oder Truthahnfleisch, Vitaminpräparate für den Menschen und Hundefutter.

Katzen können salzig, sauer, bitter und umami (herzhaft/proteinreich) unterscheiden, aber süßen Geschmack gar nicht wahrnehmen. Sie verlieren den Appetit, wenn sie ihren Geruchssinn beispielsweise durch Erkältungen einbüßen.

Ja, auch Milch, Sahne, Joghurt und Käse gehören so gar nicht auf den Speiseplan der Katze. Es ist wie bei uns Menschen: Nicht alles, was der Katze schmeckt, tut ihr auch gut.

Beim Trockenfutter sollte man immer ein paar Cent mehr investieren und auf einen etwas höheren Prozentsatz Fleisch achten; einfach sicherheitshalber mal kurz auf der Packung nachlesen.

Beim Nassfutter, das weiß ich aus eigener Erfahrung, wählt die Katze – Gourmet, der sie nun einmal ist – meistens mit traumwandlerischer Sicherheit das Teuerste. Meine Katzen mögen allerdings auch Reis mit Möhren oder gedünstetes Hühnchen mit Kartoffeln. Zumindest wenn es mit einem freundlichen Lächeln und einem verspielt dahingesäuselten »Voilà!« formvollendet kredenzt wird.

Katzengras, als Verdauungshilfe, darf nicht fehlen! Es ist nicht nur gesund für die Katze, es macht sich auch ganz dekorativ im Blumentopf oder Beet.

An einigen Düften können sich Katzen erregen und flehmen mit halb offenem Mund, hochgezogener Oberlippe und gekräuselter Nase. Flehmen bedeutet, einen Geruch durch rauschartiges Wittern abzuspeichern. Zu diesen Düften gehören zum Beispiel die Geruchsstoffe von Katzenminze und Baldrian.

Katzensicherheit – die wichtigsten Regeln

Ist Ihr Haus auch katzensicher? Ist die Katze im Raum, sollten die Fenster grundsätzlich geschlossen sein. Schocklüften muss also immer ohne die Anwesenheit unseres Freundes auf vier Pfoten stattfinden. Ein unbeobachtetes Fenster auf Kipp kann für eine Katze eine Todesfalle darstellen. Ein Kamin und der dazugehörige Schornstein sollten für den Stubentiger unzugänglich sein. Giftige Pflanzen sollte man besser gar nicht erst im Haus haben. Tulpen, Lilien, Christstern, Oleander, Azaleen und Hortensien gehören dazu.

Auch wenn ich meine beiden Kater als Hauskatzen deklariere: Samtpfoten verfügen nun einmal über einen unbändigen Spieltrieb, ausgelöst durch den angeborenen Jagdinstinkt. Und jener erwacht mit Vorliebe dann, wenn man selbst bereits eine gewisse Bettschwere erreicht hat.

Mitte der 1980er-Jahre wohnte ich in Hamburg kurzzeitig im Haus meines damaligen verantwortlichen NDR-Radio-Redakteurs Günter Fink.

Dessen Perserkater Goofy ist eine anbetungswürdige Seele von Wohnleopard. Tagsüber ist er schmusig, anschmiegsam und dösig. Von Günter zur Nachtruhe mit dem vorsichtigen Warnhinweis bedacht: »Ach so, es kann übrigens sein, dass der Kater in der Nacht ein bisschen unruhig ist!«, lege ich mich ins Gästebett.

Doch was der Kater ab etwa Mitternacht mit und in der Wohnung veranstaltet, spottet tatsächlich jeder Beschreibung. Dabei gelten doch gerade Perser als besonders ruhig und zurückhaltend. Sämtliche Regale werden mit großem Vergnügen und lautstark auf-, aus- und abgeräumt. Alle Gegenstände, die Hamster- oder Hühnergröße besitzen, werden im hohen Bogen und unter vergnügtem Miauen über mein Schlaflager hinweggekickt, -getreten oder -geschossen. Vieles geht dabei zu Bruch. Der Kratzbaum ist dem kleinen »Perserker« völlig schnuppe und steht neuwertig unbeachtet in einer Ecke. Zwischendurch springt das 5-Kilo-Halbschwergewicht mit gekonntem Körpereinsatz immer wieder auf meinen Bauch. Oh, what a night!

Ein Kratzbaum mit integriertem Höhlenschlafplatz sei an dieser Stelle also nicht nur dringend empfohlen, sondern er ist unbedingt erforderlich, zur Schonung des Inventars und der Nerven.

Grundsätzlich finden sich deshalb im Haus von Katzenhaltern eben keine italienischen Luxusledermöbel, sondern praktischere und kostengünstige skandinavische Modelle. In der Regel steht auch nichts Fragiles sinnlos in der Wohnung oder in offenen Schränken herum. Man lernt immer dazu. Katzen lehren einen die Reduktion aufs Wesentliche.

6. Goldene Katzenregel: GEDULD! KEEP CALM!

Das Zusammenleben zweier Katzen kann sich manchmal schwierig gestalten. Man sollte beispielsweise keine junge Katze zu einer älteren dazugesellen. Das geht meist daneben, denn es führt zu unschönen und überflüssigen Revierkämpfen. Wenn man allerdings Geschwister aufnimmt, läuft es deutlich besser, und man darf getrost den Fernseher verschenken. Die zwei Katzenkinder beim Spielen zu beobachten, zu erleben, wie sie sich zärtlich einander zuwenden, putzen und unbedingt solidarisch sind, ist nicht nur unterhaltsam, sondern auch besonders lehrreich.

Übrigens: Wenn sich die Katzen putzen, gibt es gutes Wetter (alte Bauernregel aus dem Münsterland).

Meine zwei Kater gewöhnen sich jedenfalls erstaunlich schnell in meiner Düsseldorfer Wohnung ohne Balkon ein. Wohl oder übel müssen die zwei nun vorerst einmal zu regelrechten Stubentigern gedeihen.

Schnell lerne ich ihre Vorlieben kennen und kann darauf Rücksicht nehmen. Meine Katzen lieben es, ihre Ruhe zu haben. Hektik, Stress oder Krach finden sie ganz furchtbar. Die zwei Fellnasen entscheiden gern selbst, wann sie kuscheln oder spielen möchten. Man hatte mir erzählt, dass das Training mit Katzen schwer sein würde. Das stimmt nicht. Nach etwa drei Tagen haben meine Katzen mir alles Wesentliche bereits beigebracht.

Meine Stubentiger mögen es, wenn ich ausgeglichen bin und mit ruhiger Stimme zu ihnen spreche. Jede Form von Zwang ist ihnen zuwider. Tja, so bin ich auch! Wer färbt jetzt hier eigentlich charakterlich auf wen ab?

Samson ist ein zum Übergewicht neigender, schmusiger und gutmütiger Tiger. Spock hingegen ist nervlich immer ein wenig überfordert, leicht angespannt und extrem ruhebedürftig. Erst gegen Abend strahlt er meist eine vorsichtige Gemütlichkeit aus. Wenn man so will: Beide kommen ganz nach dem Katzenpapa.

Nach und nach entwickeln sie auch durchaus skurrile Eigenheiten und Macken. Bereits nach kürzester Zeit sind beide in der Lage, sämtliche Türen in der Wohnung zu öffnen. Durch einen beherzten Sprung gegen die Tür und einen kurzen Schlag mit beiden Vorderpfoten auf die Klinke lassen sich die Pforten spielend und wie von Geisterhand öffnen. Was für eine enorme Leistung. Finden Sie nicht?

Spock kommt als Erster auf die Idee. Nicht, dass er der viel Intelligentere wäre, er ist schlicht schlanker und somit sportlicher. Für ihn ist es leichter, sich schwalbengleich in die Höhe zu schwingen. Samson wartet meist geduldig mit großen Augen, bis das Brüderchen die Aktion, nach etwa zwei oder drei kläglich gescheiterten Versuchen, vollendet hat.

Nicht nur die Neugier und die Lust auf Abenteuer haben die Tiere zu dieser Aktion verleitet, sondern vor allem das weiche Bett im Schlafzimmer. Eigentlich will ich nicht, dass die Kater in meinem Bett schlafen. Wäre das hygienisch überhaupt vertretbar? Gehört sich das?

Eine Zeit lang sitzen sie zunächst nachts flehentlich miauend vor der Schlafzimmertür und begehren Einlass. Auch da eigentlich wieder nur Spock; Samson lässt weinen. Spock erinnert mich heute im Rückblick ein bisschen an einen skandinavischen Umweltaktivisten im Teenageralter. Diese Hartnäckigkeit, Leistungsstärke und Überemotionalität.

Samson ist da eher Buddhist und Phlegmatiker. Keep it cool!, lautet sein Motto. Er will zwar auch rein, aber nicht ganz so dringend. Niemals würde er sich deshalb so maßlos verausgaben wie sein hagerer Bruder. Auch mag er sich keine Blöße geben. Als hätte er es nötig, jammernd vor meiner geschlossenen Tür zu sitzen. Tss ... never!

Warum mehr Anstrengung als unbedingt erforderlich? Spock allein kann schon so herzerweichend und erbärmlich flennen – das reicht mindestens für zwei. Bei Samson merkt man ohnehin meist sofort, dass sein Maunzen nur ein bisschen Getue ist. Aus Langeweile oder einfach so, aus Spaß. Grenzen austesten beim Papa, nennt sich dieses Spiel.

Selbst wenn ich statt Klinken Knäufe an der Schlafzimmertür angebracht hätte, früher oder später hätte Spock auch diese mit den Zähnen aufdrehen können. Aus lauter Mitleid hätte ich die beiden, völlig entnervt, irgendwann sowieso hineingelassen. Nun sind sie also drin! Katzen gewinnen gern und immer. Allerdings feiern sie ihren Sieg nicht endlos ab, sondern nehmen ihn nur still zur Kenntnis. Das spricht für sie.

Tiger im Bett. Damit muss ich als geneigter Hypochonder erst mal meinen Frieden machen; von wegen Parasiten, Milben und ähnliche Erreger.

Meine zweitbeste Freundin Gudrun aus Düsseldorf-Derendorf hat sowieso jeden weiteren Erziehungsversuch in Richtung Schlafzimmerverbot gekonnt im Keim erstickt.

Als ich eine Woche für eine TV-Produktion nach München verschwinde, hütet meine Gudrun Haus, Bett und Katzen. Das geht natürlich gewaltig schief. Gudrun macht den Katzen das Schlafgemach erst so richtig schmackhaft. Bei meiner Rückkehr muss ich zur Kenntnis nehmen, dass Spock jetzt nicht nur *im Bett*, sondern *auf meinem Kopfkissen* schläft.

Zur Wiedergutmachung für diesen Pfusch in der Erziehung schenkt Gudrun mir »Pawlish«, den Nagellack für die Katze.

»Mensch, Gudrun!«, poltere ich, »Spocki ist doch keine Transe!«

Da blubbert sie in ihr Glas Chardonnay: »Ach, ich dachte echt immer, das ist ein Mädchen. Wegen der aristokratischen Ausstrahlung.«

Wenigstens hat mein Kater nun tatsächlich ein »vom« im Namen, wenn ich ihn rufe: »Runter vom Kopfkissen!«

Wie selbstverständlich pennen die Jungs also in meinem Bett. Wenn ich es recht bedenke, ist das eigentlich eine bodenlose Unverschämtheit!

Das Federgewicht Spock döst auf meinem linken Fuß und der dicke Samson, laut schnarchend, auf dem rechten. Na, das hat der Katzenpapa ja schon mal toll hingekriegt! Wer ist hier eigentlich der Chef im Ring?

Meinen linken Fuß kann ich so nächtens immer noch einigermaßen gut bewegen. Der rechte Fuß wird jedoch wie von einem Bleigewicht tief in die Matratze gedrückt. An Bewegung ist gar nicht zu denken. Goodbye, Gemütlichkeit!

Nicht nur aufgrund der Größe der Katzen wird es manchmal unbequem. Auch die Nachtaktivität von Spock ist mitunter schwer erträglich.

Teilweise muss ich akrobatische Verrenkungen vollführen, um mich geschickt um meine Miezen herumzudrapieren. Man will den aus zwei Katzen bestehenden, selig schlummernden Schmusehaufen schließlich nicht unnötig wecken und Unruhe stiften.

Wenn sich meine beiden Schnurrer – oder sollte ich sagen, Schnorrer – das Kopfkissen mit mir teilen wollen, wird es besonders unbequem. Da fliegen sie dann auch schon mal hochkant raus, wenn es mir zu bunt wird. Andererseits ist es natürlich im Winter auch gemütlich, zwei weiche »Wärmflaschen« neben sich zu wissen. Das Katzenschnurren entspannt und beruhigt zusätzlich. Katzen schnurren pro Minute übrigens knapp 1500 Mal. Mehr Entspannung geht nicht.

Ob die Katzen sich eigentlich manchmal fragen, warum ich nicht schnurre? Vielleicht halten sie ja auch mein Schnappatmungs-Schnarchen für so ein Wohlfühlgeräusch?

Samson erreicht im Laufe der Jahre ein Gewicht von über sechs Kilo und wird unfassbar groß. Irgendwann sieht er tatsächlich aus wie ein ausgewachsener Waschbär. Fast nichts erinnert mehr an ein niedliches

Kuschelkätzchen, abgesehen vom unschuldigen Blick. Er sieht aus wie eine Maine Coon mit Igelschnitt.

Tatsächlich erschrecken sich Menschen manchmal wegen seiner Ausmaße und starren sowohl ihn als auch mich entsetzt mit offenem Mund an. Natürlich denken alle sofort, er würde viel zu viel fressen, und schenken mir den entsprechenden vorwurfsvollen Blick.

Ausgerechnet der dicke Sam liebt es jedoch, zum Kuscheln auf den Arm genommen zu werden, und nutzt schamlos jede sich ihm bietende Gelegenheit dazu. Dabei komme ich mir dann vor wie ein Bundeswehrsoldat, der Sandsäcke gegen die drohende Flut stapelt.

Ich glaube, er macht sich auch absichtlich so schwer. Er lässt sich völlig sacken und unternimmt nicht die geringste Anstrengung, sich selbst irgendwie zu halten oder so etwas wie Körperspannung aufzubauen. Wie ein nasser kleiner Sack hängt er schnurrend halb über meiner Schulter. Eigentlich wie eine Ragdoll-Katze. Selbstvergessen und mit viel Urvertrauen. Mein dicker Waschbär Sam.

Bald wird es für mich unvorstellbar, ohne meine Katzen einzuschlafen.

Katzen wirken heilsam auf Körper und Psyche eines Menschen. Mögliche anderslautende Forschungsergebnisse sind mir, gelinde gesagt, schnuppe. Da besteht für mich kein Zweifel, denn meine Erfahrung hat es mich gelehrt. Umgekehrt scheint das jedoch auch zu gelten. Auch der Mensch tut Katzen gut. Samtpfoten empfinden es, glaube ich, als eine Form von Strafe oder Missachtung, wenn das Rudel kein gemeinsames Nachtlager teilt. Es ist für sie das Natürlichste der Welt und in Merkel-Manier alternativlos.

Manchmal wollen sie aber auch gar nicht im Bett schlafen und ziehen sich still ins Körbchen zurück. Da werde noch einer aus den mysteriösen Katzenwesen schlau!

Solange die Katzen keine Freigänger sind, stellt das Teilen der Schlafstätte kein Problem dar. Dürfen die Tiere sich jedoch auch außerhalb des Wohnbereichs bewegen, muss man natürlich besondere Vorsicht walten lassen und bestimmte Hygienevorschriften einhalten bezüglich Flöhen und Zecken – wenn ich nur dran denke, juckt es schon überall.

Beim ersten Tierarztbesuch stellt sich bedauerlicherweise heraus, dass die Messie-Familie Paslowski mir absichtlich oder unabsichtlich zwei ziemlich kranke Katerchen untergejubelt hat. Spock ist herzkrank, und Samson hat Schwierigkeiten beim Atmen. Deshalb schnarcht er immer so laut.

Insofern grenzt es fast an ein Wunder, dass ich an meinen beiden Lieblingen ein gutes Dutzend Jahre meine helle Freude haben soll. Keinen Tag mit ihnen möchte ich im Rückblick missen.

Spock darf sich also, aufgrund seiner Herzschwäche, zukünftig nicht zu sehr aufregen, sonst droht ihm ein Infarkt, so wie der alternden Schlagerdiva Uschi Blum. Und Samson darf sich lungentechnisch nicht überanstrengen, sonst wird die Luft knapp. Im Prinzip wie beim schnappatmenden Horst Schlämmer. Wäre es nicht so tragisch, man könnte es fast komisch finden.

Rote Kater, wie mein Spocki, haben angeblich eine angeborene Neigung zu Herzkrankheiten und besitzen ein besonders schwaches Nervenkostüm. Erschreckt sich mein Kater Spock, zum Beispiel bei späteren Freiluftausflügen beim Anblick einer echten Maus, springt er vor Entsetzen aus dem Stand gut anderthalb Meter in die Luft und stößt einen schrillen Schrei aus. Dabei muss ich dann immer an den leicht untersetzten Travestie-Star Zaza aus dem »Käfig voller Narren« denken. Übrigens sind rote Samtpfoten genetisch bedingt zu achtzig Prozent Kater; nur zwanzig Prozent sind Katzen.

Rötliche Katzen gelten gemeinhin als besonders aktiv und intelligent. Das mit der besonderen Klugheit kann ich bestätigen. Aber aktiv?! Das ist ja wohl ein Scherz! Eher würde ich von besonders lethargisch sprechen, denn keine Katze döst so viel wie mein rotnervöses Huhn mit den überstrapazierten Nerven. Absolute Ruhe hat dann bitte schön auch im ganzen Haus zu herrschen. Fernsehen nur mit Kopfhörer. Gehen bitte nur gemächlich und mit dämpfenden Fellpuschen an den Füßen. Diese leicht gestörte Katze hat über die Jahre die innere Ruhe aus mir herausgekitzelt.

Katzen mit einem Tigermantel, wie Samson, gelten als besonders gesellig, ebenso klug und häuslich. Das kann ich prinzipiell bestätigen. Allerdings trifft die Bezeichnung »häuslich« so gar nicht zu. Der Tiger liebt die Freiheit und die Jagd. Auch das soll sich im Laufe der Jahre erst zeigen.

Gesellig ist er aber – und wie. Habe ich mal einen Redakteur oder eine Regisseurin zur Besprechung zu mir nach Hause eingeladen, läuft das in der Regel folgendermaßen ab: Spock sucht entsetzt das Weite und ist innerlich und äußerlich empört darüber, dass irgendwelche Wildfremden es wagen, sein Privatgehege zu betreten. Er mag keine fremden Menschen. Sein Verhalten erinnert tatsächlich an das einer cholerischen Diva. Die dazu passenden langen Nägel und

Wimpern hat mein Spock ja. Er versteckt sich gern auf der Gästetoilette und bastelt Kreatives aus Toilettenpapier. Spock hat dann auch was von einer beleidigten Evelyn Hamann aus den aberwitzigen Loriot-Sketchen.

Gut, dass mein hysterischer Kater nicht sonderlich gut Deutsch spricht. Was müsste ich mir ansonsten in solchen Momenten anhören? »Wie kannst du nur? Was denkst du dir dabei? ... Du weißt doch, dass ich das nicht mag ... Du liebst mich nicht wirklich!«

Das deutlichste Signal der Katze ist die Drohgebärde. Ist Gefahr im Verzug, macht die Katze einen Buckel, stellt sich quer, streckt die Beine ganz durch und stellt das Fell komplett auf. Dabei fletscht sie die Zähne. Ein echter Gänsehautmoment. Alles in allem ein wirklich unschöner Anblick. Katzeneltern, die das schon einmal erlebt haben, fragen sich in solchen Momenten entsetzt: Ist dieses Ungetüm wirklich mein Moppel?

Katzen sehen dann geradezu monströs aus. Nun, genau das wollen sie ja auch erreichen. Ich bin froh, dass mein Samson diese eindrucksvolle Show bei Besuchern nicht regelmäßig zur Aufführung bringt.

Eine ängstliche Katze macht hingegen genau das Gegenteil. Sie verkrümelt sich quasi in sich selbst und zieht dabei alles ein, was eben verschwinden kann, von den Pfoten über die Ohren bis zum Schwanz, und kauert verängstigt auf dem Boden. Da bin ich wiederum froh, dass mein Spock diese nicht minder beeindruckende Aufführung aus seinem Repertoire gestrichen hat und stattdessen Aggressionsbewältigung mit Toilettenpapierrollen betreibt.

Ist Samson der Besucher hingegen nicht völlig unsympathisch, begutachtet er den Gast zunächst ausgiebig und unterzieht ihn dann eingehenden Tests. Das kann ich auch gar nicht verhindern. Wie auch?

Der Kater lässt sich nicht, wie eine Schildkröte oder ein Hamster, weg- oder aussperren. Sonst scharrt oder kratzt er womöglich lautstark an der Tür und ruiniert sie komplett. Oder er fängt an zu jaulen wie ein gequälter und verlassener Wolfswelpe. Ich weiß zwar, dass das seinerseits ein übler Spaß ist, den man überhaupt nicht ernst nehmen muss. Aber weiß das auch der Gast? Katzen können einen manchmal auch ganz schön blöd aussehen lassen. Dann spielen sie nämlich beeindruckend glaubwürdig die vom Menschen gequälte Kreatur. Da ist es doch weitaus schicklicher, die Katze einfach ihr Ding machen zu lassen.

Manchmal ist es wie verhext: Katzen mögen genau die Menschen besonders gern, die ihrerseits Katzen gar nicht mögen. Ausgerechnet die Katzenhasser werden mit liebenswürdigen Sympathiebekundungen geradezu überhäuft. Das war zwar bei meinen Katzen selten bis nie der Fall. Aber warum ist es häufig so?

Mögen Katzen den Stinkstiefel wirklich lieber als den Katzenknuddelmenschen? Warum starten Samtpfoten diese letztlich unergiebigen Kuschelattacken?

Die Erklärung verblüfft: Katzenfreunde machen aus Versehen einiges falsch. Sie verhalten sich so, wie die Mieze sich gegenüber dem Katzenhasser benimmt. Verkehrte Welt!

Die Knuddler stürmen auf die Katze zu, suchen ungebeten ihre Nähe, glotzen ihr direkt in die Pupille und quatschen unaufhörlich mit einer nervenden Piepsstimme auf die Fellnase ein. Das mögen die Katzensensibelchen nicht und treten prompt den geordneten Rückzug an. Beleidigt und verstimmt.

Wollen Sie von Ihrer Katze geliebt werden, schauen Sie sich am besten ein wenig von der bescheidenen Zurückhaltung der Katzenhasser ab. So sammeln Sie bei Ihrer Mieze garantiert viele Pluspunkte.

Sitzt mein Gast jedenfalls erst einmal in meinem Wohnzimmer, beginnt Samson meist mit dem »Hat der Gast Angst vor mir?«-Experiment. Mein Kater ist sich seiner monströsen Wirkung durchaus bewusst. Vielleicht gibt es auch eine geheime Absprache zwischen den Brüdern? Das hagere Weichei Spock versteckt sich, während der dicke Wonneproppen Samson auf Mörder-Wildkatze macht und den Gast gezielt verprellen soll.

Sam kann auch tatsächlich so wirken, als wäre er richtig gefährlich. Selbst mir läuft dann manchmal ein Schauer über den Rücken, wie er da so Siegfried-und-Roy-Albinotiger-mäßig bedrohlich über das Parkett schleicht und nervös mal nach links, mal nach rechts schaut. Eine zirkusreife Performance ist das.

Zeigt der Gast hier auch nur die geringsten Anzeichen von Unsicherheit, oder tropft eine klitzekleine Schweißperle von der Stirn, ist er bei meinem Angeberkater bereits unten durch. Dann war es das. Der Tiger schleicht sich und verliert die Lust an der Person. Solche Gäste rangieren bei ihm auf Mausniveau.

Oft waren das dann Menschen, mit denen ich nicht besonders gut zusammengearbeitet oder es bald wieder gelassen habe.

Zeigt der Gast jedoch keine Irritation, startet die nächste Teststufe, nach dem Motto: Wie lange hältst du es mit mir aus, Fremder?

Der skurrilste Teil des Versuchsaufbaus. Samson setzt sich in den Sessel dem Gast gegenüber. Dort hockt er auf seinem Hinterteil mit gestreckten Vorderläufen und starrt die Person sehr interessiert und unverfroren an, ohne dabei auch nur einmal zu zwinkern oder mit der Wimper zu zucken. Ein richtiges Pokerface setzt er dann auf.

Fixiert die Katze übrigens ihr Gegenüber derart mit den Augen, so ist sie aufmerksam bei ausgeglichener Stimmung. Der Blickkontakt steht ja generell für Aufmerksamkeit, was vor allem dann der Fall ist, wenn eine entspannte und freundliche Atmosphäre herrscht. Verengen sich jedoch die Pupillen zu kleinen Schlitzen, richten sich die Schnurrhaare nach vorne, und werden dabei noch die Ohren bedrohlich zur Seite geklappt, warnt die Katze bereits. Fühlt sich mein Kater wohl und entspannt, sind die Augen oft halb geschlossen, sodass die Nickhaut sichtbar wird. Es sieht dann so aus, als wollte er sein Gegenüber hypnotisieren und somit unterwerfen. Das ist auch drollig.

Meistens allerdings richtet Samson die Ohren deutlich nach vorne und signalisiert damit Neugier und erhöhte Aufmerksamkeit. Worum geht es hier?, will er damit wohl ausdrücken. Katzen können so herrlich aufdringlich sein. Nicht mal ein schlecht erzogener Dreijähriger würde sich jemals so herrisch aufführen.

Mein Kater erweckt durchaus überzeugend den Eindruck, als wäre er für meinen Gast ein ebenbürtiger Gesprächsteilnehmer. Das ist für manche Menschen sehr befremdlich, da er eben nicht irgendwo, wie für Fellnasen üblich, dösend als Deko herumliegt, sondern quasi aufrecht sitzend sichtbar großes Interesse an der Angelegenheit zeigt.

Wie ein Zuschauer beim Tennis verfolgt Sam dann den Schlagabtausch zwischen meinem Gegenüber und mir. Irgendwie beschleicht mich immer das Gefühl, dass meine Katze mich auf diese Weise zu schützen versucht vor Menschen mit manchmal vielleicht nicht ganz so selbstlosen Absichten.

Jeder weiß, dass Katzen deutlich besser sehen und riechen als Menschen. Vielleicht sind sie dazu in der Lage, auch Erscheinungen zu sehen oder zu erspüren, die für uns Menschen unterhalb der Schwelle der Wahrnehmbarkeit liegen? Erkennen oder riechen Katzen eventuell die Aura oder den Seelenkörper eines Menschen? Sehen sie sogar Geister? Wer weiß? Sie besitzen definitiv so etwas wie einen siebten Sinn. Das erfährt jeder Mensch, der mit Katzen lebt, als alltägliches Phänomen.

In den allerseltensten Fällen setzte sich Samson zu dem Gast auf den Schoß. Das ist in zwölf Jahren genau drei Mal passiert, und diese Menschen wurden dann später auch zu Freundinnen. Das hat er nur bei meiner zweitbesten Freundin Gudrun, meiner Nachbarin Karin und seiner Katzensitterin Maria so gemacht.

Spock hat sich in all den Jahren nie zu jemandem auf den Schoß gesetzt. Nur ein einziges Mal ist er jemandem gleich beim ersten Kennenlernen quasi in die Arme geflogen. Meinem jetzigen Ehemann Dirk Henning. Nicht nur bei mir war das also Liebe auf den ersten Blick.

Das besonders Schöne und Reizvolle am Leben mit meinen Katzen ist, dass ihre bloße Anwesenheit im Haus mich noch lange nicht zum Haustierbesitzer macht. Es ist ein Ding der Unmöglichkeit, eine Katze zu besitzen. Genauso wenig gehören einem die Luft zum Atmen oder die Blumen auf der Wiese. Ein Samttiger ist ein ebenbürtiger Mitbewohner.

Zumindest galt das immer für meine Katzen Spock und Samson. Die Art und Weise, wie Samson sich manchmal, von einem Moment auf den anderen, kaiserlich auf den Teppich plumpsen lässt oder wahlweise auch auf meinen Schoß, ist unnachahmlich. Im Raum ist dann deutlich ein entspanntes Schnaufen zu vernehmen. Genüsslich schaut er sich in seinem Reich um.

Sollte ich es wagen, mal in Ruhe ein Buch zu lesen, bahnt sich mein zahmer Waschbär auf drollige Weise einen Weg zwischen mich und die Seiten. Falls ich dann doch noch versuchen sollte, das Buch so zu halten, dass ich wenigstens einen Blick auf die Buchstaben erhasche, drückt Sam das Buch unter Einsatz seines großen Kopfes, gleich einem Stier in der Arena, gekonnt zur Seite und erwartet Streicheleinheiten. Aber versuchen Sie mal, den dicken Kater auf den Schoß zu heben, wenn er selbst es gerade nicht für opportun hält! Aussichtslos.

Zu unserem Erstaunen statten die Messie-Paslowskis aus Wanne meinem Katern und mir eines Tages einen unerwarteten Besuch ab, weil sie sich, laut eigener Aussage, mal nach dem Wohlbefinden ihrer kleinen Kätzchen erkundigen wollen. Natürlich wollen die ungepflegten Herrschaften, neugierig, wie sie nun mal sind, in erster Linie meine Düsseldorfer Wohnung mit Blick auf die Kniebrücke ausgiebig begutachten.

In letzter Sekunde kann ich Gerti Paslowski, durch eine grazile Grätsche, noch davon abhalten, ungefragt mein Schlafzimmer zu besichtigen. Mit der fadenscheinigen Begründung: »Ach, ich dacht, dat wär dat Klo!«, versucht sie, sich dann schmallippig herauszureden.

Während Helmut, Gerti, die mopsigen Teenager und ich bei einem Glas Krombecker im Wohnzimmer zusammensitzen, lassen sich meine Kater genau kein einziges Mal blicken. Zu groß scheint ihre Angst zu sein, dass die Paslowskis sie wieder einpacken und mit nach Wanne in ihr Messie-Land mit rappelndem Plastikwintergarten zurücknehmen könnten. Was Helmut zu der nicht ganz unberechtigten Frage veranlasst: »Happe! Hasse die Viecher überhaupt noch!?«

Wobei das Zusammenspiel von Kindern, Hunden und Katzen im Haus unter bestimmten Umständen gut gelingen kann.

Eine Katze ist gern ein ausdauernder Spielgefährte, aber definitiv kein Spielzeug. Das müssen kleine Kinder flott lernen. Die meisten Stubentiger lieben kleine Kinder, solange diese einigermaßen sanft mit ihnen umgehen. Kinder sollten es jedoch dringend unterlassen, Katzen bei geöffnetem Fenster am Schwanz durchs Kinderzimmer zu schleudern. Es bringt einfach nichts. Hier spätestens zeigt einem das Kuschelmonster unmissverständlich mit ausgefahrenen Krallen seine Schmerzgrenze auf.

Solange man sich nicht gegenseitig wehtut, ist es für das Tier ein Spiel. Wird diese Grenze jedoch überschritten, kann es schnell ernst werden. Das ist in den Augen unserer Katze ein Fehlverhalten und ein Tabubruch.

Apropos Familie: Kommt von heute auf morgen ein Baby ins Haus, ist das für die Katze natürlich erst einmal eine ziemliche Herausforderung. Drängen Sie die Katze bitte nicht zum Kontakt mit einem Neugeborenen. Sie wird sich in ihrem ureigenen gemächlichen Tempo schon mit dem neuen Familienmitglied vertraut machen. Katzen sind zwar erfrischend neugierig, aber manchmal dauert es halt ein Weilchen, bis sie ihre erste Scheu überwinden.

Hunde und Katzen können übrigens, entgegengesetzt der landläufigen Meinung, generell ganz gut miteinander, vor allem wenn sie gemeinsam aufwachsen. Anders als Hunde jedoch lassen sich die freiheitsliebenden Kätzchen nicht alles gefallen und zeigen durchaus ihre scharfen Krallen, wenn ihnen etwas schlicht zu viel wird. Stolze Katzenbesitzer erkennt man so auch meistens an den völlig zerkratzten Händen. Die Finger von Katzeneltern sehen immer aus, als käme man gerade direkt vom Früchtesammeln aus dem Brombeerbusch. Nicht immer werden da die Grenzen zwischen Spiel und Kampf auf beiden Seiten strikt eingehalten.

So schnell schießt eine Fellnase jedoch nicht! Bevor eine Katze tatsächlich ihre Krallen ausfährt und zulangt, zeigt sie ihre Verstimmung meistens durch eine zittrige Bewegung ihres Schweifs. Spätestens wenn sie dabei noch die Ohren anlegt und faucht, sollte man seine Finger in Sicherheit gebracht haben. Die Katzensprache ist hier ziemlich eindeutig. Nur verstehen wir sie leider nicht immer. Katzen tricksen eigentlich nur, wenn es um einen Leckerbissen geht.

Katzen lassen sich mit ihrer angeborenen Neugier auf so manches waghalsige Manöver ein. Eines schönen Winterabends lasse ich mir, mit dem Anflug einer Erkältung im Körper, eine Wanne mit warmem Wasser ein. Die beiden Katzen setzen sich mit großen Augen davor und staunen über die Wassermassen, die sich aus der gekachelten Wand in das Oval ergießen. Samson ist allerdings schnell genervt von der Sache und verliert das Interesse an dem heimischen Wasserfall. Entweder mag er das laute Plätschern nicht, oder er reagiert verschnupft auf den sündhaft teuren Latschenkiefer-Menthol-Rosmarin-Badezusatz, welchen ich nach und nach in die Wanne gebe.

Spock hingegen bleibt weiter interessiert. Als ich den Kater schließlich etwas unsanft aussperre, um mich genüsslich in die Wanne legen zu können, fängt der vor der Tür mit seinem üblichen Gejammer an. Erst maunzt er maulend und kaum vernehmbar vor sich hin. Nach einigen Minuten tönt es dann allerdings bereits wieder so, als sollte man als aufmerksamer Nachbar umgehend die Feuerwehr alarmieren. Spock weiß, wie man jaulen muss, damit es auch garantiert nach übelster Tierquälerei klingt. Hallo, geht's noch? Dabei werde ich hier gerade terrorisiert und nicht umgekehrt.

Bevor das nun wieder mit den prellblockartigen Sprüngen gegen die Türklinke losgeht, öffne ich lieber freiwillig das Tor zur Nasszelle. Klitschnass schwinge ich meinen Astralkörper aus der Wanne, um Spock leicht genervt die Tür einen Spalt zu öffnen. Schnurrend betritt er daraufhin mit erhobenem Schweif aufgeregt das Bad. Die gute Laune wäre beim Kater also wiederhergestellt.

Schnell klettere ich zurück in die wohlig warme Wanne. Richtet Spock sich auf den Hinterpfoten auf, ist er in etwa so groß, dass seine Augen, wenn er nach oben schaut, gerade eben über den Wannenrand lugen können. Aufgeregt versucht er zu begreifen, was ich da in der Wanne eigentlich tue. Den Wasserrand kann er so allerdings nicht erkennen. Das Plätschern scheint ihn neugierig und mutig zu machen.

Beherzt springt er mit einem Satz plötzlich auf den schmalen Wannenrand. Ich denke noch: Oha, das geht daneben. Aber im letzten Moment fängt er sich gerade noch vor dem Abrutschen in die Wanne und balanciert vorsichtig auf der nassen Umrandung in meine Richtung. Katzen und gefüllte Wannen passen einfach nicht zusammen.

Denn dann passiert es doch. Er rutscht ab und fällt direkt in die bis obenhin gefüllte, dampfende Wanne.

Nun rudert der zutiefst wasserscheue Tiger um sein Leben. Reaktionsschnell ergreife ich meinen Kater auf Tauchstation und werfe ihn im hohen Bogen in Richtung Badezimmervorleger. Dieser rutscht mit Spock obendrauf noch einen gefühlten halben Meter, einem fliegenden Teppich gleich, gegen die Wand. Meine Katze sieht zum Fürchten aus – wie ein in nasse Tücher gehülltes Skelett. Nein, eher wie ein in nasse Tücher gewickelter Lurch! Eine feuchte Mumie starrt mich kurz irritiert an und rennt dann aufgelöst kreischend in Richtung Wohnzimmer. Diesen Moment werden weder mein Tiger noch ich je vergessen.

Ab diesem denkwürdigen Augenblick wird es mir meine Katze unpraktischerweise nie wieder gestatten, ein Wannenbad zu genießen. Nicht im Entferntesten ist auch nur daran zu denken. Zwei, drei Mal versuche ich es noch zaghaft, mir hinter Spocks Rücken eine Badewanne einzulassen. Es ist zwecklos. Sobald ich nur den Hahn an der Wanne aufdrehe, beginnt Spock mit einem entfesselten Aufstand. Schon das massive Plätschern des Wasserhahns lässt ihn zur Furie werden, und er protestiert mit Leibeskräften dagegen.

Er hat einfach Angst, dass ich ertrinken könnte. Dabei kommt die Katze doch gebürtig aus Wanne, genau genommen aus Wanne-Eickel, welches ich jetzt, dem Anlass gebührend, umtaufen werde in Wanne-Heikel.

So wurde ich, ein ausgewiesener Badespaßliebhaber, der Not gehorchend zum chronischen Warmduscher. Sobald ich aber mal in ein Hotelzimmer komme, nutze ich die seltene Gelegenheit und renne als Erstes ins Bad, um mir umgehend mit lautem Plätschern eine heiße Wanne einzulassen.

Da wir gerade über Hotels sprechen:

Der Urlaub naht!

Kehre ich von einer Reise zurück, gucken meine Katzen mich immer so komisch an, wenn ich durch die Haustür komme. Ich glaube, sie wundern sich dann jedes Mal, dass ich einen Schlüssel für ihre Wohnung habe.

Im Prinzip gibt es drei Möglichkeiten, wie man den Urlaub mit oder ohne tierischen Anhang gestalten kann. Der Fairness halber will ich hier alle drei Varianten aufzählen, auch wenn ich tatsächlich nur die erste für wirklich geeignet halte:

Die Katze bleibt daheim. Eine Vertrauensperson kümmert sich als verlässlicher Katzensitter täglich um das Futter, die Toilette und – ganz wichtig – das Spielen und die Streicheleinheiten. Das ist für gewöhnlich die beste Lösung. Die heimische Atmosphäre gibt der Katze Sicherheit, auch wenn der Trennungsschmerz – auf beiden Seiten – noch so groß sein mag.

Die Katze fährt mit in den Urlaub. Wenn man sich dafür entscheidet, sollten die Katzenkinder von klein auf daran gewöhnt werden. So kann es zur Routine werden. Und es muss sich immer um ein und dasselbe Feriendomizil handeln. Andernfalls dreht Ihre Katze garantiert durch und Sie gleich mit. Ehrlich gesagt würde ich Ihnen dringend von dieser Variante abraten. Der Stress einer langen Auto- oder Bahnfahrt oder gar Flugreise ist für die Tiere enorm. Die Geräusche, die vielen Menschen und das ganze Drumherum sind nichts für eine Katze. Aber natürlich gibt es ganz seltene Katzenwesen, die eine derartige Aufregung lieben und alles andere als kontaktscheu sind.

Die letzte Möglichkeit ist die Wahl einer Katzenpension. Das wollte ich meinen Tieren nie zumuten; da fehlt mir völlig die Erfahrung. Um in einer solchen Pension aufgenommen zu werden, müssen die Tiere geimpft sein, eine Anti-Floh-Behandlung durchlaufen haben und generell bei guter und robuster Gesundheit sein. Mir gefällt die an ein Tierheim erinnernde Situation in solchen Hotels nicht; alle Tiere dort sind gewissermaßen verlassen worden und stehen unter Stress. Gern lasse ich mich hier aber eines Besseren belehren – und natürlich ist es begrüßenswert, dass es dieses Angebot überhaupt gibt.

Alljährlich begleiten mich meine beiden Kater jedenfalls in die Sommerfrische meines italienischen Ferienhauses. Mitunter verbringe ich am Mittelmeer auch mal den ganzen Sommer. Wenn ich beispielsweise über mehrere Monate hinweg Drehbücher verfasse oder Pilgerberichte schreibe, kann und will ich meine Katzen nicht in Deutschland lassen. Das wäre eine Zumutung für alle Beteiligten.

Diese gemeinsamen Reisen gen Süden gestalten sich jedoch meistens abenteuerlich und nervenaufreibend. Um die Sache für meine beiden treuen Mitbewohner nicht zu lang und anstrengend werden zu lassen, ist das Verkehrsmittel der Wahl: das Flugzeug.

Alles in allem dauert die Reise von Tür zu Tür knappe fünf Stunden. Das ist vertretbar und unter gewissen Voraussetzungen machbar. Es darf halt keinerlei dramatische Verspätungen oder Flugausfälle geben. Diesbezüglich sende ich dann im Bedarfsfall ein Stoßgebet zum Himmel. Und siehe da: Bei den Verspätungen hat es immer geholfen. Allerdings wurde uns mal ein Flug gecancelt. Ein Drama.

Laut internationalen Luftfahrtregeln gilt: Zwei kleine Hunde oder Katzen, die zusammen mit dem geeigneten Transportbehälter maximal acht Kilogramm wiegen, dürfen mit in die Kabine genommen werden. Pro Katze kostet der Reisespaß, je nach Fluggesellschaft und Strecke, knapp siebzig Euro.

Als beide Kater noch ganz klein sind, erfüllen sie natürlich problemlos diese Bedingungen. Der Reisekorb samt Inhalt lässt sich selbst mit dem kleinen Finger noch mühelos anheben. Auch genießen die Katzen in dem Käfigkoffer Beinfreiheit und können darin quasi spazieren gehen.

Nach gut einem Jahr wiegt mein Kater Spock immer noch relativ zarte drei Kilo und besitzt somit das ideale Reisegewicht. Sein Bruder Samson hingegen bringt bereits stolze sechseinhalb Kilo auf die Waage. Plus Behälter macht das an die elf Kilo.

Das ist, im wahrsten Sinne des Wortes, ein schwerwiegendes Problem, zumindest in den Augen der Fluggesellschaft. In den Vorgaben heißt es nämlich nicht:

Natürlich machen wir hier und da großzügig Ausnahmen von der strengen Regel, wenn Ihre Katze beispielsweise zu voluminös sein sollte. Sorry für den etwas unpassenden Vergleich, aber: Es gilt hier ähnlichen Einfallsreichtum zu entwickeln wie bei einer Flucht aus dem Knast. Wie kriege ich die Katzen bloß außer Landes – und, vor allem, auch wieder zurück!?

Aber zunächst einmal geht es darum, die Katzen überhaupt unverletzt und im Ganzen in den Transportkorb zu bekommen. Das ist fast der heikelste Part der ganzen Reise. Hier entscheidet sich nämlich, ob man die Reise mit zwei Begleitern im Gepäck antreten können wird oder kurzfristig alles wieder abblasen muss. Das ist, dem Himmel sei Dank, aber tatsächlich nie passiert.

Spock liebt es generell, in dem Transportbehälter tagsüber zu dösen. Das ist ein nicht zu unterschätzender Vorteil. So sitzt er also meistens schon reisefertig und brav in seinem Körbchen respektive in der Falle. Das ist der leichteste Teil der Aktion »Ab in den Urlaub – für Katzen«. Samson einzufangen ist da schon schwieriger. Ich muss ihn überlisten, austricksen und dann flink überwältigen – mal mit Leckerlis und mal mit Beruhigungsmitteln.

Sobald ich ihn ergriffen habe, muss ich ihn heil in den Korb schieben und dafür sorgen, dass Spock nun seinerseits, quasi über seinen Bruder hinweg, nicht mehr spontan entwischen kann. Wenn ich nur an diese akrobatischen Einsätze denke, stehen mir wieder Schweißperlen auf der Stirn.

Da werden mitunter schon mal die Grenzen unseres harmonischen und friedvollen Zusammenlebens ausgetestet. Ist das Kläppchen am Korb jedenfalls erst mal zu, kann ich zum ersten Mal beruhigt aufatmen. Jetzt muss ich meine eingesperrten Tiger nur noch mit viel Trickserei und aufgesetzter Freundlichkeit gegenüber dem Bodenpersonal ins Flugzeug bekommen.

Als ich die Reise das erste Mal antrete, empfiehlt mir die Tierärztin unseres Vertrauens: »Geben Sie den Tieren ein Beruhigungsmittel!« So schleppe ich, dem Rat folgend, zwei völlig zugedröhnte Tiere, apathisch dösend, vom Rheinland nach Südeuropa. Dabei beschleicht mich jedoch das ungute Gefühl, dass die Katzen trotz ihrer bedauernswerten Teilnahmslosigkeit schwer verängstigt sind.

Im agilen Normalzustand fühlen sie sich wehrhaft und sind so deutlich weniger verschüchtert. Selbst für mich ist der Tumult der Reise nicht ganz ohne – aber völlig narkotisiert möchte ich doch auch nicht über Alpen und Adria düsen.

Man kann es drehen und wenden, wie man will: Es kommt mir wie ein schwerer Vertrauensbruch vor, ihnen ohne Not ein starkes Medikament zu verabreichen, welches in erster Linie dazu dient, mir die Reise zu erleichtern. Das ist ungerecht, also lasse ich es künftig. Es geht nämlich auch ohne Beruhigungsmittel.

Ohne Frühstück muss es leider auch gehen. Die Tiere treten die Reise natürlich nüchtern an. Mögliche Verdauungsvorgänge während des Fluges wären einfach fehl am Platz und müssen deshalb bereits im Vorfeld gänzlich ausgeschlossen werden.

Ein kleiner Reisetipp: Packen Sie bitte niemals im Beisein Ihrer Katzen die Koffer. Die begreifen nämlich ziemlich schnell, was es für sie bedeutet, wenn Vati oder Mutti die Koffer packen. Bald reicht den Katzen schon die bloße Anwesenheit des Gepäckstücks im Korridor, um völlig durchzudrehen und nach geeigneten Verstecken zu suchen. Aber nicht nur die Katzen, auch der verantwortliche Halter lernt ja im Laufe der Zeit dazu. Nur vielleicht nicht ganz so schnell.

7. Goldene Katzenregel: BITTE KEINE ABWECHSLUNG. KATZEN BRAUCHEN ROUTINE. NUR NICHT BEIM FUTTER!

Insofern haben meine Katzen und ich uns grundsätzlich angewöhnt, ballastarm, ohne Gepäck zu reisen. Klüger ist es und schonender für die Umwelt auch. Ohnehin reichen mir ja die Katzen als bleischweres Handgepäck.

Die Dinge des täglichen Bedarfs wie Zahnbürste oder Kamm befinden sich sowieso im Ferienhaus. Es ist Sommer in Italien. Was benötige ich da viel Kleidung? Wer braucht Socken am lauwarmen Mittelmeer? Ein paar luftige T-Shirts und Shorts reichen. Die kaufe ich vor Ort. Fertig ist die Sommerfrische.

Das Warten am Gepäckband würde für die Tiere ohnehin zu lang dauern, es könnte die Reise noch einmal quälend in die Länge ziehen. Und was, wenn der Koffer mal versehentlich nicht auf dem Gepäckband in Rom landen würde, sondern stattdessen in Rotterdam!? Soll ja angeblich alles schon mal vorgekommen sein!

Sind die Tiere jedenfalls erst mal im Korb, ist der schwerste Part überstanden. Meist arrangieren sich meine Tiger in dem Behälter so, dass Spock ganz hinten sitzt und Samson, ihn allein durch seine Größe völlig abdeckend, sich am Eingang platziert, mit der Schnauze am Gitter. Zugegeben: Es ist schon verdammt eng in dem Ding, aber die zwei vertragen sich prächtig und sind sowieso unzertrennlich.

In den ersten Minuten auf dem Weg durchs Treppenhaus zum Taxi wird noch fleißig gemaunzt, gemeckert und gemacht. Hier ist erstaunlicherweise meist der stillere Samson der Beschwerdeführer. Es könnte ja schließlich in dem Körbchen auch zur Impfung zum Tierarzt gehen.

Öffnet sich auf der Straße dann allerdings die Tür zum Taxi mit seinem unverwechselbaren Daimler-Sound, begreifen die klugen Tiere blitzartig: Das wird kein Arztbesuch. Es geht in den Urlaub.

Zum Tierarzt fahren wir nämlich nur mit dem hauseigenen Volkswagen und nie im Taxi. Genau deswegen sind immer gleichbleibende und sich wiederholende Rituale für Katzen so wichtig. Sie lernen dadurch, alles, was in ihrer Umwelt passiert, besser einzuordnen. Rituale geben ihnen Sicherheit.

Sobald jedenfalls die Erkenntnis das Katzenhirn erreicht hat, dass es in die Sommerferien geht, herrscht mit einem Mal erleichterte Ruhe im Reisekarton, und die dauert an bis zur Ankunft vor der italienischen Haustür.

Den cleveren Katzen scheint mit einem Mal zu dämmern, dass die bevorstehende Unternehmung Freigang bedeutet. Sonnige Wärme und eine grüne Wiese warten auf sie. Ob sie genau diesen frisch gemähten Rasen, während des Aufenthalts in der Box, nun zur eigenen Beruhigung visualisieren, kann ich nicht mit

Bestimmtheit sagen, doch vermute ich stark, dass sie sich während der mehrstündigen Reise einer ausgiebigen Meditation über die Gestaltung der anstehenden Ferienfreizeit widmen.

Tapfer beißen sie jetzt jedenfalls für ein paar Stunden die Zähne zusammen und träumen vielleicht bereits von Sonnenuntergängen am rauschenden Meer. Ab diesem Moment verwandeln sich meine Katzen von einem bockigen Gegner und einem sperrigen Blockierer in zwei äußerst geschmeidige, kooperative Partner. Ab jetzt heißt es: Everything goes! Wir ziehen plötzlich an einem Strang, und die beiden Tiger richten sich relativ entspannt, jeder so bequem, wie er kann, im Korb auf die längere Reise ein.

Der Check-in-Vorgang stellt noch einmal eine gewaltige Hürde auf dem Weg ins Flugzeug dar. Es ist ganz simpel: Die Katzen in dem Korb sind einfach zu schwer. Da gibt es auch eigentlich nichts zu diskutieren. In der Regel wird das genaue Gewicht am Flughafen durch Wiegen des Frachtgutes überprüft.

Normalerweise lebe und reise ich gern diskret. Das ist meine Art, und sie macht mich glücklich. Ich mag kein Tamtam und mache kein Aufhebens. Das geht gegen meine Natur. Prominente, die am Flughafen oder im Flugzeug einen Aufstand machen, um Aufmerksamkeit zu erregen, sind mir ein Gräuel. Was habe ich Kollegen da schon für Aufstände machen sehen!

Am Flughafen angekommen, wuchte ich den knapp zwölf Kilo schweren Korb aus dem Taxi. Apropos: Zwölf Kilo entsprechen in etwa dem Gewicht eines dreijährigen Kindes beziehungsweise exakt zwölf Flaschen Limonade. Nur damit Sie eine Idee davon bekommen, welche Kleinigkeit da an meiner Hand hängt.

300 Kilogramm schwer kann im Übrigen die größte Katze der Welt werden, nämlich der Sibirische Tiger.

Heilfroh bin ich, wenn das überladene Transportmittel nicht schon hier, direkt vorm Düsseldorfer Airport, auseinanderbricht, so bedrohlich, wie sich das Ding in der Mitte gen Erdboden biegt. Die Form des Korbs verändert sich im Laufe der Reise auch mehr und mehr in Richtung Kugel. Das Teil droht aus allen Nähten zu platzen. Größer darf es aber laut Vorschrift nicht sein; sonst muss es, samt Inhalt, in den Frachtraum.

Hoffentlich hält der Plastikhenkel, der sich brachialbrutal in meine Finger schneidet, diese nicht vorgesehene Belastung überhaupt aus! Was, wenn er einfach abreißt? Auf dem Korb steht nichts von maximaler Belastungsgrenze, so wie das beispielsweise bei alten Brücken über den Rhein-Herne-Kanal im Ruhrpott üblich ist. Zu Ihrer Beruhigung: Der Korb hat dreizehn Jahre lang gehalten. Ein echtes Qualitätsprodukt.

In der Flughafenhalle gilt es also zeitnah einen Gepäckwagen zu organisieren, sonst schaffe ich es unter der Belastung dieses Gewichts nicht einmal mehr zu Fuß zum Check-in-Schalter. Den Korb kann ich ja schlecht ächzend hinter mir herschleifen oder vor mir herschieben. Oder gar treten! Wie sieht das denn aus! Und Rollen hat er praktischerweise keine. Warum sollte er auch? Er wiegt ja samt Inhalt angeblich nur schlappe acht Kilo.

Sobald ich mich dem Schalter breit grinsend nähere, steigt meine Nervosität. Habe ich die Wahl, entscheide ich mich für den Counter mit der am besten gelaunt aussehenden Person dahinter. Meist ist das eine Dame. Lächelt sie auch entspannt genug? Schaut sie auch tatsächlich so aus der Wäsche, als wäre sie schon mehrfach zur Airport-Mitarbeiterin des Monats gekürt worden?

Die Herren der Schöpfung werden manchmal von dem schrecklichen Drang übermannt, sie müssten selbst bei Kleinigkeiten unnötig viel Autorität ausstrahlen und Recht vor Gnade ergehen lassen. Zu meiner Verblüffung trifft das manchmal auch auf jene Herren vom Bodenpersonal zu, die in meiner schillernden Liga spielen und in der Damenwelt mehr den guten Kumpel als die zarteste Versuchung sehen.

Es klingt jetzt wie ein Allgemeinplatz und ein Vorurteil, aber: Damen neigen grundsätzlich eher zur Kulanz und schlagen versöhnlichere Töne an. Wobei, auch da kann man manchmal völlig danebenliegen und auf den einen oder anderen Giftzahn stoßen. Vor Gericht und auf hoher See ist man halt in Gottes Hand. Ich ergänze: am Flughafen mit Katzen auch.

Was nun im Reiseablauf folgt, ist nicht zur Nachahmung gedacht und erinnert entfernt an Szenen einer Flucht aus dem ehemaligen Ostblock. Liebe Katzeneltern, bitte nicht nachmachen!

Für die Reise innerhalb der EU benötigen die Tiere einen gültigen Impfpass. Den halte ich in Karl-Lagerfeld-Manier, wild damit herumfuchtelnd, bereits in den Händen. Nach dem Motto: Schaut nur her, ich habe alle nötigen Unterlagen dabei, wedele ich mir mit dem Dokument auffällig frische Luft zu. Damit jeder sehen kann: Ich mache das alles ganz vorbildlich, und ich bin, nebenbei bemerkt, auch noch ein ziemlich berühmter Fernsehstar!

Sehen Sie mir den Größenwahn bitte nach. Diese fürchterliche Person, die ich da vorgebe zu sein, spiele ich, und zwar ausschließlich meinen Katzen zuliebe.

Ein bisschen Spaß macht es allerdings schon! Auch mal schön, sich wie eine alte Schlagerdiva aufführen zu müssen. Ich lege meine ganze darstellerische Kraft in diese schwierige Rolle. Wenn man mich dabei gefilmt hätte, man hätte mir gewiss den Fernsehpreis verliehen. Gott, was war ich gut!

Jetzt heißt es am Schalter für mich: Noch eine Schippe Selbstbewusstsein, Fröhlichkeit und Gelassenheit drauflegen, dann müsste mein kleiner Betrug klappen. Ich fühle mich so irrsinnig schlecht dabei. Wie bereits auf frischer Tat ertappt. Augen zu und durch, denn wenn ich glaube, dass es mir gelingt, funktioniert es meistens auch.

Eines muss ich schaffen: Der Korb darf, um Himmels willen und mit Gottes Hilfe, am besten gar nicht erst auf der Gepäckwaage landen. Da habe ich ein paar ausgebuffte Tricks in petto.

Sollte das Behältnis wider Erwarten auf Geheiß der Dame am Check-in-Schalter doch dort landen, muss ich es derart festhalten, dass es eben nur knappe acht Kilo auf die Waage zu bringen scheint. Alles muss locker und fluffig daherkommen. Genau wie im Film – da ist ja schließlich auch alles Fake! Die überzähligen vier Kilo muss ich mit sportlichem und gequältem Ganzkörpereinsatz abfedern, während meine Mimik das Problem locker lächelnd wegspielt. Nach dem Motto: Ist hier irgendetwas schwer?

Im schlimmsten Fall, nämlich bei Entdeckung meines Betrugsversuchs, kann ich immer noch meine gänzlich abwesenden Gepäckstücke als mildernden Umstand in die überladene Waagschale werfen und versuchen, sie gegeneinander zu verrechnen. Schamlos, aber was soll ich tun?

Für jeden Fall muss ich gewappnet sein. Aber das kenne ich ja von meinen Drehs als holländische Beatrix, iranischer Schachspieler, wildschweingeplagter Schrebergärtner oder Hurz-Interpret auch. Die mussten ebenso beinhart durchgezogen werden, ohne dabei mit der Wimper zu zucken.

»Hallooo!«, erschallt es ein wenig zu gut gelaunt und nassforsch aus meinem Munde.

Gott, was habe ich solche Hoppla-jetzt-komm-ich-Typen gefressen! Bei allen Passagieren, die mich so oder ähnlich schon einmal beim Einchecken am Düsseldorfer Flughafen erlebt haben, möchte ich mich nachträglich in aller Form entschuldigen. Das war nicht ich, sondern der besorgte Katzenpapa in mir. Obwohl gerade solche aufdringlichen Typen ja charakterlich oft etwas Gewinnendes besitzen. Und der Trick, sehen Sie es mir nach, hat gut dreizehn Mal funktioniert. Zur Routine ist mir dieses extrovertierte Verhalten allerdings nie geworden.

Gut läuft es, wenn nun in der Reihe hinter mir die erste sympathische Rentnerin aus Gelsenkirchen mich schüchtern um ein Autogramm bittet mit den Worten: »Herr Kerkeling, sind Sie dat wirklich? Dat sind Sie doch!? Oder sind Sie dat nicht? Dat gibbet doch nich!«

Jovial und überrascht posaune ich frisch wie der junge Morgen: »Natürlich, meine Liebe!« Das ist schon mal wie geschmiert gelaufen. Das lenkt jetzt alles sehr vom Wesentlichen ab.

Sehr gut hingegen klappt das Ganze, wenn eine ganze Gruppe von aufgeregten und johlenden Teenies aus Bergisch-Gladbach Fotos mit mir machen will. Das lenkt noch mehr und massiv von meinem eigentlichen Gewichtsproblem im Körbchen ab. Hier bin ich dann definitiv auf die Siegerstraße eingebogen. Kommt es jetzt am Schalter seitens des Bodenpersonals noch zum Aufstand, stärkt die Reihe hinter mir mir bestimmt solidarisch den Rücken!

Die Impfunterlagen lege ich nie ungefragt auf den Tresen. Bin ja nicht blöd. Sie werden gleich merken, warum. Ich mag ein schlechter Mensch sein, aber dafür bin ich ein guter Katzenpapa.

Nun folgt die eigentliche Kontrolle, und die geht nach Vorlage des Tickets in der Regel so vonstatten: Läuft es halbwegs gut, höre ich von der Dame am Schalter den Satz: »Darf ich mal einen Blick ins Körbchen werfen?«

Tatsächlich handelt es sich bei dem Körbchen eher um einen mobilen, ungesund aufgeblähten Aufenthaltsraum. Diesen Korb dann mit gespielter Leichtigkeit, einer Seilwinde gleich, auf Augenhöhe der diensthabenden Schalterverantwortlichen zu hebeln, ohne dabei zu jammern, zu schwitzen, zu ächzen oder sich gar die Schulter auszukugeln, ist eine ziemliche Herausforderung. Entweder sollte ich mehr Sport treiben oder meine Katzen auf eine knallharte Diät setzen!

So sicher wie das Amen in der Kirche ernte ich im Anschluss an die Begutachtung des Tieres durch die Flughafenmitarbeiterin die erstaunte Reaktion: »Ui, das ist aber eine große Katze!« Gemeint ist mein dicker Kurzhaar-Maine Coon für Arme, Samson.

Angesichts des gewaltigen Vierbeiners wird der Ton ab hier ein bisschen anders, tendenziell sogar ungemütlich. Der verbindliche Sound der Luftfahrtbegeisterten wandelt sich ins Inquisitorische. So lautet die skeptische Nachfrage dann auch: »Sagen Sie mal: Wie viel wiegt der denn?«

Meinerseits heißt es nun, völlig ruhig zu bleiben, denn ab hier geht es ans Eingemachte für den allein reisenden Herrn mit Katzen. Ich muss das Pokerface wahren; die Gesichtszüge dürfen mir keinesfalls entgleisen. Und die Katzen wollen ja schließlich auch noch bei Laune gehalten werden.

So entgegne ich flink: »Na ja, er wiegt ja auch immerhin fast vier Kilo!«

Die Worte »vier Kilo« müssen dabei so schwer klingen wie ein Kasten Krombecker-Bier. Ist die Schlange hinter mir nicht allzu lang und die Dame sehr korrekt, fragt sie noch: »Wo ist denn die zweite Katze, die angemeldet war?«

Die Wahrheit ist, sie hockt ganz tapfer und unsichtbar hinter dem dicken, dunklen Puma. Wenn man nur flüchtig hinschaut, dann sieht Spock aus wie Samsons Kissen. Ob meine Katzen eventuell mitdenken? Das halte ich nicht für völlig ausgeschlossen. Spock spürt wahrscheinlich: Der Dicke vor mir ist doch allein schon »einer zu viel an Bord«! Was, wenn wir auffliegen? Besser, ich verkrümele mich gleich in die hinterste Ecke.

Stattdessen sage ich leicht betroffen und mit belegter Stimme: »Der andere Kater ist zu Hause. Er ist leider krank geworden und konnte nicht mit. Er ist unpässlich.«

»Och, das ist ja schade!«, schallt es dann meist im Brustton des echten Bedauerns zurück. Woraufhin ich »Ja, sehr betrüblich!« entgegne.

Anstelle der Dame hätte ich gedacht: Was ist denn das für ein Vollpfosten! Der verreist mit der einen Katze, während die andere fiebrig das Körbchen hüten muss!? Genau das denkt sie wahrscheinlich auch, und zwar dann, wenn ich mich bereits auf dem Weg zum Gate befinde.

Wenn es richtig schlecht läuft, befiehlt die Dame, immer noch unter dem Eindruck der soeben besichtigten fülligen Katze: »Dann stellen Sie den Korb doch bitte einmal auf die Waage!«

Alsbald rede ich laut auf meine Katzen ein, so als wäre der nun bevorstehende Vorgang des Wiegens der reinste Horror und eine schlimme Zumutung für den Kater:

»Ist ja nicht so schlimm. Alles gut. Passiert schon nix. Ich setze dich nur mit dem Korb auf die Waage, Samson! Papa ist ja da! Hab keine Angst!« Die Bemerkung »Die Tante meint das sicher nicht böse!« verkneife ich mir jedes Mal, obwohl ich manchmal im Spieleifer geneigt bin, es einfach rauszuhauen. Insgesamt unterstellt mein ganzes Gehabe ihr jedenfalls eine gewisse Unmenschlichkeit und mangelnde Tierliebe. Und überhaupt: Man stellt ein Tier nicht in aller Öffentlichkeit auf eine Waage. Das gehört sich nicht. Der Dame würde das sicher auch nicht gefallen, oder?

Was nun folgt, ist der eigentliche Betrug. Ob es tatsächlich eine strafbare Handlung ist, wage ich nicht zu beurteilen, auch wenn es sich so anfühlt. Ich versuche, während ich mich mit der linken Hand am Tresen des Schalters mit aller Kraft abstemme, mit der rechten Hand den Korb so zu halten, dass nicht das volle Gewicht des Korbes auf die Waage knallt. Dabei fasele ich weiter irgendwelches dummes Zeug.

»Gott! Die Tiere ... der Tier ... das Tier ist ja so froh, in Italien hat er endlich Freizeit ... Freigang, meine ich. Da kann er dann raus auf die freie Wiese, rein in den grünen Wald und ab ans blaue, freie Meer. Wir bleiben ja den ganzen Sommer. Ich schreibe dort ein Buch ...«

»Ach was, worüber?«, kommt die neugierige Nachfrage zurück.

So sprudele ich vergnügt weiter: »Ja, nee, ach ... noch weiß ich es gar nicht so genau ... vielleicht über Katzen ...!«

Stünde ich hinter mir in der Reihe, würde ich denken: Was für ein Angeber, Schwätzer und Wichtigtuer! Diese ganzen Happe Kerkelings können mir alle mal gestohlen bleiben! Passiert es mir heute dann tatsächlich mal, dass so ein spezieller Charakter vor mir in der Schlange steht, denke ich deshalb aus eigener schmerzhafter Erfahrung: Ich weiß nicht, warum er oder sie sich gerade so völlig unmöglich verhält. Ergo gibt es keinen Grund, dieses Verhalten zu verurteilen. Wenn Sie so wollen, habe ich das bisschen an menschlicher Größe, das mich durchs Leben trägt, auch meinen Katzen zu verdanken.

Das mit dem Abfedern des Gewichts auf der Waage klappt mal besser, mal schlechter und je nach Tagesform manchmal gar nicht. Bin ich Herkules, oder heiß ich Hans-Peter?

Klappt es besser, kommt als Antwort: »Oh, irgendwas stimmt mit der Waage anscheinend nicht. Ach, es ist ja nur eine Katze, die kann ja nicht so schwer sein. Guten Flug!«

Klappt es schlechter, heißt es: »Oha, das sind ja 8,5 Kilo! Da liegen Sie aber ein bisschen drüber! Ich muss Sie bitten, am Ticketschalter eine zusätzliche Gebühr zu entrichten. Guten Flug.«

Klappt es gar nicht, kriege ich zu hören: »Das sind ja über elf Kilo. Der Korb darf auf keinen Fall mit an Bord! Diese vielen Tiere müssen in den Frachtraum.«

In den Frachtraum gebe ich meinen Spock nicht. Er ist herzkrank; das überlebt er nicht. Und Samson kriegt so schon kaum Luft. Was, wenn er sich aufregt? Auch er hat da unten im Bauch des Jets nichts verloren. Eher fliegen wir drei gar nicht.

Schlussendlich kommt in solchen Situationen mein wahres Ich zum Einsatz. So freundlich und unauffällig wie möglich flehe ich förmlich darum, sämtliche Augen zuzudrücken, mich einfach laufen zu lassen, und labere irgendetwas wie: »... meine Schuld anerkennend, im vorauseilenden Gehorsam, freiwillig sowieso auf jedes weitere Gepäckstück verzichtet zu haben ...«

Hat immer geklappt. Gott sei Dank! Allen Flughafenmitarbeitern in Köln/Bonn und Düsseldorf, die mir das Leben auf diese Weise leichter gemacht haben, gilt mein herzlicher Dank. Ich wusste die zugedrückten Augen immer zu würdigen und habe es nicht vergessen. Sie haben den Tieren Momente der Freiheit und der Freude geschenkt. Unglaubliche Düfte, den Regen und Vollmondnächte im Garten durften sie erleben. Danke. Die Amis würden schreiben: God Bless You! Das tue ich hiermit auch.

Der obligatorische Rückflug von Italien nach Deutschland gestaltet sich erfreulicherweise meist etwas weniger anstrengend. Italiener nehmen es mit Katzenbeförderungsregeln im internationalen Luftverkehr nicht ganz so genau wie der durchschnittliche deutsche Paragrafenreiter. Im Übrigen sind die Katzen nachweislich, so steht es auf dem Ticket, in südliche Gefilde geflogen worden, also müssen sie auf demselben Wege ja auch wieder aus dem Land herauskommen.

Tja, und wenn man einem Italiener erzählt, dass zu Hause fünf verweinte Kinderherzen, alle Halbwaisen, sich nach den Miezekätzchen und dem Papa sehnen, kann es sogar sein, dass man ungewollt ein Upgrade in die Businessclass bekommt. Nicht etwa wegen der Katzen, sondern wegen der traurigen Bambini-Augen, die sich nach den Fellnasen verzehren. Ansonsten nimmt der Italiener es in Sachen Tierschutz bedauerlicherweise genauso locker wie mit den EU-Transportvorschriften. Alles hat seine Vor- und Nachteile.

Sie merken schon, man sollte mit Katzen nicht unnötig auf große Fahrt gehen.

Noch sind wir ja auch nicht an Bord in Richtung Rom. Die eigentliche Hürde kommt erst noch: die Sicherheitskontrolle. Der Korb muss natürlich ohne den lebenden Inhalt durch das Röntgengerät wandern. Vermutlich würde kein Vieh die Infrarot-Röntgen-Mikrowellen-Ausdünstungen des strahlenden Apparillos überleben. Dieses Rollband mit Waffendetektionsfunktion ist nämlich so gar nicht für Lebewesen gedacht. Das bedeutet, nachdem ich sicherheitstechnisch durchgecheckt wurde, ist im Anschluss der Korb, ohne Inhalt, an der Reihe.

Etwas völlig Unerklärliches findet nun für meine Jungs statt. Keine Ahnung, was in ihrem Kopf passiert. Wieso müssen wir aus dem Korb raus? Ausgerechnet hier! Er weiß doch, dass wir erst zu Hause in Italien wieder rauswollen. Er ist ein Vollpfosten aus dem Ruhrpott!

Das Theater im Sicherheitsbereich des Airports zur sommerlichen Hauptreisezeit stellt für meine Mitbewohner nichts Geringeres dar als den völligen Vertrauensbruch. Spätestens ab hier müssen sie mich für komplett verrückt halten. So schwierig es zu Hause war, meine Pumas in den Korb zu verfrachten, so schwierig ist es nun, sie hier mitten im Urlaubertrubel aus selbigem herauszuholen.

Hat man Glück, landet man samt Tieren wenigstens in einer Sichtschutzkabine, die durch einen dünnen Vorhang vom Rest des Sicherheitsbereichs abgetrennt ist. Das alles ist für die Tiere höchst verstörend. Durch den Vorhang übergebe ich dem Wachmann den Käfig, in etwa so, wie man dem Verkäufer bei Peek & Cloppenburg eine schlecht sitzende Hose mit spitzen Fingern aus der Umkleide reicht.

Der verantwortliche Kontrolleur schickt den leeren Korb anschließend durch den Röntgentunnel – und zwar in aller Seelenruhe mit einer Engelsgeduld. Glauben Sie mir, das kann manchmal dauern. Ich hingegen habe es relativ eilig, denn ich halte meine beiden verwirrten Tiger auf den Armen. Und die wollen vor allem eines: weg!

Es passiert dann auch schon mal, dass tierliebe Kleinkinder in die Kabine stürzen und die Katzen streicheln wollen.

»Mama sagt, ich darf die Miezen mal anfassen!«, brüllt es mir höchst vital, mit ausgestreckter Patschehand, entgegen. Worauf ich, meiner Panik geschuldet, nur knapp antworte: »Deine Mama lügt! Geh weg!«

Für Spock ist das alles zusammengenommen die Hölle. Er hat doch so schwache Nerven. Innerlich bin ich darauf vorbereitet, ihn notfalls rabiat in meinem Arm zu halten, sollte er sich doch noch unerwartet, seinem angeborenen Fluchtinstinkt gehorchend, losreißen wollen. Nicht auszudenken, was passiert, wenn er hier am Flughafen in Panik flüchtet! Das überlebt er womöglich gar nicht.

Dieses allgemein vorherrschende unruhige Verhalten wiederum verunsichert auch Samson kolossal. Würde ich völlig ruhig bleiben, wären meine Tiger es wohl auch. Aber auch ich empfinde das vorherrschende Chaos, zumal mit Haustieren im Schlepptau, als Stress.

Mit jeder Sekunde, die wir länger in der Kabine verbringen, schwindet das Vertrauen meiner Samtpfoten in mich sichtlich. Mehr und mehr zweifeln sie an meiner Fähigkeit als kundigem Katzenkenner. Auch ich habe da inzwischen so meine Zweifel! Gegen mich erscheinen die Paslowskis in ihrem Wintergartenparadies in Wanne ja geradezu wie das reinste Zuckerschlecken in Sachen Katzenhaltung. So sitzen wir, der Dinge harrend, in dieser schrecklichen Kabine. Die Katzen und der Vollpfosten aus dem Ruhrpott.

Eine Zumutung. Man sollte Menschen, die mit Tieren fliegen, eine eigene, angemessene und vernünftige Sicherheitskontrolle einrichten. Das ist besser für alle Beteiligten, besonders auch für die Mitarbeiter, und es ist übrigens eine dringende Bitte und Empfehlung. Das Gleiche gilt auch für Passagiere mit kleinen Kindern und für ältere oder behinderte Menschen.

Einzig der Moment, wenn die Turbinen der Triebwerke beim Start aufheulen, sorgt noch einmal für etwas Unruhe im Korb, und es bedarf meiner besonderen Aufmerksamkeit und Zuwendung. Durch Streicheln und gutes Zureden lenke ich meine Jungs von dem ohrenbetäubenden Lärm ab. Im Flugzeug kann ich aber die Käfigtür entspannt und gefahrlos öffnen. Keine der

Katzen würde auch nur eine Pfote auf den vibrierenden Flugzeugboden setzen.

In Italien genießen die Tiere endlich den sehnsüchtig erwarteten Freigang. Besser gesagt: Samson geht vor die Tür. Spock verlässt so gut wie nie das sichere Haus. Er ist der geborene Stubenhocker. Setzt man ihn mit dem guten Vorsatz vor die Tür, er solle sich im Garten mal die Beine vertreten, will er nach spätestens zwei Minuten wieder zurück in sein Körbchen. Doch diese zwei Minuten an der frischen Luft genießt er durchaus. Sie tun ihm gut. Allein ihm das Gefühl geben zu können, dass es seine Entscheidung ist, ob er im Haus bleiben will, ist so viel wert.

Aber dass er sich etwa wie Samson in die pralle Sonne legen würde, um sich zu sonnen? Niemals! Dabei gelten Katzen gemeinhin als hemmungslose Sonnenanbeter.

Die reguläre Körpertemperatur von ausgewachsenen Katzen beträgt zwischen 38,3 und 39 Grad Celsius. Die Wohlfühl-Raumtemperatur der meisten Katzen kann, je nach Felllänge, bei 30 bis 36 Grad liegen und damit deutlich über der Temperatur in unseren Wohnungen. Vermutlich genau deshalb wurde die ägyptische Katzengöttin Bastet im alten Luxor zur Gemahlin des Sonnengottes Ra erhoben. Mein Spock ist so anders als alle anderen Katzen, so enorm individuell – oder sollte ich sagen: schwierig? Fast wie der Papa.

Spock hat in seinem ganzen Leben auch nie gejagt, geschweige denn ein Tier getötet oder gar gefressen. Er ist durch und durch völlig gewaltfrei. Sprichwörtlich tut er keiner Fliege etwas zuleide. Wenn sein Bruder jagt, findet er das befremdlich und ist über mitgebrachte Beute sogar noch entsetzter als ich.

Samson hingegen liebt sein italienisches Außengehege und die ausgedehnten Jagdausflüge. Manchmal schleppt er zu meiner verhaltenen Freude schwer verwundete Mäuse, schwanzlose Eidechsen oder angeknabberte Blindschleichen an und legt diese als Liebesbeweis vor der Haustür ab. Ich spiele dann mäßige Begeisterung.

Trotz dieser eher fragwürdigen Wildkost ist Samson, was sein Katzenfutter betrifft, ganz schön wählerisch und ein schwieriger Esser. Mit einem Katzenfutter, das ich gerade supergünstig im Sonderangebot beim Discounter geschossen habe, brauche ich ihm gar nicht erst zu kommen. Das lässt er, ganz Feinschmecker, links liegen.

Grundsätzlich gilt sowieso: Lehnt einer der beiden Kater eine bestimmte Sorte strikt ab, brauche ich sie dem anderen gar nicht erst vorzusetzen. Diesbezüglich wird unter den Brüdern stets Einvernehmen hergestellt. Alles, was ich palettenweise kaufe, mögen die Kater garantiert nicht.

Lecker Mittagessen und andere Überraschungen

Das absolute Lieblingsmahl befindet sich in diesen violetten Tütchen mit dem großen W drauf. Sie wissen schon: diese wabbeligen Portionsverpackungen.

Die klebrigen Fleischbröckchen sind in dem Säckchen von einem zähflüssigen Gelee umgeben, welches farblich an Morgenurin nach einem etwas zu geselligen

Beisammensein erinnert. So ähnlich riecht das Ganze für mich auch, in etwa wie ranzige Hühnersuppe. Die glibberige Masse denkt nicht daran, sich auch nur einen Millimeter freiwillig aus der Tüte zu bewegen. Man muss so feste drücken, als handelte es sich dabei um den allerletzten Klecks Zahnpasta in der Tube. Eine ziemlich ekelige Angelegenheit, das Ganze. Zugegeben: nicht ganz so haarsträubend, wie etwa das Katzenklo zu säubern.

Obwohl meine Katzen diese eigenwillige Minutenterrine gierig und mit sichtbarem Genuss verschlingen, landet das meiste von dem Tüteninhalt später nicht als ordentlich verdaute Biomasse im Katzenklo, sondern unmittelbar nach dem Konsum auf der geflochtenen Fußmatte im Korridor meiner Düsseldorfer Wohnung. Auf wundersame Weise verteilen sich die Bröckchen immer feinsäuberlich in einer Reihe.

Ob das nett gemeint sein soll? Was soll's! Dann schnappe ich mir wieder einmal flugs ein Feuchttuch, um den Kram, zusammen mit den Beuteln, im Restabfall zu entsorgen. Das mache ich doch gern. Dass meine Lieblinge dabei nicht allzu umweltbewusst sind, will ich ihnen nicht verübeln.

Spock ist generell auch noch für ganz andere Überraschungen gut.

Eines schönen Tages im Frühjahr sorgt er für immens viel Aufregung. Das alljährliche Großreinemachen findet unter der sachkundigen Federführung meiner temperamentvollen spanischen Haushaltshilfe Señora Sanchez statt. Alle Türen, Fenster und Schränke werden an so einem Tag zum Lüften aufgerissen. Sämtliche Inhalte werden gereinigt, gewaschen oder abgestaubt.

Gegen Ende des Tages, und nachdem wieder klar Schiff herrscht, stelle ich mit einem Mal fest, dass mein Kater Spock nicht, wie sonst bei hektischem Rummel üblich, in seinem Transportkörbchen liegt.

An sich ist das nicht besorgniserregend, denn es gibt da noch zwei, drei andere Plätze, an denen er sich mit Vorliebe verkriecht. Beispielsweise auf dem Bücherregal, in der Kommode im Badezimmer oder unterm Bett. Doch auch da lässt er sich nicht finden. Auch wenn ich mit dem Trockenfutterkarton noch so laut raschele, passiert nichts, und das ist tatsächlich besorgniserregend.

Katzen lieben nun einmal ausgefallene Schlafplätze und wählen oft die kuriosesten Orte fürs Nickerchen. Nur zu gern mummeln sie sich in der hintersten Schrankecke oder sogar im Waschbecken ein. Entscheidend bei der Auswahl des Liegeplatzes ist das Kriterium »windgeschützt«! Wind kann den Geruchssinn trüben, und das kann in der Natur gefährlich werden. Abgesehen davon empfinden Katzen Wind einfach als unangenehm. Im Winter lieben Tiger es mollig warm, im Sommer mögen sie auch mal ein kühles Plätzchen.

Hinzu kommt: Katzen beobachten gern, ohne selbst dabei entdeckt zu werden. Vor allem lieben Katzen es, Aufmerksamkeit zu erregen. »Such die Katze!« heißt das Spiel, das das geborene Showtalent dann aufführt. Katzen wollen Furore machen. Manche Mieze liebt es, sich dabei in Kartons oder Eimer zu quetschen, auch weil es dort so schön warm ist. Tja, die heiß geliebte Wärme: Sie ist auch der Grund, weshalb Samtpfoten es sich neben ihrem Lieblingsmenschen im Bett bequem machen.

Während Frau Sanchez und ich eine gute halbe Stunde lang die Wohnung immer verzweifelter komplett absuchen, bleibt Spock weiterhin wie vom Erdboden verschluckt. Hinter keinem Kissen und unter keiner Decke ist er zu entdecken. Er ist weg! Samson macht derweil keinerlei Anstalten, gemeinsam mit uns nach seinem Bruder zu fahnden. Er sitzt stattdessen vor der Stereoanlage und starrt sie völlig blödsinnig, wie hypnotisiert, an.

So langsam dämmert mir, dass mein Kätzchen bei all der Hektik irgendwann zwischendurch vermutlich aus dem Fenster im vierten Stock über das Dach entwischt sein muss. Ein mulmiges Gefühl macht sich in meiner Magengegend breit; Tränen schießen mir in die Augen.

So begebe ich mich also schweren Herzens auf die Straße, suche sie ab und rufe immer verzweifelter nach meinem Kater; selbst Nachbarn eilen zur Hilfe. In solchen Momenten merkt man ganz besonders, wie sehr einem das Tier ans Herz gewachsen ist. Aber oben auf dem Dach oder gar auf der Straße ist Spock nicht zu entdecken.

Ein einziges Mal habe ich ihn allein zum Tierarzt gebracht. Was hat Samson da erbärmlich das ganze Haus zusammengemiaut! Und jetzt, wo sein Bruder spurlos verschwunden ist, scheint ihn das nicht im Geringsten zu jucken. Er hockt völlig gleichgültig und unbeteiligt weiterhin vor dem Soundsystem und starrt auf meine Plattensammlung.

Leicht genervt blöke ich ihn an: »Du könntest ruhig mal mithelfen bei der Suche nach deinem Bruder, anstatt da so blöd rumzusitzen und auf die Anlage zu glotzen.«

Aus lauter Verzweiflung schüttele ich noch lauter mit dem Brekkies-Trockenfutterkarton. Spock bleibt jedoch verschwunden, und Samson starrt weiter aufs Hi-Fi-Gerät. Wieso reagiert Samson eigentlich nicht auf das Geraschel? Er ist doch sonst immer ganz wild auf diese müffelnden Brekkies! Wohin schaut er da eigentlich? Er schaut auf meine LPs. Warum? Will er Cat Stevens hören?

Genau zwischen all den Plattenstapeln entdecke ich schließlich bei eingehender Recherche einen Zwischenraum von etwa zehn mal zwölf Zentimetern. Und wer liegt genau darin und schläft selig? Spock.

Ohne fremde Hilfe kommt er da auch nicht mehr raus. Ich selbst habe die Sound-Box nach dem Staubsaugen sehr ungünstig direkt vor dem möglichen Ausgang platziert. Spock liegt da wie eine heilige Mumie im Pharaonengrab. Das mit dem versperrten Ausgang hat ihn gar nicht gestört. Vielleicht wollte er auch nur testen, was passiert, wenn er mal weg ist? Frau Sanchez und ich liegen uns jedenfalls vor Freude in den Armen.

In solchen Momenten wünscht man sich sehnlichst, die eigene Katze würde folgen, parieren und gehorchen wie Hasso, der Hirtenhund aus der Hundeschule in Hildesheim.

Wer erzieht hier eigentlich wen?

Wie ich eingangs bereits erwähnt habe, ist das mit der Katzenerziehung so eine Sache. Der wichtigste Tipp vorneweg: Katzen sind die geborenen Dompteure. In der Regel hat uns eine Katze spätestens nach zwei, drei Wochen dressiert und uns das Nötigste beigebracht.

Sollten Sie dennoch erzieherisch tätig werden wollen, dann beachten Sie folgenden Tipp: Mit Höflichkeit und gutem Benehmen erreichen Sie letztendlich das Allermeiste bei Ihrer Katze. Fast bin ich geneigt zu schreiben: Vergessen Sie im Umgang mit dem Vierbeiner nicht das gute Benehmen. Sagen Sie »Bitte«, »Danke«, »Guten Tag« und »Auf Wiedersehen«.

Die Katze lehrt Sie über kurz oder lang ohnehin, liebevoller mit der ganzen Welt zu sein. Also tun Sie doch von Anfang an gleich so, als wären Sie Mutter Teresa oder der heilige Franz von Assisi. Versuchen Sie bloß nicht, Ihre Katze harsch herumzukommandieren und in ihrer Gegenwart mit Drohgebärden zu operieren. Der britische Arzt und Vordenker Erasmus Darwin meinte schon: Der Respekt vor Katzen ist der Anfang jeglichen Sinnes für Ästhetik.

Eine Katze zu zähmen kann eine diffizile und manchmal auch nervenaufreibende Angelegenheit sein. Nie wird sich das Tier einem Menschen, oder wem auch immer, unterordnen. Das widerspräche völlig seiner freiheitsliebenden Natur. Ich glaube, Katzen wurden vom lieben Gott auch erschaffen, um die Annahme ad absurdum zu führen, dass tierische Erdenbewohner dazu da sind, den Menschen untertan zu sein.

Vielleicht wird es in ferner Zukunft einmal Roboterkatzen geben, die sich dem Willen des Menschen uneingeschränkt beugen. Aber ob die dann auch so gewitzt, klug und kuschelig sind und sich im Waschbecken verstecken? Das wage ich zu bezweifeln.

Wenn man allerdings früh mit den Erziehungsversuchen beginnt, gibt es schon so einiges, was man dem gelehrigen und intelligenten Tier gewaltfrei beibringen kann. Man muss sich lediglich genauso klug und zärtlich dabei anstellen wie die Katzenmama.

Auf den ersten Blick erscheinen Katzen manchmal recht kühl und abweisend. Doch der Katzenkenner weiß, dass sie durchaus liebevoll und zutraulich sein können, und genau diese Verhaltensweise erwarten die Tiere auch von ihrem menschlichen Mitbewohner.

Es geht, wie auch in der zwischenmenschlichen Kommunikation, darum, immer den richtigen Ton zu treffen. Eine funktionierende Sprache zwischen Mensch und Tier kann sehr hilfreich und nützlich sein.

Spielen Sie mit Ihrer Katze. Das stärkt Ihre Beziehung. Versteckte Leckerlis, raschelndes Seidenpapier, eine ausgelegte Schnur oder Bällchenwerfen – oder was auch immer Ihnen da so in den Sinn kommt. Aber erwarten Sie bitte nicht, dass die Katze den Ball zurückbringt.

8. Goldene Katzenregel: SPIELEN SIE MIT IHRER KATZE.

Grundsätzlich ist es entscheidend, auch über Laute und gutes Zureden eine Beziehung zum tierischen Partner aufzubauen. So ist es einfacher, sich tatsächlich Gehör zu verschaffen, wenn es dann mal nötig werden sollte.

Wenn meine Katze ein knappes, fröhliches kurzes »Murr« zur Antwort auf meine Frage »Geht es dir gut?« gibt, kann ich mich immer entspannt zurücklehnen. Aber manchmal gibt es halt auch dicke Luft.

Katzen sind durchaus dazu in der Lage, absichtlich zu täuschen, oder sagen wir besser, zu schwindeln.

Wenn beispielsweise mal ein Stück Leberwurst auf wundersame Weise vom Frühstückstisch verschwunden ist, kann ich sicher sein, dass mein Kater Samson ohne die untermauernden Aussagen von vertrauenswürdigen Augenzeugen die Tat vehement, und geradezu realitätsfern bis hin zur Selbstverleugnung, abstreiten wird. Durch Gesten und Blicke, versteht sich. Er schaut desinteressiert weg, leckt sich vermeintlich entspannt den Schwanz. Nach dem Motto: Ich habe nichts bemerkt. Ich persönlich hatte auch eh keine Zeit zum Leberwurstklauen, du siehst ja, ich bin mit wichtigeren Dingen beschäftigt. Ich bin schließlich eine gepflegte Katze. Worum ging's noch mal?

Er war's halt nicht. Punkt. Ein brüllend komischer Vorgang. Sein ganzes Benehmen lässt darauf schließen, dass er völlig unbeteiligt an der Misere war.

Die meisten Katzen lassen sich jedoch beim Schummeln und Vertuschen direkt auf frischer Tat ertappen. Sie sind schlechte Schwindler. Beim Lügen beschleicht die meisten Tiere eine gottgegebene Verlegenheit, die sie sofort verrät. Sie wirken auf drollige Weise unangenehm berührt, wenn sie versuchen, sich klammheimlich aus der Verantwortung zu stehlen. Vielleicht halten sie es für möglich, dass eine höhere Instanz ihr Fehlverhalten bemerkt hat. Ob sie gar glauben, dass sie von Gott beobachtet werden?

Samsons schlechtes Gewissen verrät ihn jedenfalls immer. Der scheue Blick, das unsichere Getänzel in Erwartung einer eventuellen Schelte zerstören seine vorgetäuschte Selbstsicherheit Stück für Stück. Mein Kater hat ein Gewissen. Das ist zumindest bemerkenswert. Dennoch hält er es für den Bruchteil einer Sekunde tatsächlich für möglich, dass er dazu in der Lage ist, mir einen fetten Bären aufzubinden. Solange es geht, leugnet er die Tat. So neigt er also auch mal zur gewaltigen Selbstüberschätzung.

Aus Samsons Perspektive kann ich aufgrund augenscheinlicher Abwesenheit kein Zeuge der verübten Missetat gewesen sein; somit ist selbige für mich, so offenbar seine Schlussfolgerung, auch nicht nachweisbar. Meine Katze glaubt doch tatsächlich, ich hätte nicht die Fantasie, mir vorzustellen, dass sie bei passender Gelegenheit Leberwurst klauen könnte. Der Kerl unterschätzt mich kolossal!

Meine Gewissheit in der peinlichen Angelegenheit, obwohl ich faktisch nicht zugegen war, irritiert die Katze jedoch enorm. Vielleicht sind das die einzigen Momente, in denen sie mich tatsächlich für ebenbürtig oder vielleicht sogar für ein etwas höheres Wesen hält.

Grundsätzlich aber scheint Samson mich eher für ein ziemlich dusseliges Huhn zu halten. Ich sollte dringend an meinem Auftritt arbeiten. Ob meine Katze überhaupt weiß, was ich beruflich mache? Sie hat mich definitiv schon mal im Fernsehen gesehen. Laut meiner zweitbesten Freundin Gudrun, die öfter mal meine Katzen hütet, wenn ich eine Liveshow bestreite, sitzen meine Katzen gebannt vorm Fernsehgerät, wenn ich moderiere. Ob sie sich wohl auch einigermaßen gut unterhalten fühlen? Jedenfalls sorgen sie für eine höhere Einschaltquote.

Lob und Tadel – die richtigen Worte finden

Hier noch ein paar nützliche Tipps aus dem Lehrbuch nach Prof. Minka Miaumeier und Dr. Moritz Maunzelmann. Loben Sie Ihre Katze, wo und wann immer möglich. Das zahlt sich aus und lässt Ihre Mieze zu einem gesunden Charakter heranwachsen.

Wenn Sie Ihre Katze loben wollen, weil sie etwas richtig gemacht hat, sagen Sie zum Beispiel mit weicher, warmer Stimme: »Toll!« Das darf auch ruhig ein bisschen schwul-nasal klingen; unsere gottbegabten Katzen sind ja von Natur aus tolerant. Ihr Stubentiger verbindet dann künftig den Klang des Wortes »toll« – der weiche Ton macht hier die Musik – mit etwas Positivem.

Ein trockenes, knappes und etwas lauteres »Nein!« hingegen kann die Katze bei so mancher unerwünschten Aktion entmutigen.

Falls Ihre Mieze sich dann doch mal über den Weihnachtsbraten hermachen sollte oder den Christbaum zum Einsturz bringt, weil sie in ihrem unzähmbaren Spieldrang den glänzenden Kugeln nicht widerstehen kann, nehmen Sie bitte auch das mit viel Humor. Das gilt ja auch grundsätzlich und sowieso im Leben.

Sollte Ihre Katze das dringende Bedürfnis empfinden, ihre Krallen an Ihrer schneeweißen Designerledercouch zu schärfen, ergreifen Sie den Liebling zärtlich, setzen ihn direkt vor dem eigens dafür gebauten Kratzbaum wieder ab und sagen: »Toll!«

Das müsste klappen. Eine Garantie gebe ich Ihnen allerdings nicht für die Funktionstüchtigkeit dieser Tipps. Am besten kaufen Sie sich alle zwei Jahre eine gebrauchte, abgewetzte Cordcouch. Die nimmt der Katze gar nichts mehr krumm. Gegenüber Gästen können Sie der Katze ja die Schuld für den unansehnlichen Zustand des Möbelstücks in die Pfoten schieben.

Für eine Katze ist es das Normalste auf der Welt, ihre Krallen zu schärfen. Das Nägelwetzen hat für sie auch etwas zutiefst Beruhigendes. Leider sind Sofa oder Fernsehsessel nun mal das bevorzugte Nagelstudio. Das Territorium wird durch diese Aktion sichtbar markiert. Diese Kratzerei ersetzt für die Katze das Namensschild an der Haustür. Es bedeutet nichts anderes als: »Hier wohnt Tobi! Komm nicht näher, sonst hacke ich dir genau mit diesen Krallen, die dieses teure Sofa so übel zugerichtet haben, mitten in deine süße Fratze. Noch einen schönen Tag!«

Legen Sie doch in der Wohnung einfach ein paar alte Matten oder dicke Kordeln aus und stellen ausreichend Schuhkartons bereit. Katzen lieben diese auch als Versteck! Dann erledigt sich das Kratzproblem meist von allein.

Ich muss sagen: Alle meine Katzen waren keine großen Kratzer. Da hatte ich wohl Glück. Wenn gar nichts mehr hilft, bedecken Sie das Sofa mit einer robusten Decke. Sowieso werden Sie Ihrer Katze – auch nicht für Geld und gute Worte – nicht ausreden können, dass das Sofa ihr allein und sonst niemandem auf der Welt gehört. Bleiben Sie entspannt. Bei einem Katzenliebhaber sieht es eh immer ein bisschen so aus, als würde da noch ein Messie zur Untermiete wohnen.

Gästen gegenüber habe ich gern behauptet, bei mir zu Haus sei eine groß angelegte Forschungsreihe des Max-Planck-Instituts über das Sozialverhalten von Katzen in vollem Gange. Da erntet man dann »Ohs« und »Ahs« der verzückten Bewunderung und werden Kratzer zu Forschungsergebnissen. Manches muss man sich im Zusammenleben mit halbwilden Tieren auch schönreden dürfen.

Versuchen Sie, in Ihrem Verhalten der Katze gegenüber unbedingt stabil und kohärent zu bleiben. Sie sollten ihr nicht einmal erlauben, auf den Tisch zu hüpfen, und dann ein andermal wiederum nicht, weil beispielsweise empfindsame Gäste wie Tante Traudl oder der Chef Dr. Hobold höchstpersönlich im Haus sind.

Die Katze wird uns übrigens nie als Chef anerkennen, sondern tatsächlich immer als ebenbürtig. Genau deshalb werden Sie Ihre Katze weder mit physischer noch mit verbaler Gewalt zu irgendetwas bewegen. Bleiben Sie auf Augenhöhe mit der Samtpfote. Das garantiert gegenseitigen Respekt und Zuneigung. Ich würde sogar von Liebe sprechen. Katzen lieben ihre Mitbewohner in der Regel.

Sollte Ihr Salonlöwe einmal eifersüchtig sein, weil Freunde oder Verwandte zu Besuch sind oder ein Kind in die Familie geboren wurde, kann es durchaus sein, dass er Ihnen den einen oder anderen unangenehmen Streich spielt. Plötzlich weiß die Mieze partout nicht mehr so genau, wo das Katzenklo eigentlich steht, zerkratzt doch mal eben fix den Fernsehsessel oder stibitzt verbotene Leckerlis.

Meine Katzen Samson und Spock haben sich, wie bereits erwähnt, sobald Gäste im Haus waren, gern in gemeinsamer Anstrengung und stiller Übereinkunft über das Toilettenpapier im Gästebad hergemacht, es zerkaut und zerfetzt, um es dann zur Erbauung des Gastes großräumig und dekorativ in der Nasszelle zu verteilen.

Wer das mit viel Liebe zum Detail gewissermaßen plant und ausführt, muss doch so etwas Ähnliches wie Humor besitzen, wenigstens jedoch einen Hauch von krimineller Energie! Wie heißt es so schön in dem alten deutschen Sprichwort? Der Katzen Scherz ist der Mäuse Tod.

In solchen speziellen Fällen sollten Sie dem Streich bloß nicht zu viel Aufmerksamkeit schenken, denn genau deshalb wurde die Aktion ja gestartet, nämlich um größtmögliches Aufsehen und Trara zu erregen. Bleiben Sie ruhig und gelassen. Atmen Sie tief durch. Sehen Sie die Sache buddhistisch, oder betrachten Sie Ihre Katze als durchschnittlich begabten Künstler.

Schenken Sie Ihrer Katze im Gegenzug einfach noch ein bisschen mehr Zuwendung als sonst. Das gibt dem Tier ein Gefühl der Sicherheit, und es versteht, dass es nichts zu befürchten hat, weder vom Besucher noch vom Wohnungsbesitzer. Fühlt die Katze sich geborgen, kitzeln Sie das Beste aus dem Tier heraus.

Katzen empfinden übrigens Trennungsschmerz. Die Wissenschaft hat diese Fähigkeit zum tiefen Gefühl zunächst nur Hunden nachweislich zugeschrieben. Heute weiß man: Auch Katzen empfinden Trauer, Freude und eben Trennungsschmerz.

Aber tun das nicht alle Tiere!? Nicht von ungefähr heißen sie im Englischen »animals«. Das lateinische Wort »anima« bedeutet nichts anderes als »Seele«, »animalis« so viel wie »beseelt«. Wie konnte die Zoologie nur so konsequent leugnen, was man doch sieht, spürt und zumindest im Englischen und einigen anderen Sprachen, wie im Französischen, Spanischen und Italienischen, sogar ausdrücklich sagt?

Forscher wissen heute selbst von Spinnen, dass diese völlig unterschiedliche Charaktere besitzen. Einige sind beherzte Draufgänger, andere wiederum kleine Feiglinge, sozusagen Seelchen.

Eigentlich geht es doch bei unserer Einschätzung der Tierwelt auch gar nicht darum, ob unsere Mit-Wesen denken oder kommunizieren können, sondern einzig und allein darum, ob sie leiden können. Und das können sie tatsächlich. Alle. Es gilt also jegliches Tierleid zu vermeiden.

Back to Cats: Wenn ich das Haus für länger verlassen muss und die Katzen allein zurückbleiben, gehe ich vorzugsweise schnell und ohne großes Tamtam. Daraus macht Papa kein Drama. Denn das würden die Tiere bis in die letzte Faser ihres Fells spüren.

Sollte der Liebling in Folge der Abwesenheit schmutzen, ist das Ausdruck des tief empfundenen Stresses und Schmerzes. Denken Sie gar nicht erst daran, die Katze dafür zu bestrafen, denn das würde die Situation nur unnötig verschlimmern.

Es hilft nichts: Wenn Sie die Aufgabe als Katzenmama oder -papa wirklich ernst nehmen wollen, werden Sie unweigerlich zum besseren Menschen. Selbst dann, wenn Sie das so vielleicht gar nicht geplant hatten.

Rufen Sie Ihre Katze nicht zu oft bei ihrem Namen. Das könnte zur Folge haben, dass Minka oder Felix irgendwann nicht mehr darauf reagieren. Katzen sind nämlich sehr leicht genervt und rollen innerlich schnell mit den Augen – beispielsweise wenn sie etwas als unter ihrer Würde betrachten. Setzen Sie den Rufnamen also mit Bedacht ein und vor allem dann, wenn es auf etwas ankommt.

Es ist eine nette Geste, wenn Sie Ihre Katze beim Betreten und Verlassen der Wohnung jeweils begrüßen und verabschieden. Schaden kann es nicht. Ja, ich weiß: Wir dürfen unsere Lieblinge nicht zu sehr vermenschlichen! Trotzdem habe ich meinen Katzen immer eine Gute Nacht gewünscht, und wehe, das habe ich mal aus Müdigkeit oder Nachlässigkeit vergessen. Da wurde sich lautstark beschwert. Nach dem Motto: Papa, wo bleibt der Gutenachtkuss? Auch zu den Mahlzeiten sollte man die Katze grundsätzlich rufen.

Ermunterungen und Ermutigungen auszusprechen ist eine gute Sache. Wenn man ein Streber ist und es ganz richtig machen will, geht das so:

Spenden Sie Ihrer Katze einen aristokratischen Applaus, der auf ein verhaltenes Händeklappen hinausläuft, und glucksen Sie freudig »Bravissimo!«, wenn das Kätzchen die Toilette zum ersten Mal benutzt und ganz sittsam Pipi in die mit hellblauem Edelstreu gefüllte Box macht. Der aufmunternde und beherzte Ton ist hier wichtiger als das eigentliche Wort.

Das gleiche wunderbare Kompliment »Bravo! Bravissimo!« kann man unter gedämpftem Klatschen wiederholen, wenn das Kätzchen einen Ball erhascht oder ein Stoffmäuschen gefangen hat. Auch hier sollte man die Sache gemessenen Tones ordentlich abfeiern. Ich bevorzuge die deutlich abgespeckte Variante ohne Händeklatschen. Ein freundliches »Toll!« reicht für mein Dafürhalten. Es bewirkt das Gleiche.

Wenn Sie mich fragen: Könnten Katzen eine Staatsbürgerschaft wählen, wären sie alle Franzosen. Eitel, verzogen, eklektisch, gnädig, amüsant und vollendet schön.

Wünscht man, dass die Katze den Esstisch verlässt, was quasi stündlich vorkommt, säuselt man nach Lehrbuch süß und kaum hörbar: »Komm wacker vom Tisch, Tobilein! Der Papi ist auch gar nicht böse! Er ist nur nicht besonders begeistert.«

In solchen Situationen bevorzuge ich selbst hingegen eher das trockene und knappe »Nein«. Im Anschluss ergreift man das Tier zärtlich und hebt es eigenhändig und einer Sänfte gleich auf den Fußboden. Ist das Tier sicher auf dem Boden gelandet, bedenkt man es wiederum mit einem kleinen Kompliment wie: »Fantastisch, Tobileinchen! So machst du Vati fröhlich!«

Meine bevorzugte Variante klingt etwas anders: »So geht das aber nicht, mein Sportsfreund!« Denn natürlich besitzt man nicht in jeder Situation die Nervenstärke, um so ruhig und besonnen wie Seine Heiligkeit der Dalai Lama persönlich zu reagieren. Halten Sie sich dennoch grundsätzlich immer im Zaum. Betrachten Sie Ihre Katze als Ihren buddhistischen Meister. Das höhere Wesen, welches sie ja schon von Natur aus ist, zwingt Sie dazu, Nerven und Anstand zu bewahren.

Vergessen Sie Ihre Fitnesstrainerin und Ihren Abteilungsleiter! Nur Ihre Katze unterrichtet Sie in den gehobenen Fächern des Lebens.

Auch falls die Katze mal wieder quer über die Computertastatur latscht, gilt es freundlich zu bleiben und sogar eine gewisse verhaltene Begeisterung für diese befremdliche Aktion zu zeigen. Nicht ausrasten wie ein angetrunkener Stammgast einer Trinkhalle in Bottrop. Vergessen Sie, dass Sie in Germanien leben. Rufen Sie bloß nicht schrill: »Ja, ich glaube, es hackt!«

Wenn gar nichts anderes helfen sollte, können Sie die Katze vorsichtig mit einer Wasserpistole bespritzen. Dabei darf die Katze auf keinen Fall sehen, dass Sie der Übeltäter sind. Katzen vergeben nicht. Wenn ihnen eine Person Angst macht oder wehtut, meiden sie sie konsequent. Deswegen habe ich diese Methode nie angewandt.

Tun Sie stattdessen so, als wären Sie am Hofe Ludwigs XIV. Seien Sie verzückt und nicht allzu erschrocken. Streicheln Sie dem Tier freundschaftlich über den Nacken und flüstern kaum hörbar: »Komm, Tobilein, runter von der Tafel. Wir gehen wacker in die Küche! Gemeinsam! Ensemble!«

Lenken Sie die Aufmerksamkeit des Tieres gekonnt auf etwas völlig anderes. In der Küche angekommen, gibt es zu Tobis Erstaunen – oder vielleicht auch Entsetzen – allerdings keinerlei Leckerchen, sondern stattdessen nur weitere verhaltene Komplimente. Sonst denkt Tobi am Ende noch, er müsse in Zukunft hauptberuflich über Computertastaturen rennen und werde dann auch noch mit einer Extraportion Delikatess-Geflügelleberwurst feierlich belohnt. Das wollen wir doch nicht, oder?!

Wie gesagt: Eine Mieze ist wie ein Franzose. Um Ihre Mieze verstehen zu können, müssen Sie gewissermaßen Fellnasen-Französisch lernen. C'est tout. Das ist alles. Und so gilt mit Katzen im Haus auch grundsätzlich die alte französische Regel: Reste calme. Ruhe bewahren.

Wenn Ihre schnurrende Katze sich dann irgendwann zum ersten Mal auf den Rücken dreht und will, dass Sie ihr den Bauch kraulen, dann ist es vollbracht. Die Katze fühlt sich im neuen Heim rundum wohl und schenkt Ihnen ihre ganze Zuneigung, denn der Bauch ist schließlich die verwundbarste und weichste Stelle am Katzenkörper. Sie haben es geschafft! Mehr blindes Vertrauen geht nicht.

Zwei Urnen im Regal

Was habe ich in den fast dreizehn Jahren mit den beiden Katern alles gelernt!

Wenn Katzen beispielsweise schnell zwinkern, dann lächeln sie.

Zwinkern sie langsam, dann freuen sie sich sehr und signalisieren Zuneigung und Wohlbefinden. Deswegen sollte man Katzen regelmäßig schnell und langsam anzwinkern. Darauf reagieren sie, und wie!

9. Goldene Katzenregel: ZWINKERN SIE IHRE KATZE LANGSAM UND SCHNELL AN.

Katzen sind immer so entspannt im Hier und Jetzt, weil sie stets sie selbst sind. Kein Verstellen, keine Masken, wenig Getue. Alles ist authentisch. Das ist so wohltuend. Man möchte, dass das nie aufhört. Es ist so gesund.

Aber es hilft nichts, ab dem zehnten Geburtstag zählt eine Katze unweigerlich zu den Senioren.

In seinem zwölften Lebensjahr – meine beiden Stubentiger und ich leben inzwischen in Berlin – beginnt Samsons angeborene Lungenfehlfunktion sich zu verschlimmern, und auch seine Nieren bereiten ihm inzwischen Probleme. Gesundheitlich geht es gerade rapide mit ihm bergab. Das Atmen fällt ihm zunehmend schwer. Im Alter werden chronische Wehwehchen nun mal nicht besser. Es ist grauenvoll zu sehen, wie die einstmals unbändige Lebenskraft meinen Katzenkumpel langsam verlässt. La vita macht sich mit einem leisen Adagio aus dem Staub. Beinahe lautlos wie fallendes Laub. Ohnehin ist es ein Wunder, dass mein Kater trotz seiner Beschwerden überhaupt dieses recht stolze Alter erreichen durfte.

Meine zweitbeste Freundin Gudrun, auch eine Katzennärrin vor dem Herrn, und ich haben indes seit längerer Zeit einen zehntägigen Urlaub auf die Malediven gebucht. Malediven! Das hat sie sich immer schon gewünscht. Für diese geballte Ladung von Exotik hat sie extra Geld gespart.

Die kleine Insel Komandoo steht meiner Luxus-Gudrun mit einem »von« im Nachnamen in etwa so gut wie mir, dem gebürtigen Landei, ein rustikales Ferienhaus in den Dünen Dänemarks.

Es sollen unsere ersten gemeinsamen Ferien nach über einem Jahrzehnt werden. Kann ich die Reise guten Gewissens antreten – oder sollte ich sie gar absagen? In diesem besonderen Fall reicht es schließlich auch nicht, dass ein netter Nachbar freundlicherweise einmal am Tag nach den Katzen sieht und sie beschäftigt. Hier braucht es eine Rund-um-die-Uhr-Betreuung. Normalerweise macht so was meine Gudrun immer gern. Aber die fällt ja nun urlaubsbedingt aus.

Mein italienischer Expartner war, nach mir, der zweitengste Vertraute von Samson. Freundlicherweise erklärt er sich bereit, in meiner Abwesenheit bei meinem kranken Kater zu bleiben und sich um diesen besonders zu kümmern.

Die Tierärztin Frau Dr. Martens meint, Samson habe gewiss noch ein paar Jahre zu leben, insofern solle ich mir ruhig eine kleine Auszeit gönnen. Er werde sich mithilfe der Medikamente schon wieder berappeln.

Bei unserem Abschied sitzt Samson mit dem Rücken zu mir auf der Fensterbank des Wohnzimmers und schaut hinaus auf das fallende Laub der Kastanien.

So stellt es sich zumindest für mich dar. Vielleicht wendet er sich auch einfach nur von mir ab, und sein Blick geht ins Leere? Das wiederum muss bei einer Katze nicht zwingend etwas Negatives bedeuten; im Gegenteil, es kann auch ein Vertrauensbeweis sein und signalisiert: Ich traue dir so sehr, dass ich dich nicht im Auge behalten muss. Egal, was du hinter meinem Rücken tust, es wird richtig sein.

Eigentlich ist alles wie immer. Nur dass ich mit meinem gepackten Koffer im Korridor stehe. Was das Gepäckstück zu bedeuten hat, wissen meine Kater nur zu genau. Spock kommt noch mal kurz zum Schmusen vorbei und streift um meine Beine. Es klingelt Sturm an der Haustür. Gudrun wartet bereits unten im Taxi. Und dann bin ich auch schon fort.

In Urlaubsstimmung bin ich nicht. Selten hatte ich so wenig Lust auf Holiday und Cocktailschlürfen. Schweren Herzens mache ich mich dennoch mit meiner sonnenhungrigen Gudrun auf den Weg zu weißen Stränden am Indischen Ozean.

Genießen kann ich das schnuckelige Flitterwochenhotel auf einer Insel, die in etwa die Größe der Trabrennbahn in Recklinghausen hat, nicht wirklich. Täglich rufe ich zu Hause an, um mich nach dem Befinden meiner Katze zu erkundigen, während ich wie ein alter Traber meine nervösen Runden um das Eiland ziehe. Dank der modernen Fernmeldetechnik erfahre ich so wenigstens, dass es zwischenzeitlich mit Samson sogar wieder bergauf geht.

Acht Tage nach meiner Abreise verschlechtert sich Samsons Zustand über Nacht und gegen jede Erwartung allerdings so dramatisch, dass er in seiner vertrauten Umgebung eingeschläfert werden soll. Andernfalls würde für ihn eine Phase des nicht zumutbaren Leidens beginnen.

Nach dem Erhalt dieser Nachricht stehe ich förmlich unter Schock. An einen spontanen Rückflug ist betrüblicherweise nicht mehr zu denken. Das letzte Bild in meinem Kopf von Samson wird mein Kater bleiben, der völlig ruhig auf das fallende Laub der Wilmersdorfer Kastanien blickt.

Kurz bevor mein Kater eingeschläfert werden soll, telefoniere ich noch mit ihm, wirke beruhigend auf ihn ein. Das ist nichts Ungewöhnliches, das kennt er. Auch von meinen Tourneen habe ich meine Katzen täglich angerufen. Auf meine Stimme reagiert Samson enorm.

Tatsächlich wage ich zu behaupten, dass wir uns auf unsere Weise noch einmal aussprechen konnten. Gegenseitig konnten wir uns noch einmal unserer Liebe versichern. Es ist zwar schrecklich, dass ich nicht bei ihm sein konnte, aber das Telefonat war besser als nichts.

Als er in den Armen meines Expartners dann wirklich zum letzten Mal eingeschlafen ist, bricht über unserem Urlaubsdomizil auf den Malediven ein Wolkenbruch los, wie ich ihn noch nie erlebt habe. Ein richtiges Donnerwetter sucht uns heim. Ein Wetterleuchten lässt den dunklen Himmel über dem Indischen Ozean immer wieder erstrahlen.

Die flennende Gudrun und ich nippen, als einzige Gäste in der Hafenbar, völlig verheult an unseren Drinks und lassen Samson in unserer Erinnerung noch einmal aufleben, während wir Zeugen eines einmaligen, fast übernatürlichen Naturschauspiels werden. Ein massiver Platzregen prasselt dabei unaufhörlich auf das Inselchen Komandoo nieder.

Erinnerungen steigen auf: Wie sehr Samson doch die Sonnenuntergänge in Italien liebte. Sein lustiges Miauen, wenn er etwas nicht richtig verstand. Das hatte immer etwas von einem nervösen Piepmatz. Sein beleidigtes Gesicht, wenn ich das falsche Trockenfutter in die Schüssel füllte. Das selige Schnarchen. Diese vertraute und wohlwollende Anwesenheit. Der gütige Blick. Mein bester Freund.

Unmittelbar nach dem denkwürdigen, klärenden Unwetterspektakel leuchtet am Firmament über unserem Eiland ein riesiger Regenbogen. Samson hat sich mit lautem Getöse von mir verabschiedet und im Anschluss den Himmel in die schillerndsten Farben getaucht. Hat er sich etwa so über meine Abwesenheit geärgert und sich dann wieder mit mir versöhnt? Ich werde aus meinem Kater auch nach seinem Tod einfach nicht schlau.

Gudrun bemerkt tränenerstickt: »Wow! Was für eine Abschiedsshow!«

Wie wird Spock den Verlust von Samson verkraften? Nach meiner Rückkehr ist das rote Nervenbündel jedenfalls sehr verstört, irrt immer wieder suchend und manchmal miauend auf der Suche nach Samson durch die Wohnung. Wir trauern.

Katzen neigen dazu, auch wenn sie in einer Großfamilie leben, sich oft besonders stark an einen Menschen zu binden. Samson war seit dem ersten Moment, auf der Fahrt von Herne-Wanne nach Düsseldorf, mehr mein Kater. Während Spock von Beginn an immer mehr die Katze meines Expartners war, so nah mir Spock auch fraglos war.

Vor allem aus praktischen Erwägungen landet das Trennungskind Spock jedenfalls in meiner neuen Berliner Wohnung. Abgesehen von meinem Aus-und-vorbei-Gefühlschaos trauert Spock nun Samson, seinem Katzenpapa Nummer eins und seiner alten Düsseldorfer Umgebung hinterher. Ein bisschen viel Stress für einen zwölfjährigen Kater mit einem angeborenen Herzfehler? Man kann im Leben bedauerlicherweise nicht alles nach dem Lehrbuch für Katzen richtig machen.

Einmal lebt Spock allerdings noch auf: als mein jetziger Ehemann in unser Leben tritt. Die Art und Weise, wie Spock meinen Partner Dirk Henning von der ersten Sekunde an als neues Familienmitglied akzeptiert, ist verblüffend. Gerade Spock, der sich mit fremden Menschen immer besonders schwergetan hat! Es kommt mir so vor, als würde er meinen zukünftigen Mann bereits lange kennen. Diese tiefe Vertrautheit zwischen den beiden ist erstaunlich. Es gibt eben manchmal Dinge zwischen Himmel und Erde, welche sich einer vernünftigen Erklärung entziehen. Spock jedenfalls weicht Dirk nicht mehr von der Seite. Das ist zwar erfreulich, aber wahrlich auch ein wenig spooky.

Etwa ein Jahr nach Samsons Tod ist Spock kaum noch in der Lage, sich ohne meine Hilfe in der Wohnung zu bewegen. Zum Katzenklo oder zum Fressnapf trage ich ihn inzwischen. Das lässt er alles geduldig geschehen. Gewissermaßen scheint er dieses ungewöhnliche Verwöhnprogramm sogar zu mögen.

Selbstständig Nahrung aufzunehmen wird allerdings immer schwieriger für ihn, und bald verlässt ihn der Appetit völlig. Weder trinkt er, noch frisst er etwas. Dennoch leidet er nicht sichtbar oder hörbar unter seinem Zustand. Die meiste Zeit döst er im Bett vor sich hin und will von mir ab und zu ein bisschen bei Laune gehalten werden. Im Hintergrund läuft pianissimo die Wassermusik von Händel. Das ist unsere Lieblingsmusik für schlechte, kalte Tage. Wenn Spock etwas braucht, miaut er leise.

Eines klirrend kalten Morgens im Januar kann er sich nach dem Aufwachen einfach überhaupt nicht mehr bewegen. Mit großen Augen schaut er mich erwartungsvoll an. Spock kann nicht mehr. Er sieht so erschöpft aus.

Frau Dr. Martens hatte gemeint, wenn der Zeitpunkt gekommen sei, dass er sich gar nicht mehr rühren könne, sollten wir den Schmerzen schleunigst ein Ende bereiten. Ab dem Moment würde für die Katze das Leiden unerträglich werden.

Ich will noch einen Tag mit meinem Spock! Wir schmusen viel in diesen 24 Stunden, und mein Kater genießt das sichtlich und spürbar. Ansonsten sitze ich einfach nur da, nehme Abschied, erzähle ihm dies und das und halte dabei seine Pfote. Im Hintergrund läuft weiterhin tröstliche Musik.

Auch erkläre ich ihm leise, dass ich die Tierärztin bitten werde, ihm am darauffolgenden Tag eine finale und erlösende Spritze zu setzen. Vielleicht versteht Spock mich ja? Falls nicht, verstehe ich wenigstens, was nun unweigerlich geschehen muss, indem ich es mir selbst erzähle. Keineswegs wäre es nämlich gnadenvoll, klug oder gar richtig, einer weiteren Verschlechterung seines Zustands tatenlos zuzusehen.

Gegen Abend nehme ich angespannt das Telefon in die Hand und wähle zittrig die Nummer der Tierärztin. Wir verabreden uns für den kommenden Morgen in meiner Wohnung. Alles, was Spock an Technik für die letzte Reise benötigt, bringt sie mit.

An jenem Wintermorgen ist Spock nicht mehr wirklich ansprechbar. Zum Selbstschutz ist das Tier in einen tiefen Dämmerzustand abgetaucht. Hat er begriffen, was nun bald folgen wird? Ob er es still akzeptiert?

Als die Ärztin mit ihrer Assistentin das Schlafzimmer betritt, wird Spock doch noch einmal kurz wach. Seinen Blick vermag ich nicht zu deuten. Ist das Todesangst, Erleichterung oder beides, die ich da in seinen Augen erkenne? Ich weiß es nicht.

Jedenfalls lässt sich Spock den Tropf mit dem starken Beruhigungsmittel ohne jede Gegenwehr legen.

Ganz langsam schläft er nun noch tiefer ein, während ich ihn streichele und sanft auf ihn einrede. Mir kullern dicke Tränen übers Gesicht auf sein schönes rotweißes Fell. Gott, was liebe ich diese Katze. Ich will sie nicht gehen lassen.

Die Tierärztin hört zwischendurch immer wieder seine Herztöne ab und sagt überrascht: »Unglaublich, wie kraftvoll sein schwaches Herz jetzt auf einmal schlägt. Sie müssen ihn gehen lassen. Lassen Sie los!«

Als Spock nach knapp zehn Minuten tief und fest schläft, setzt die Ärztin ihm die finale Spritze mit dem tödlichen Cocktail. Nach kurzer Zeit verliert der Körper von einem Augenblick zum anderen jede Spannung. Wir haben beide losgelassen. Spock ist frei. Mein kleines rotes Nervenbündel kommt endlich zur Ruhe. Ich bin entsetzt und gleichzeitig erleichtert.

Spock war so genügsam, ruhebedürftig und wählerisch. Seine übertriebene Ängstlichkeit war manchmal so komisch. Die meisten Menschen waren ihm nicht geheuer. Wie er sich jeden Abend tierisch gefreut hat, wenn ich zum Gute-Nacht-Sagen vorbeigeschaut habe. Das weiche Fell. Sein melodisches Schnurren. Sein wacher Blick. Mein bester Freund.

Es ist richtig, sein Haustier am Ende seines Lebens gnadenvoll durch Einschläfern hinübergleiten zu lassen. Dieses friedvolle Gefühl, das mich nach Spocks Tod erfüllt, bestätigt mich darin.

Ich bin froh, dass ich ihm noch größeres Leid ersparen konnte. Wir haben das Ende so schön gestaltet, wie es eben möglich war.

Die Urnen meiner Kater schmücken bis heute mein Büro und verleihen ihm einen morbiden Charme. Immer noch nicht, auch nicht nach zehn Jahren, habe ich es übers Herz gebracht, die Gefäße im Garten meines italienischen Ferienhauses beizusetzen. Ja, Sie haben richtig gelesen, ich habe die beiden Kater von einem Beerdigungsinstitut für Haustiere in Berlin-Mitte einäschern lassen. So was geht heute.

Katzen sind seelenvoll, gefühlvoll und mysteriös. Sie spüren immer, wie es den Katzeneltern geht, und reagieren darauf angemessen. Sie sehen Dinge voraus. Kein Zweifel: Spock wusste auch, dass seine Zeit gekommen war.

Nach Spocks Tod beginnt für mich jedenfalls sehr schnell ein völlig neues Leben. Andere Orte, andere Menschen. Ob ich glaube, dass meine Katzen immer noch da sind und über mein weiteres Schicksal wachen!?

Die Antwort lautet: Ja, natürlich. Da bin ich mir sogar sicher. Halten Sie mich ruhig für einen bekloppten Vollpfosten. Das gehört ohnehin zum Image aller Katzenpapas. Wer jedoch nicht an das geheimnisvolle Wirken zwischen Himmel und Erde glaubt, kann in der Regel auch nichts mit einer Katze anfangen. Katzen sind in meinen Augen Mittler zwischen den Ebenen.

Wenn Katzen einen Menschen begrüßen, sagen sie freudig und mit rollendem r: »Murr!« Man sollte immer mit einem ebenso erfreuten »Murr« zurückgrüßen.

Wie oft habe ich manchmal heute noch das sichere Gefühl, ich hätte eine meiner beiden Katzen gerade »Murr« sagen hören. Ich erkenne sie ja eindeutig an ihren Stimmen. Jede Katze hat eine individuelle und unverkennbare Stimme.

Auf einmal und völlig unerwartet stellt sich diese Wahrnehmung manchmal ein, und sie ist dann so verwirrend real. Manchmal nehme ich in der Nacht im Halbdunkel eines Raumes plötzlich schlaftrunken die Schatten meiner Katzen wahr.

Ich glaube, der Himmel kann kein Paradies sein, wenn dort nicht meine Katzen auf mich warten. Katzen hinterlassen nun einmal ihre Pfotenabdrücke für immer in unserem Herzen. Wenn die Katze, die man liebt, zur Erinnerung wird, dann wird diese Erinnerung zur Schatztruhe.

Alles, was Samson und Spock in Berlin einst gehörte, verschenke ich an eine Freundin, die sich anschickt, für ihren kleinen Sohn Otto eine Katze namens Molly in ihr Leben zu holen. Kinder und Katzen? Das muss ich voll und ganz unterstützen. Life goes on. So landen der Kratzbaum, die Körbchen, das Spielzeug und der Reisekorb bei Molly und Otto. Auf dass dort ein schönes neues Katzenabenteuer beginnen möge!

Ich für meinen Teil will keine Katzen mehr. Diesen Abschiedsschmerz fühlen zu müssen und dann gleich zwei Mal hintereinander, das will ich nie wieder erleben. Mein Entschluss steht fest. Aus, Schluss und vorbei. Nie wieder. Dabei bleibt's. Ich schwör's!

DAS **ORAKEL** VON UMBRIEN

Gatto, che starnutisce, porta fortuna.
Eine Katze, die niest, bringt Glück.
Italienisches Sprichwort

Knapp vier Monate nach Spocks Tod reisen mein Partner Dirk Henning und ich wieder in das italienische Ferienhaus in der umbrischen Provinz.

Auch wenn es mir schwerfällt, zum ersten Mal ohne meinen Kater Spock an diesem Platz zu verweilen: Der mediterrane Frühling tut doch gut und lockert die verspannten Muskeln und trüben Gedanken. Trauer fließt nur aus einem heraus, wenn man selbst nicht stagniert, sondern nichtsdestotrotz weitergeht. Obwohl man genau das ja gerade nicht will oder kann. Man muss das Gegenteil von dem tun, was die bleierne Trauer einem mit Macht auferlegen will. Die müden Glieder müssen gehoben und bewegt werden. Nach vorne.

Oben im Katzenzimmer stehen der Kratzbaum und Spocks leeres Körbchen. Sehnsüchtig scheinen sie auf ihn zu warten. Unten in der kleinen Werkstatt steht das leicht angestaubte Katzenklo. Das Spielzeug, die Näpfe und eine Bürste warten in der Abstellkammer auf ihren Einsatz. Beim Anblick dieser Gegenstände wird mir weh ums Herz. Geschwind sammele ich alles, was im Haus noch an meinen Katerkumpel erinnert, ein und türme es im Korridor zu einem morbiden Memory-Haufen auf. Wer braucht das Zeug noch?

Dirk erkläre ich: »Den Kram werfe ich jetzt weg. Es erinnert mich alles zu schmerzhaft an meine Tiere. Ich will den Krempel nicht mehr sehen!«

Dirk wirkt beruhigend auf mich ein: »Warte noch damit. Wenigstens noch eine Nacht. Du kannst das alles morgen noch wegwerfen. Nichts übereilen.«

Wieso sagt er das? Ob ich es heute oder morgen entsorge, wo ist da der Unterschied? Aber wenn mein zukünftiger Ehemann etwas sagt, dann hat er zu meinem Erstaunen in 99 Prozent der Fälle recht. Ich sollte also lieber warten. Aber worauf?

»Wenn du meinst!?«, knicke ich dementsprechend umgehend ein, um schnell zu ergänzen: »Aber morgen kommt es weg. Ich will sowieso keine Katze mehr.« Damit überzeuge ich sichtlich mehr mich selbst als Dirk von meiner revolutionären Idee des völlig katzenlosen Lebens.

Am darauffolgenden Morgen werde ich viel früher wach als gewohnt. Es muss so gegen sechs Uhr sein. Auf Zehenspitzen schleiche ich die Treppe hinunter in die Wohnküche und öffne dort das Fenster.

Die ersten Sonnenstrahlen kriechen langsam die sanften Hügel hinauf und vertreiben behutsam den diffusen Morgennebel. Fast meint man, einen leisen, knisternden Klang wahrzunehmen, welcher das zauberhaft anmutende Verschwinden der Wolkenschleier begleitet.

In solchen Momenten komme ich mir manchmal wirklich vor wie der Schneemann Olaf aus der »Eiskönigin«, und ich staune mit offenem Mund. Hinter dem Haus haben wir zu allem Überfluss auch noch eine Feenwiese. Diese ist im Sommer allabendlich erfüllt vom Leuchten der Glühwürmchen. Umbrien ist Magie.

Kein Wunder, dass der Schriftsteller Clive Staples Lewis von genau dieser märchenhaften Landschaft zu seinem Meisterwerk »Die Chroniken von Narnia« inspiriert wurde. In deren Mittelpunkt ein Löwe namens Aslan steht, was ja wiederum mit Katzen zu tun hat.

In dem Örtchen auf dem Nachbarhügel gibt es das beste Eis weltweit, und zwar in der Gelateria Girotti, die mal dem Opa von Terence Hill gehörte und heute ihm höchstpersönlich. Spaßeshalber bestelle ich dort immer vier Kugeln und ein Halleluja. Was jetzt rein gar nichts mit Katzen zu tun hat. Außer vielleicht, dass der gute Terence Augen hat wie eine Heilige Birma.

Als ich die rückwärtige Terrassentür, an einem warmen Milchkaffee nippend, leise mit den Füßen aufstoße, traue ich meinen Augen nicht.

Wer sitzt denn da? Eine kleine, hellgrau getigerte bildschöne Katze. Ganz leicht hebt das glänzende Tier die rechte Pfote anmutig an, ganz so, als wolle es mich grüßen.

Wie niedlich ist das denn? Sie wirkt wie eine zum Leben erweckte ägyptische Katzenstatue. Die Göttin Bastet live und in Farbe. So vornehm und grazil. Ist das vielleicht sogar eine Wildkatze? Dafür sitzt sie allerdings zu brav auf den Fliesen.

Plötzlich höre ich mich so einfallsreiche Sätze säuseln wie: »Ja, wer bist du denn? Wo kommst du denn wohl her?« Ihre Augen sind dezent weiß unterlegt, wie bei einer coolen Hollywooddiva aus den späten Fünfzigern. Dabei dient der Effekt einzig der besseren Sicht in der Dämmerung.

Bisher habe ich hier zwar Eulen, Dachse, Vielfraße, Stachel- und Wildschweine, Füchse und Habichte gesichtet. Aber Katzen? Die haben hier kaum eine Überlebenschance. Zumal sich zu all dem wilden Getier auch noch der stets angeheiterte Hobbyjägerpöbel gesellt, welcher praktisch auf alles schießt, was nicht auf zwei Beinen läuft. Und selbst diese Regel halten die Herrschaften nicht immer ein, da die Gelegenheitswaidmänner ja dank des verkonsumierten Zielwassers auch schon mal doppelt sehen. Zustände wie im zwölften Jahrhundert! Da gab es zwar noch kein Schießpulver, aber es ging recht rabiat zu. Nicht umsonst nennt man Umbrien auch das mittelalterliche Herz des Stiefels.

Das Kätzchen hockt da wie von einem Schaufensterdekorateur gekonnt auf die Terrasse drapiert. Ein richtig gelungenes und herzerwärmendes Arrangement. Es fehlt eigentlich nur noch die rosa Schleife.

Das Kind ist zweifelsfrei ein Mädchen, und zwar ein richtig süßes. Ein Mädchen! triumphiere ich innerlich, so als wäre ich gerade Vater geworden. Ein Mädchen hatte ich ja noch nie!

Die morgendlichen Sonnenstrahlen verursachen anscheinend bei der putzigen Katze ein klitzekleines Niesen! Das bringt Glück! denke ich und sage »Salute!«, was so viel wie »Gesundheit!« heißt. Italiener sind unfassbar abergläubisch, das hat natürlich auf mich abgefärbt. Niest das Kätzlein früh am Morgen, vertreibt es dem Herrchen alle Sorgen. So was und Blöderes glaube ich gern.

Tapfer sitzt die kleine Katzendame da und wartet neugierig und geduldig darauf, was ich wohl als Nächstes tun werde. Wahrscheinlich beginnt sie mich in diesem Moment schon zu dressieren. In ihren Augen scheine ich ein ganz cleveres Kerlchen zu sein, denn ich kombiniere, dass das kleine Ding so aussieht, als hätte es Hunger und Durst.

Ihr Speiseplan in der freien Wildbahn gestaltet sich vermutlich recht übersichtlich. Das Alter ist schwer zu schätzen. Nach der Größe zu urteilen, tippe ich auf acht Monate. Sie sieht aus wie ein kleiner Feingeist, wachsam, selbstständig, und sie wirkt verhalten schmusig. Klug ist sie und selbstbewusst. Das sieht man, und wie!

Nachdem die Katze wahrscheinlich nachhaltig telepathisch auf mich eingewirkt hat, kommt mir dann doch so etwas wie eine pfiffige Idee, und so krame ich Spocks Schüsseln hervor und finde im Vorratsraum sogar noch eine Dose von seinem Lieblingsessen. Reis mit Thunfisch in glibberiger, kalter Soße. Das Verfallsdatum der Konserve liegt zum Glück in einer noch halbwegs fernen Zukunft.

Das Futter kredenze ich so ansprechend wie möglich im Napf, und der kleinen Katze schmeckt das schleimige Zeug doch tatsächlich genauso gut wie seinerzeit Spock. Wie schön, einer schmatzenden Katze beim genüsslichen Fressen zuzuhören. Klang des Lebens.

Das fällt bei mir tatsächlich in die Rubrik »angenehme Geräusche«. So wie auch leises Miauen, gutturales Murren, wohliges Schnurren oder Katzengetrappel auf Holzboden.

Als ich so mit den Schüsseln und Dosen hin und her jongliere, steht mit einem Mal mein Zukünftiger hinter mir und grummelt fröhlich: »Was wurschtelst du denn da am frühen Morgen?«

»Gut, dass ich die Schüsseln gestern nicht weggeworfen habe, wir haben Besuch!«, entfährt es mir begeistert.

Jetzt ist es Dirk, der die kleine Katze ziemlich verdutzt anstarrt. Woher kommt sie auf einmal?

»Du hast es geahnt!«, sage ich und stupse ihn in die Seite.

»Von mir aus kann sie bleiben!«, grinst er breit.

Ich denke: Gut, dann ist das jetzt eben Dirks Katze. Ich will ja keine mehr. Dann soll er ihr doch auch einen Namen geben.

»Darf ich fragen, wie das Fräulein heißen soll?«

»Wie heißt noch mal deine sympathische Kostümbildnerin aus Berlin? Die Lustige!? ... Anne!«, erklärt Dirk spontan.

»Aha!«, sage ich. Zwei Tage zuvor hatte ich eine Kostümprobe für eine TV-Show mit meiner stets vergnüglichen Kostümbildnerin Anne. Die letzte Begegnung, die wir in Deutschland kurz vor unserer Abreise hatten, kommt Dirk also zuerst in den Sinn bei der Namensgebung.

Anne!? Wieso nicht?

Mädchenkatzen leben, im Vergleich zu Katern, auf einem völlig anderen Planeten. Jungs stehen sich mit ihrem jeweiligen ausgeprägten Charakter manchmal selbst sehr im Weg. Die Mädels sind anpassungsfähiger und sowohl gesundheitlich als auch psychisch robuster. Das ist keine wissenschaftlich fundierte Aussage, sondern entspricht lediglich meinem persönlichen Eindruck.

Was Anne betrifft, so ist sie für mein Empfinden noch sensibler, noch sensitiver, als meine Jungs es waren. Darüber hinaus ist sie unglaublich schlau. Diese Tatsache ist sicher auch dem Leben in freier Wildbahn geschuldet. Auf mir unerklärliche Weise ist sie dennoch zutraulich und lässt sich ab dem ersten Moment auch problemlos auf den Arm nehmen.

Nach wenigen Tagen – oder sollte ich sagen, Stunden – hat sie bereits begriffen, dass ihr Name von nun an Anne ist, wobei ich ihr im Laufe der Zeit noch den Spitznamen Nuschka verpasse, von Anuschka.

Ab dem ersten Tag lässt sie Dirk und mich nicht mehr aus den Augen. Egal, was wir nun auch auf dem Grundstück machen – Aprikosen ernten, Weinlese, Blumen gießen, Terrasse fegen, Zeitung lesen oder Auto waschen –, unsere Katze ist immer interessiert und garantiert mit von der Partie.

Bei längeren Spaziergängen läuft sie, ähnlich wie eine Siamkatze, sogar bei Fuß. Wenn wir nicht wenigstens alle zwei Tage Touren mit ihr machen, ist sie beleidigt. Mehr als ein, zwei Kilometer entfernt sie sich allerdings nie vom Grundstück. Dann wird sie nervös und will wieder zurück. Beugen wir uns nicht ihrem Willen und laufen nicht gemeinsam mit ihr heim, zuckelt sie allein und ein bisschen knatschig im Eiltempo zurück.

Sitze ich mal wieder zu lang am Schreibtisch, weil ich arbeite, belegt sie spätestens nach zwei Stunden die Tastatur und besteht darauf, dass wir ein paarmal gemeinsam ums Haus laufen, eher gibt sie keine Ruhe. Sie tritt in einen Sitzstreik und ist unnachgiebig. Ein geborener Personal Trainer.

Tagsüber darf sie ins Haus, nachts bleibt sie auf der Terrasse. Die Regel respektiert sie, ohne zu murren. Meistens jedenfalls. An klirrenden Wintertagen muss man auch mal eine Ausnahme von dieser Regel machen. Alles andere wäre herzlos. Auch wenn Katzen angeblich bis zu minus fünfzehn Grad erdulden können. Man muss es ja nicht drauf ankommen lassen. Das Schlafzimmer bleibt allerdings dauerhaft tabu.

Nachdem die Katze nun schon eine gute Woche mit uns lebt, hat sich meine zukünftige Schwiegermutter Elke zu einer spontanen Stippvisite angemeldet.

Ob sie Katzen überhaupt mag? Bisher sind Elke und ich uns nur einmal kurz bei einem sehr formellen Abendessen begegnet. Das war mehr ein erstes Beschnuppern. Sie ist eine feine, tendenziell zurückhaltende Dame mit Sinn für gute Umgangsformen. Die Tatsache, dass sie uns nun besuchen kommt, beweist ja eigentlich schon, dass es da so etwas wie gegenseitige Sympathie gibt, oder!?

Wir leben in Umbrien, da trinkt man nun mal Wein. Im Gegensatz zu uns trinkt Elke allerdings nichts. Hoffentlich bin ich ihr nicht zu plump, zu gesellig oder zu einfach gestrickt. Was, wenn sie schwierig oder kapriziös ist? Dirk sagt natürlich: Mutti ist die Beste. Ich solle mir mal keinen Kopf machen. Tue ich aber. Ich mache mir immer einen Kopf. Genau deshalb tun mir Katzen ja so gut.

Das eigentliche Kennenlernen zwischen der Frau Mama und mir soll nun hier bei mildem Wetter an lauen Sommerabenden mit Blick auf unsere Feenwiese im Tal stattfinden. Bella Italia eben. Besser geht's doch nicht, denke ich wenigstens.

Als Rückendeckung für die anstehende Vertrauensanbahnung habe ich meine zweitbeste Freundin Gudrun gebeten, ebenfalls mit von der Partie zu sein, wenn es heißt: Auf in den Kampf, die zukünftige Schwiegermutter naht nonstop mit dem Ferienflieger aus Köln.

Meiner Gudrun geht, ähnlich wie meinem zukünftigen Mann, nie der Gesprächsstoff aus, und so ist sie dankenswerterweise selten um eine Antwort verlegen. Auf jeder Party ist sie deshalb ein gern gesehener Gast und meist die Small-Talk-Queen. Es gibt niemanden, der Gudrun nicht mag. Meine liebe Freundin mit ihrer angeborenen Champagnerlaune kann also nicht schaden. Eine ordentliche Prise Gudrun wird uns höchstens über so manchen Moment der Verlegenheit hinweghelfen. Beste Voraussetzungen also für einen gelungenen Einstand bei meiner Schwiegermama in spe. Eigentlich.

Der skeptische Abschiedsblick unserer Katze Anne bei der Abfahrt zum Flughafen hätte mir zu denken geben sollen. Bekanntlich kommt es immer anders, als man denkt. In Annes Blick liegt so ein Ausdruck von »Oha!?«.

Das Wetter spielt am Ankunftstag jedenfalls mit. Es herrscht sommerlicher Sonnenschein bei brütenden 33,5 Grad am Flughafen in Rom. Den Wagen haben wir, nach einer tolldreisten Irrfahrt dank des alltäglichen römischen Verkehrsinfarkts, folgerichtig im schattigen Airport-Parkhaus abgestellt. So gegen 10:55 Uhr.

Leicht nervös, verschwitzt, japsend und fast zu spät hetzen Dirk und ich ins Ankunftsterminal, um zunächst Gudrun abzuholen, die bereits planmäßig eine halbe Stunde vor der Frau Mama aus Berlin gelandet ist.

Als Gudrun mir etwas ungelenk und freudestrahlend in ihrem bunt gepunkteten Kleidchen und auf roten High Heels mit ihrem quietschenden Rollkoffer in die Arme torkelt, denke ich: Ist das Gudruns neues Parfüm? Oder riecht sie nach Rotkäppchen-Sekt?

Bevor ich das eindeutig klären kann, kommt Gudrun mir, rheinisch kommunikativ, wie sie nun mal von Haus aus ist, zuvor: »Der Flug war toll. Aber dieser Maître de Cabine war echt ungeschickt. Der hat mir fast das gesamte Bord-Getränke-Sortiment vom Trolley-Dolly ... oder wie das Ding heißt ... aufs Kleid geschüttet. Insofern rieche ich zwar danach ... hatte aber keinen Sex ... Sekt.«

Es mag an der römischen Verdunstungshitze liegen, aber ich kann beim besten Willen keinen feuchten Fleck auf ihrem Kleid erkennen. Wie sie allerdings die Zungenbrecher »Maître de Cabine« und »Bord-Getränke-Sortiment vom Trolley-Dolly« stolperfrei ausspricht, beeindruckt mich wieder einmal. Ich bin zuversichtlich, dass Elke gar nicht merken wird, dass Gudrunchen sich an Bord wenigstens ein Gläschen zu viel genehmigt hat. Aber sie hat ja auch schlimme Flugangst und ein »von« im Nachnamen. Insofern darf sie das.

Zur Sicherheit verordnen wir Männer Gudrun vor Elkes erstem Auftritt am Flughafen in Fiumicino einen kühlen halben Liter San-Pellegrino-Mineralwasser, was bei ihr schnell und erfolgreich zur gewünschten Erfrischung und zu heftigem Schluckauf führt.

Bald stehen wir zu dritt in der Ankunftshalle eines anderen Terminals und sehen Elke in ihrem luftigen, hellgrauen Hosenanzug auf uns zuschwirren. Die Dame soll siebzig sein? Sie sieht locker zehn Jahre jünger aus, und das schreibe ich nicht, weil sie ja nun inzwischen wirklich zu meiner wunderbaren Schwiegermutter geworden ist.

Noch duzen die Dame und ich uns nicht, also trete ich artig vor und sage etwas förmlich mit ausgestreckter Hand: »Herzlich willkommen, Frau ...!«

Da hat sich Gudrun auch schon, gleich einem Schmusekätzchen, das sich dreist zwischen die Buchseiten drängelt, erfolgreich an die vorderste Willkommensfront gepirscht und quietscht begeistert: »Liebe, liebe szukünftige Szchwiegermama! Ist dasz nicht toll, wir alle szusammen in Italien!? Und jetzt haben Sie ihre beiden Jungs mal für sich allein. Toll oder nicht toll? Ich bin übrigens die Gudrun.«

Ihren Vortrag beendet sie mit einem kleinen Hickser. Nach meinem Geschmack war dieses Entree fast ein bisschen zu nassforsch. Elke hingegen lächelt sehr amüsiert und bemerkt in die Runde: »Doch, doch, doch ... ist schon toll! Ich bin die Elke.« Das mit dem Siezen hätte sich damit schon mal erledigt. Auf Gudrun ist eben Verlass.

Plump vertraulich sprudelt es weiter aus ihr heraus: »Jetzt haben die szwei ja auch noch eine ganz, ganz süße Katze!«

Elke ist verwirrt und schenkt ihrem Sohn einen skeptischen Blick: »Ihr habt eine Katze? Ich dachte, die Katze ist tot? Wurde sie nicht eingeschläfert!?«

Gudrun murrt leicht enttäuscht: »Ja, erzählt ihr der Mama denn gar nix?«

Flugs wende ich mich Elke wieder zu: »Wissen Sie ... du ... ich meine ... ich!«, werfe ich etwas kleinkariert und nahezu sinnlos ein. In manchen Dingen bin ich so sagenhaft ungeschickt.

Mit einer abwinkenden und großzügigen Handgeste besänftigt Elke mich: »Ach! Das muss ja auch jeder selbst wissen ... mit den Katzen, meine ich.«

Während wir nun zu viert zum Parkhaus hinüberschlendern, die Damen vorneweg, Dirk und ich mit den jammernden Rollkoffern hinterher, erzählt Gudrun Elke brühwarm noch einmal im Detail, welche alkoholischen Getränke aus dem Bordsortiment auf ihrem Kleid gelandet sind.

Elke ist sichtlich amüsiert über Gudruns drollige Schwindelei. Meine Gudrun führt sich eben manchmal auf wie eine menschgewordene Katze; genauso anhänglich, exaltiert, kommunikativ, verspielt, anschmiegsam und authentisch. Und eine ziemlich begabte Schauläuferin ist sie obendrein. Deswegen mag ich sie wahrscheinlich so! Madame muss mal eine Katze gewesen sein. Sie war mit an Sicherheit grenzender Wahrscheinlichkeit eine hyperkommunikative Siamkatze.

Im Parkhaus angekommen, schließt sich noch eine absurde Episode am Bezahlautomaten an, die knappe zwei Stunden in Anspruch nehmen wird. Und zu Hause wartet indes unruhig mein Orakel von Umbrien in Katzengestalt, das den Schlamassel ja anscheinend vorausgeahnt hat.

Das Parkticket wird von der Maschine jedenfalls verschluckt, sodass ein herbeigerufener Techniker im Blaumann den Kasten aufschrauben muss. Hierbei fliegen ihm sämtliche Tickets um die verschwitzten Ohren. Willkürlich greift er nach einem der in der Schublade verbliebenen Tickets und schiebt es in den Entwertungsschlitz. Woraufhin das nunmehr wieder funktionierende Display einen zu zahlenden Betrag von stolzen 2800 Euro anzeigt.

Ich stutze. Mein Katzenpapa-Einfühlungsvermögen bringt mich hier nicht weiter. Jetzt braucht es westfälische Hartnäckigkeit mit einem Schuss Intoleranz. So entbrennt alsbald ein ziemlicher Streit zwischen mir und dem Techniker auf Italienisch. Was meine Schwiegermutter in spe dazu veranlasst, beeindruckt zu verkünden: »Oh, du sprichst aber gut Italienisch!« Etwas Gutes wohnt in allem.

Unter Zuhilfenahme verwackelter italienischer Videoaufnahmen von der Einfahrt gelingt es mir schlussendlich, in der Parkhauszentrale zweifelsfrei zu belegen, dass der Wagen tatsächlich nur eine Stunde und nicht etwa über die gesamte Legislaturperiode des Berlusconi-Gurkentruppenkabinetts dort geparkt war. Sachen gibt's! Cose della vita.

Zu guter Letzt landen wir alle, nach einem mehrstündigen Stau auf der römischen Ringautobahn, gegen Abend wohlbehalten im Ferienhaus, wo der Katzen-Neuzugang schon sehnsüchtig wartet.

Anne scheint den beiden Neuankömmlingen mit aller Macht beweisen zu wollen, wie gut wir drei uns bereits verstehen. Dabei kommen die Damen doch gar nicht vom Katzenjugendamt und entscheiden auch nicht über das weitere Wohl und Wehe.

Wo auch immer ich hinlaufe, meine Katze trippelt jedenfalls hinterher, und das bei Fuß. Gut, das hat sie die ganze Woche zuvor auch schon gemacht, aber nicht so demonstrativ. Alles wirkt wie ein einstudierter Catwalk. Fast ein bisschen peinlich. Selbst wenn ich auf die kuriose Idee käme, meiner Katze ein Regencape im Schottenlook überzustülpen, sie würde es wohl klaglos mitmachen und die gebotene Begeisterung demonstrieren.

Ruft Dirk sie herbei, kommt sie unverzüglich angeschossen, hebt das rechte Pfötchen und wartet, allerdings ohne dabei zu hecheln, gehorsam auf weitere Befehle. Es wirkt geradezu wie antrainiert und abgesprochen. Anne weiß, dass sie begutachtet wird. Vielleicht weiß sie sogar, dass *ich* gerade begutachtet werde? Falls ich Fehler machen sollte, gleicht sie diese durch ihr makelloses Verhalten aus.

Elke ist jedenfalls schwer beeindruckt von der zirkusreifen Aufführung des Katzenmädchens. Wer soll denn bitte schön glauben, dass dieses Tier erst eine Woche bei uns lebt?

Gudrun ist völlig verzückt von Anne. Mit einem Gläschen kühlen Chardonnay in der Hand säuselt sie: »Guck dir diese Katze an! Egal, wo Papa hingeht, sie watschelt treudoof hinterher. Diese Katze ist euch doch nie im Leben erst vor ein paar Tagen zugelaufen! Ihr drei seht aus wie das gelungene Ergebnis aus der Rubrik ›Gesucht – gefunden‹!« Nicht ohne noch skeptisch anzumerken: »Das sieht aus wie Dressur. Quält ihr die Katze etwa heimlich?«

Gudrun kennt sich im Gegensatz zu Gerti Paslowski wirklich mit Katzen aus. Sie und ihr Liebling Schmitti, ein blauer Bilderbuchkartäuser, hatten fünf wundervolle Jahre miteinander, nachdem Gudrunchen den Kater von ihrer ebenso exaltierten Mutter geerbt hatte.

Am Abend machen wir fünf es uns jedenfalls bei selbst gebackener Pizza und selbst gekauftem Rotwein auf der Terrasse gemütlich. Ein herrlich entspanntes Beisammensein. Die Katze sitzt mit viel Anstand ebenfalls am Tisch und demonstriert vollendete Tischmanieren.

Gegen Mitternacht werden Dirk und seine Mutter von einer bleiernen Müdigkeit überfallen und verabschieden sich in die Betten. Unsere Anne trinkt, ähnlich wie Elke, auch keinen Rotwein und verflüchtigt sich ebenfalls in den Garten. Danach sieht es für mich in der Dunkelheit wenigstens aus.

Gudrun und ich lassen den stressigen Tag noch bei einem weiteren Gläschen Rotwein ausklingen, bis wir nach einer guten Stunde sehr seltsame und beunruhigende Geräusche hören. Es pocht heftig von innen gegen die gläserne Terrassentür. So als würde jemand Tennisbälle mit aller Gewalt gegen die Scheibe werfen.

Als wir uns der Tür vorsichtig nähern, sehen wir, wie die kleine Anne versucht, die Tür von innen mit heftigen Sprüngen gegen das Glas zu öffnen. Sie ist im Haus gefangen.

»Oh, Gott!« seufze ich, »Dirk hat sich schlafen gelegt und hat nicht bemerkt, dass die Katze sich im Haus versteckt hat!«

Also greife ich beherzt an die Klinke, um die Tür schleunigst zu öffnen. Zu meinem Entsetzen stelle ich jedoch fest, dass Dirk, ordentlich, wie er nun einmal ist, die Tür wie immer vorm Schlafengehen abgeschlossen hat. Anne kommt nicht mehr raus, aber Gudrun und ich kommen auch nicht mehr ins Haus.

Geschockt starren Gudrun und ich uns an. Wäre meine Schwiegermutter in spe nicht zum ersten Mal zu Besuch, würde ich Dirk durch lautes Rufen wecken, aber so!? Wie sieht denn das aus? Ich kann ihn doch nicht mitten in der Nacht aus dem Bett brüllen wie ein angetrunkener Stammgast einer Bottroper Kiezkneipe.

Gudrun schlägt schlitzohrig vor: »Wir müssen die Katze retten! Lass uns die Tür einschlagen!«

Kurz entschlossen greift sie nach einem Zwei-Kilo-Blumentopf mit Agavensprösslingen auf der Fensterbank und will ihn mit einem schönen Gruß von Gudrun herself durch die Glastür jagen.

»Spinnst du?« Ich ergreife ihre Hand, kann sie im letzten Moment noch von einem vermutlich olympiareifen Wurf abhalten und ergänze: »Dann dreht die Katze völlig durch, verletzt sich wahrscheinlich, und meine Schwiegermutter kriegt 'nen Herzinfarkt!«

Während die kleine Anne weiterhin verzweifelt versucht, aus dem Haus zu gelangen, bekommt Gudrun zu allem Überfluss nun auch noch angesichts der nahezu ausweglosen Situation einen geradezu hysterischen Lachanfall.

Flugs sammele ich ein paar Kieselsteinchen von der Einfahrt und werfe sie vorsichtig gegen unser Schlafzimmerfenster.

Elke hat die Rollläden ihres Fensters auf der anderen Seite des Hauses zum Glück geschlossen, also kriegt sie von unserer geplanten Befreiungsaktion wahrscheinlich nichts oder nur wenig mit. Während ich nun unbeholfen Steinchen gegen die Scheibe werfe, flüstere ich immer wieder im dramatischen Ton in Richtung Fenster: »Dirk, aufwachen! Mach auf! Die Katze!«

Zu meiner Erleichterung schallt es aus dem Zimmer nach ein paar Minuten schlaftrunken in einem drolligen Singsang zurück: »Nahein! Ich mach nicht auf! Ich schlaaafe!«

Anne muss zwar dringend raus. Aber Gudrun muss jetzt auch bald mal rein. Sonst macht sie sich vor Lachen in die Hose. Dirk muss wach werden! Heute ist wirklich ein komischer Tag.

Schlussendlich gelingt es mir tatsächlich, Dirk durch meine Aktion aufzuwecken, und bald steht er völlig verstört im Pyjama an der Terrassentür.

Als er unsere springwütige Katze sieht, wirft er uns sauer und ungläubig entgegen: »Ja, sagt mal! Was macht ihr denn hier mit der armen Katze? Das ist Tierquälerei! Ihr zwei seid unmöglich. Schämt euch.«

Ziemlich unentspannt lässt er die Katze aus dem Haus und uns gnädigerweise hinein. Einigermaßen angefressen stapft er schnaubend zurück ins Schlafzimmer.

Jetzt kann auch ich mich nicht mehr vor Lachen halten. Gudrun und ich brechen vor Gekicher fast zusammen und klammern uns hilflos aneinander. Als wir, uns vor Lachkrämpfen windend, mit Mühe und Not heil das obere Stockwerk erreichen, stürzen wir direkt vor Elkes Zimmer mit großem Gepolter erst gegen die Tür und dann auf den Boden. Sollte man jemanden im Haus garantiert wecken wollen, dann wäre genau das der richtige Weg.

Das war's, denke ich. Morgen ist der Mann weg, die Schwiegermutter in spe weg und die Katze auch. Die hat sich sicher so gefürchtet, dass sie auf ewig das Weite gesucht hat. Was mir nun noch bleibt, ist meine zweitbeste Freundin mit einer wahrscheinlich angebrochenen Hüfte. Da lässt es sich doch ganz befreit lachen.

Meine Schwiegermutter in spe findet am nächsten Morgen die Ereignisse des Vorabends fast noch amüsanter als Gudrun und ich.

Ihr Kommentar: »Herrlich! Wie ihr lachend vor meiner Tür gestürzt seid. Darüber musste ich selbst so herzlich lachen, dass ich kaum noch schlafen konnte.« Gudrun ist ja auch zu bezaubernd mit ihrer Art.

Und mittendrin unsere Anne. Zu unser aller Freude hat sie sich von den Ereignissen der Nacht nicht ins Bockshorn jagen lassen. Der Traum eines jeden Katzenliebhabers. Den jeweiligen Gegebenheiten passt sich Madame völlig an. Ich liebe Flexibilität, und genau so lautet ihr zweiter Vorname.

Zugleich bleibt sie aber auch ein wildes Naturkind, selbst wenn sie im Winter noch so gern auf der Couch, direkt neben dem knisternden Kamin, vor sich hin döst und dabei selig zu lächeln scheint. Manchmal verschwindet sie auch für ein paar Tage von der Bildfläche und frönt ihrem Tigerdasein in der freien Wildbahn. Dann hat sie was anderes zu tun.

Tja, unsere Anne! Eine Seele von Katze. Immer wieder schleppt sie über die vielen Jahre ihre Katzenkinder ans Haus, sodass wir auch diese versorgen können. Einige Tiere werden zahm, andere bleiben wild und unnahbar, trotz der Katzenmama, die ihnen deutlich zeigt, dass sie uns vertrauen könnten.

Carlo, Silvio, Jenny, Fritzi, Mimi, Bolli und Kitty überleben zwar eine ganze Weile, aber früher oder später verschwinden sie bedauerlicherweise alle spurlos – bis auf zwei Ausnahmen, von denen später noch die Rede sein wird. Die Überlebenschance der Katzenbabys ist einfach zu gering im wilden Umbrien. Füchse, Greifvögel, Dachse, Jagdhunde und Jäger lauern eben überall. Als Vater von Annes Kinderschar kommt nur der dicke, schwarze Atuba vom etwa 500 Meter entfernten Nachbarhof in Betracht. Unnahbar, grummelnd und abweisend, so wie der alte Bauer, dem Hof und Kater gehören.

Nach dem vierten Wurf erwischen Dirk und ich endlich eine Phase, in welcher unsere Katze ausnahmsweise mal nicht trächtig ist, und wir lassen sie kurzerhand von unserer Dorftierärztin Dottoressa Apollonia sterilisieren. Diesen Eingriff sollte man bei der Katze zwar eigentlich deutlich früher durchführen lassen, denn Anne ist inzwischen vermutlich zwei oder drei Jahre alt, aber besser spät als nie. Eine Sterilisation nach dem ersten Lebensjahr kann bei einer Katze die Gefahr, an Brustkrebs zu erkranken, deutlich erhöhen.

Dottoressa Apollonia rät uns dennoch dringend zu dem Eingriff, um Anne und ihrem potenziellen Nachwuchs viel unnötiges Leid zu ersparen. Anne ist mittlerweile völlig ausgemergelt von den vielen aufeinanderfolgenden Schwangerschaften. Das gehört wohl zur Grausamkeit der Natur.

Als wir unsere Anne im Vorfeld zur Operation röntgen lassen müssen, stellt Dottoressa Apollonia entsetzt fest, dass ihr Körper von Schrot regelrecht durchsiebt ist. So oft haben angetrunkene Jäger schon auf sie gezielt. Was wir fälschlicherweise für Bisswunden anderer Katzen gehalten haben, waren Schusswunden. Was sind das nur für Menschen?

Zu unserem Erstaunen verhält sich Anne bei der Tierärztin in einer Art und Weise, wie ich es bisher von Katzen nicht kannte. Geradezu vorbildlich. Sie ist halt immer gern die Liebste, die Beste und vor allem die Erste.

Völlig entspannt sitzt sie geduldig und ohne den Anflug von Nervosität auf dem Behandlungstisch. Ich muss sie nicht einmal festhalten in dieser ihr völlig fremden Umgebung. Sie schaut sich interessiert um, bleibt aber freiwillig auf dem ihr zugewiesenen Platz auf dem OP-Tisch. Im Vergleich zu einer Begegnung mit einem Fuchs in Flur und Wald muss das Aufeinandertreffen mit der gesprächigen Dottoressa in ihrer windschiefen Dorfpraxis für Anne geradezu ein Ponyhof sein.

Lediglich als die Spritze gesetzt wird, muss ich sie kurz durch wildes Kraulen und Schmusen ablenken. Aber dass sie deswegen flüchten würde? Das käme ihr wohl nicht in den Sinn. Die Dottoressa ist zweifelsfrei tierlieb. Das kapiert auch die Katze.

Wenn ich da an das Theater mit meinen beiden Katern zurückdenke! Mit Gewalt musste man sie quasi in den Behandlungstisch hineindrücken, was nicht wirklich dazu beitrug, ihre Angst vorm Tierarzt zu schmälern. Aber für meine Jungs war der Praxisbesuch, jetzt mal abgesehen von der mageren Gerti Paslowski und den strapaziösen Episoden am Flughafen, auch die schrecklichste Erfahrung in ihrem Leben. Wilden Tieren oder schussfreudigen Irren sind sie glücklicherweise nie begegnet.

Annes Vertrauen uns gegenüber ist schier grenzenlos und genau deshalb unerklärlich. Hat sie doch keine guten Erfahrungen mit Menschen gemacht, wie der Schrot in ihrem Körper beweist. Fremden Menschen gegenüber bleibt sie allerdings auch stets reserviert; außer uns zweien akzeptiert sie niemanden wirklich.

Es kann ein glückliches Arrangement sein. Viele Menschen mögen Katzen lieber als Menschen. Und viele Katzen bevorzugen Menschen gegenüber Artgenossen. Dabei dosieren Katzen ihre Zuneigung immer so, dass wir nach mehr hungern.

»Ich war ja immer ein Fan von Hunden, bis ich die Katzen für mich entdeckte!«, überrascht uns die Dottoressa mit ihrem Geständnis, während sie Anne untersucht. Sie fügt hinzu: »Als Kind hatte ich einen grauen Pudel. Kennen Sie Pudel?«

Und ob ich Pudel kenne! »Oh ja!«, stöhne ich, Begeisterung vortäuschend, während ich innerlich mit den Augen rolle, und fahre fort: »Als Kind hatte ich mal einen Pudel, der hieß Whiskey!«

»Das ist ja witzig!«, jauchzt die Ärztin und quietscht mir begeistert ins Ohr: »Meiner hieß Sherry!«

Der Zufall ist so dusselig. Man kann ihn sich nicht ausdenken. Die Dottoressa hat heute entweder San Pellegrino oder Quasselwasser getrunken, denn sie sprudelt weiter.

»Meine erste Katze Miso, wie die japanische Suppe, hatte einen ganz schlimmen Spleen. Die ist ab und zu morgens runter zum Bahnhof gelaufen und dann in den Zug nach Rom eingestiegen. Ist das nicht verrückt? Sie hat es sich dann dort auf einem Sitz bequem gemacht und ein Nickerchen gehalten, bis Rom. Einmal habe ich sie nur wiedergefunden, weil jemand auf Facebook ein Bild von meiner weißen Miso gepostet hatte. Zweimal ist sie in Rom im Tierheim gelandet, aber irgendwann wusste der Schaffner Bescheid und rief mich dann netterweise an. Das hat sie bestimmt ein Dutzend Mal gemacht. Meine Pendlerin. Gott sei Dank hatte sie einen Chip!«

Vielleicht macht Anne das ja manchmal auch? Grundlos verschwindet sie ab und an für ein paar Tage. Ob sie mit dem Zug schwarz nach Rom fährt? Könnte doch sein.

Als Gudrun mal zehn Tage in unser Häuschen in Umbrien zieht, um auf Anne während unserer Abwesenheit aufzupassen, wird es Anne, obwohl sie natürlich – wie sollte es auch anders sein – in Gudruns Bett schlafen darf, einfach zu bunt. Aus Protest über unsere Abwesenheit verschwindet sie für fünf Tage komplett von der Bildfläche. Nicht mal zum Fressen kehrt sie heim.

Als wir schließlich von unserer Reise zurückkommen, finden wir eine völlig aufgelöste Gudrun vor, die sich das spurlose Verschwinden überhaupt nicht erklären kann, zumal sie unserer Anne ja die Vorzüge einer bequemen Übernachtung im Gästebett vor Augen geführt hat.

Ich kenne meine Pappenheimer-Katze: Anne fand Gudrun zu quirlig, zu aufgedreht und deshalb ein bisschen zu anstrengend. Unser Mädchen will seine Ruhe haben. Mehr Katze als unsere Anne geht eben nicht.

Weder ist sie überfahren noch angefallen worden, sondern lauert stattdessen vermutlich irgendwo im Wäldchen hinter unserem Grundstück sehnsüchtig auf unsere Rückkehr. Genauso ist es dann auch. Am darauffolgenden Morgen sitzt sie so, als wäre nichts vorgefallen, auf dem Dach vor dem Schlafzimmerfenster im ersten Stock und begehrt Einlass.

Mein zweites Buch »Der Junge muss an die frische Luft« schreiben Anne und ich genau genommen gemeinsam. Ein Jahr lang sitzt sie täglich neben mir und bleibt dort so lange, bis ich meine Schreibtätigkeit für den Tag beende. Gemeinsam mit mir schleicht sie sich noch einmal durch meine Kindheit. Erstaunlich.

Schwimme ich im Pool, wacht die Katze am Beckenrand und schaut in aller Seelenruhe dabei zu, wie ich meine Bahnen ziehe. Ich glaube, sie hat Angst, ich könnte ertrinken! Das scheint bei allen Katzen eine schlimme Urangst zu sein.

Bodyguard, Personal Trainerin, Seelentrösterin, Koautorin: Unsere Katze erledigt spielerisch mehrere Jobs gleichzeitig.

Wenn Anne erwartungsvoll auf die Couch springt und sich mal wieder zwischen dem Schoß meines Mannes und meinem nicht entscheiden kann, ist das ein Stück Glückseligkeit auf Erden.

Manchmal entscheidet sie sich für mich. Bevor sie sich gemütlich hinfläzt, kommt erst mal der obligatorische Milchtritt. Katzenbabys treten dabei mit den Vorderpfötchen gegen die Zitzen ihrer Mutter, um den Milchfluss anzuregen. Da unsere Anne nicht so genau weiß, wo diese Nippel sich beim Menschen befinden, tritt sie prophylaktisch großräumig die Bauchregion ab. Nicht immer ist das ein angenehmes Gefühl, wenn sich die Krallen spürbar durch das Hemd in die Haut fräsen. Das muss man mögen. Ich lasse das für ein paar Minuten über mich ergehen, bis es mir dann auch zu bunt wird. Anne weiß sehr wohl, dass dieses Treten für den Menschen auch mal unangenehm werden kann.

Die Katze zeigt den Milchtritt, meistens in Verbindung mit einem entspannten Schnurren, wenn sie sich besonders wohlfühlt. Auch wenn sie beispielsweise ihren Schlafplatz vorbereitet, kann man diese niedliche Aktion gut beobachten. Warum diese Verhaltensweise auch bei erwachsenen Katzen erhalten bleibt, ist ein bisschen rätselhaft.

Wenn Anne sich selig in meinen Schoß fallen lässt und mich mit halb geöffneten Augen anschaut, ist das ganz wunderbar. Ihre halb geschlossenen Lider signalisieren mir Freundlichkeit und Zuneigung. Gern schenkt sie mir dann ihr schönstes Lächeln.

Blicke ich sie dabei manchmal etwas zu lange an und vergesse meinerseits das Blinzeln, reagiert sie mit einem breiten Gähnen und wendet ihren Kopf zur Seite. Das ist keinesfalls ein Zeichen von Müdigkeit, sondern eine Friedensgeste. Die so viel bedeutet wie: »Auch wenn du mich aggressiv anstarrst, ich vertraue dir, ich kenne dich besser! Ich wende den Kopf von dir ab, und du wirst mir nichts tun!« Menschen hingegen, wenn sie den Kopf wegdrehen, sind meist beleidigt.

Wenn meine Katze ihr Gesicht an meinem reibt und meine Wangen mit ihren Pfoten zärtlich bearbeitet, ist das nichts anderes als der Ausdruck von Liebe. Ich liebe meine Katze tatsächlich mehr als so manchen Menschen.

Acht Jahre lang wird uns nun unsere Anne, halb Hauskatze, halb Streunerin, unglaubliche Freude bereiten und ein Familienmitglied sein. Irgendwann im Herbst kehrt sie dann von einem ihrer Streifzüge einfach nicht mehr zurück. Vierzehn Tage lang hoffen und bangen wir. Rufen ihren Namen und rascheln vergeblich mit Trockenfutterkartons. Nichts hilft. Selbst ein halbes Jahr nach ihrem Verschwinden geben mein Mann und ich die allerletzte Hoffnung auf ihre Rückkehr noch nicht auf.

Doch so überraschend, wie sie eines Tages vor der Tür saß, verschwindet sie mit knapp neun Jahren wieder aus unserem Leben. Unsere beste Freundin.

MEIN **SAMTPFOTEN**-ATLAS

*Gott schuf die Katze,
damit der Mensch einen Tiger zum Streicheln hat.*
Victor Hugo

Jede Katze besitzt ihren eigenen Charakter. Einzigartig und unverwechselbar. Keine gleicht der anderen. Wir haben es mit individuellen Persönlichkeiten zu tun. Manchmal haben unsere Lieblinge auch keinen einfachen Charakter. Aber besser einen schwierigen Charakter als gar keinen. Finden Sie nicht?

Wesen und Verhalten der Tiere hängen von bestimmten Faktoren ab. Entscheidend sind hier das Alter, das Geschlecht und die Rasse. Bei der Anschaffung einer Katze stellt sich noch die wichtige Frage: Freigänger oder Wohnungskatze?

Wenn Katzen charakterlich auch sehr unterschiedlich sein mögen, eines gilt trotzdem für die allermeisten: Die reine Stubenhaltung findet nicht jede Mieze prickelnd. Selbst ein winziger Balkon kann für eine ansonsten häusliche Siamkatze schon eine willkommene Abwechslung darstellen. Frische Luft tut auch dem Perser gut.

Ehrlich gesagt: Ich bin kein großer Freund der ausschließlichen Wohnungshaltung. Bevor eine bedauernswerte Katze allerdings ihr tristes Dasein in einem Tierheim fristen muss, ist eine Vierzig-Quadratmeter-Mietwohnung im Vergleich dazu immer noch das Paradies.

Das will ich nicht verschweigen: Es gibt durchaus auch starke Argumente, die für eine reine Wohnungshaltung sprechen. Die Katze kann nicht überfahren, vergiftet, erschossen oder von wilden Tieren angefallen werden. Die Gefahr einer Ansteckung mit einer tödlichen Katzenkrankheit ist zudem wesentlich geringer. Schon allein deshalb hat eine Wohnungskatze im Durchschnitt eine deutlich höhere Lebenserwartung als ein Freigänger. Aber ein gesicherter Garten kann schon ein kleines Freiluft-Dorado für den samtpfotigen Liebling sein.

Obwohl es weit über 200 unterschiedliche Hunderassen gibt, stehen dem nur etwa vierzig Katzenrassen gegenüber. Wissen Sie, warum Katzenrassen sich viel ähnlicher sehen als Hunderassen?

Nun, Hunde wurden für ganz spezielle Aufgaben im Dienst der Menschheit gezüchtet: zum Schafehüten oder für die Jagd. Genau deshalb ist der Dackel klein, lang und geländegängig im Dachsbau und der Schäferhund so ausgesprochen wachsam und langohrig. Zum Fischen verfügt etwa der Golden Retriever nicht ohne Grund quasi über eine »Schwimmhaut« zwischen den Zehen.

Die Katze ist zwar der geborene und perfekte Mäusejäger, doch tut sie das nicht nur dem Menschen zuliebe. Alles, was sie im Gegenzug vom Menschen dafür erwartet, sind Kost, Logis und ein bisschen Zuneigung.

Seit Anbeginn der Zeiten weigern sich Katzen jedoch beharrlich, sich abrichten zu lassen und bestimmte Aufgaben für die Menschheit zu übernehmen. Abgesehen davon, dass sie eindrucksvolle Zauberkünstler, begabte Illusionisten, Akrobaten, Tänzer und geborene Schauspieler, Fitness Coachs und buddhistische Lehrmeister sind.

So wurden die ersten Salonlöwen vor allem nach ästhetischen Gesichtspunkten wie Farbe und Länge des Fells gezüchtet.

Bereits die alten Ägypter hielten sich nachweislich Katzen im Haus und waren eng mit ihnen verbunden. Der große griechische Geschichtsschreiber der Antike Herodot schrieb: »Wenn in einem Hause eine Katze stirbt, scheren sich alle Hausbewohner die Augenbrauen ab. Die toten Katzen werden nach der Stadt Bubastis gebracht, einbalsamiert und in heiligen Grabkammern beigesetzt.«

Seit dem dreizehnten Jahrhundert werden in Europa Hunde gezüchtet. Unterschiedliche Katzenrassen existieren erst seit Mitte des neunzehnten Jahrhunderts. Dennoch gibt es inzwischen eine beachtliche Vielfalt der Rassen von der Balinese über die Koratkatze, von der Tonkanese bis zur Schneeschuhkatze. Die älteste Rasse ist die Angorakatze.

Das Verhalten von Hauskatzen wird jedoch immer noch hauptsächlich dadurch bestimmt, dass sie Raubtiere sind. Sie sind auch nicht per se Einzelgänger. Das kann man mitten im quirligen Rom am Largo Argentina schön beobachten. Dort lässt sich die weltweit wohl berühmteste Katzenkolonie studieren. Der Zusammenhalt der Tiere ist erstaunlich. Allein die Anwohner des Quartiere kümmern sich aufopfernd um das Wohl der Stadtlöwen. Dieses stark ausgeprägte Sozialverhalten der Katzen untereinander hat ihre Zähmung durch den Menschen überhaupt erst ermöglicht.

Obwohl Katzen im Gegensatz zu Löwen beim Jagen Einzelgänger sind, sind sie dennoch keine ungeselligen Eigenbrötler. Wenn einige von Annes Katzenkindern wider Erwarten überleben, schließt man sich auch zu so einem kleinen Rudel zusammen und versucht, das Überleben zu sichern. Die kleinen Kater suchen spätestens bei Erreichen der Geschlechtsreife in der Regel das Weite und somit ihr eigenes Revier.

Katzen gehen mit Menschen tiefe Bindungen ein. Natürlich erkennt eine Katze auch ihren Namen, selbst wenn man nicht mit ihr, sondern mit Dritten über sie redet. Das hat die Forschung inzwischen bestätigt.

Das berühmte Blinzeln spielt hierbei keine unwichtige Rolle. Sind Katzen grundsätzlich in guter Stimmung, werden sie ein Blinzeln ihres Halters immer erwidern. In der britischen Fachzeitschrift »Scientific Reports« wird das Phänomen »Slow Blink Sequence«, also langsame Blinzelsequenz, genannt.

Bevor wir uns nun den beliebtesten Rassen zuwenden, etwas Drolliges vorneweg. So seltsam es auch klingen mag, aber schon die Farbe des Pelzmantels kann offenbar einiges über den Charakter unseres Lieblings aussagen.

Hierzu habe ich unsere italienische Tierärztin in der umbrischen Provinz befragt, Dottoressa Apollonia. Ihre Erfahrungen und Eindrücke sind recht verblüffend. Im Großen und Ganzen muss ich ihr, als altkluger ehemaliger Zweierschüler in Biologie, allerdings beipflichten.

Demnach sind weiße Katzen geradezu schüchtern, misstrauisch und ein bisschen ungeschickt. Es mag wohl auch daran liegen, dass die Farbe Weiß keine besonders gelungene Tarnfarbe für mitteleuropäische Gefilde darstellt. Weiß ist nun mal keine Farbe für den Jäger. Da kann der Versuch, sich im Garten verstecken zu wollen, schon mal unfreiwillig töricht wirken. Zudem hören weiße Katzen nachweislich schlechter, vor allem wenn sie auch noch blaue Augen haben.

Rote Katzen wie mein Spock gelten als ruhige, entspannte Vertreter und sind Intelligenzbestien. Orangefarbene Tiere hingegen sollen besonders lebhaft und in ihren Handlungen unvorhersehbar sein.

Vielfarbige Katzen mit Schildkrötenmuster sind meistens Weibchen. Sie sind unglaublich neugierig. Ihrem Halter gegenüber verhalten sie sich besonders fürsorglich. Angeblich gelten dreifarbige Katzen als Spaßbremsen, weil sie tendenziell aggressiv sein sollen. Getigerte Katzen hingegen haben den Ruf, gesellig, intelligent und faule Stubenhocker zu sein. Schwarzweiße Katzen sind trickreich, verspielt und haben einen gutmütigen Charakter. Katzen mit großen Punkten im Fell wie beispielsweise die Siamkatze sind extrovertiert, intelligent und gesprächig. Graue Katzen sind ruhig, zärtlich und anlehnungsbedürftig.

Die schwarze Katze gilt als loyal und freundlich. Ein selbstsicherer Dickkopf, der, wie kann es anders sein, ausgiebige Nachtwanderungen liebt.

Trotz aller Deutungsversuche des Menschen bleibt »Felis silvestris catus« weiterhin ein mysteriöses Wesen, versehen mit einem geradezu kryptischen Charakter. Es bleibt der fromme Wunsch, diese königlichen Tiere immer besser zu verstehen. Diese Tiere mit der heiligen Aura, die den Menschen schon seit dem Morgengrauen seiner eigenen Entstehung begleiten und faszinieren.

Widmen wir uns nun den Katzenrassen. Die Rasse der Katze sagt zwar viel über ihr Wesen, doch längst nicht alles.

Es stimmt, dass einige Vertreter besonders umgänglich und liebevoll sind, Ragdoll oder Perser beispielsweise. Und dass wieder andere, wie die Siamesen, aktiver und regelrechte Quatschtanten sind. Dennoch, entscheidend für den Charakter sind am Ende das individuelle Erbgut und die Lebenserfahrung jeder einzelnen Samtpfote. Sie wiegen schwerer als alle klassischen Merkmale einer Rasse. Jede Katze ist – so wie der Mensch – einzigartig. Ein Meisterwerk eben.

Wir sollten nicht erwarten, dass die Katze ihren Charakter ändert. Es liegt zuerst an uns, eine gute Beziehung aufzubauen, die auf gegenseitigem Respekt und Toleranz basiert. Genau wie im menschlichen Miteinander. Sie kennen das alte Sprichwort mit dem Wald, dem Schall, dem Hall ... und der Katze!?

Welche Katzenrassen sind denn nun die beliebtesten in Deutschland? Im Folgenden stelle ich Ihnen nun die populärsten Vertreter kurz persönlich vor, wobei die Rangfolge von Jahr zu Jahr variiert.

Die Top Ten der Katzenrassen

10. Die Bengalkatze – der athletische Wohnzimmer-Leopard aus dem Dschungel

Was die Erscheinung betrifft: Mehr freie Wildbahn in den eigenen vier Wänden geht kaum.

Die Schönheit wilder Tiere fasziniert den Menschen seit jeher. So nimmt es nicht wunder, dass man versuchte, Wildkatzen und Hauskatzen miteinander zu kreuzen, um eine gefährlich aussehende Schmusekatze zu züchten.

Die im Jahre 2018 verstorbene Mrs. Jean Mill aus Kalifornien durfte sich als »Schöpferin« dieser neuen

Katzenart rühmen. Die studierte Verhaltenspsychologin hatte Anfang der Sechzigerjahre aus Neugier einige Lesungen im Fach Genetik an der Universität von Kalifornien in Los Angeles besucht, und als bekennende Katzenliebhaberin war ihr Interesse an einer eigenen Züchtung bald geweckt.

So begann sie mit den ersten Versuchen, asiatische Leoparden und gescheckte Hauskatzen zu kreuzen. Trotz vieler Hindernisse gelang es ihr nach über zwei Jahrzehnten, die Bengalkatze zu kreieren. Das faszinierende Ergebnis kann sich sehen lassen. Ein echter Vorgarten-Leopard ist dabei herausgekommen.

Es gibt immer noch Zweifler, die davon ausgehen, dass die Bengalkatze trotz ihrer Anhänglichkeit auch stets ein bisschen Leopard bleiben wird. Aufgrund der Tatsache, dass sich die Bengalkatze allerdings auch in der freien Natur mit Hauskatzen paart, ist davon auszugehen, dass diese Rasse im Laufe der Zeit immer friedlicher wird.

Die Bengal wirkt groß, massiv und ist körperlich ziemlich gut beieinander. Entweder ist sie grau oder hellbraun gescheckt. Die dunkleren Flecken scheinen wie zufällig auf dem Mantel verteilt. Das Fell fühlt sich recht struppig an, neigt deshalb nicht zur Verfilzung und ist leicht zu pflegen.

Auch wenn einige Kritiker meinen, die Bengal sei eine Wildkatze, die nur vortäusche, zahm zu sein, gilt diese Züchtung als sehr lieb und anhänglich. Die Bengalkatze bindet sich stark an ihren Menschen, ist deshalb ausgesprochen loyal und bedarf viel Aufmerksamkeit. Da sie eine große und athletische Katze ist, will sie springen, laufen, herumtollen und braucht ergo ganz viel Freigang. Ein großer Garten ist dringend erforderlich. Sie ist neugierig und sehr wachsam. Man höre und staune: Wasserscheu ist sie nicht.

9. Die Kartäuserkatze – die blaue Diva von der Seine

Ein Schild mit der Aufschrift »Absolute Ruhe bitte!« findet sich vor jedem Filmstudio, in dem beispielsweise Spots für Katzenfutter gedreht werden. Genau dieses Schild sollte man auch vor dem Körbchen der geduldigen Chartreux anbringen; so heißt Madame nämlich auf Französisch. Die Chartreux ist übrigens die meistgebuchte Katze für Werbefilme und gilt demnach als die Deneuve unter den Miezen. Katzenwerbung im TV spricht nachweislich vor allem Frauen an.

Das Motto der todschicken Pariserin lautet: Keinen Stress, keine Hektik, bitte! Das feingeistige Wesen ist zufälligerweise genauso bedächtig wie der Mönch, nach dem es benannt wurde, weil die Kutte der französischen Kartäuser einst so blaugrau war wie das Fell dieser Katze. Die Diva unter den Miezen gehört mittlerweile zu Frankreich wie der Eiffelturm.

Man darf sie als echte Wohnungskatze bezeichnen. Zu behaupten, ihr Bewegungsdrang sei nicht ausgeprägt, wäre untertrieben – sie ist beinahe so etwas wie eine Liegekatze. So gesehen passt sie wunderbar in eine Stadtwohnung ohne Freigang am Montmartre. Nur ein peu de balcon zum Liegen und Beobachten der Außenwelt ist ideal für ihr bedächtiges Wesen.

Im achtzehnten Jahrhundert verlieh ihr der französische Naturforscher George-Louis Leclerc, Comte de Buffon, in einem wissenschaftlichen Beitrag zum ersten Mal den Titel »die Katze Frankreichs« und schmückte sie mit dem lateinischen Namen »Felis catus coeruleus«. Le chat bleu, die blaue Katze. Frei lebende Gruppen dieser Art gab es in Paris und anderen französischen Städten bis zum Beginn des zwanzigsten Jahrhunderts. Bedauerlicherweise erfuhren sie allerdings keine große Wertschätzung, außer für ihre angeborene Fertigkeit zur Ungezieferkontrolle. Erst nach dem Ersten Weltkrieg begann man, diese Rasse zu schützen und zu erhalten.

Die Kartäuserkatze Gris-Gris brachte es als Erste zu einiger Berühmtheit, war sie doch die verwöhnte Hausmieze des französischen Staatspräsidenten General Charles de Gaulle.

Die Chartreux lässt sich charakterlich mit dem berühmten Pantomimen Marcel Marceau vergleichen: schweigsam, aber kommunikativ und zeitweise ein bisschen verrückt. Kurze Spielzeiten wechseln sich ab mit Nickerchen und kleinen Zwischenmahlzeiten. Sie ist ein aufmerksamer und freundlicher Mitbewohner, liebt die Nähe ihres Menschen und gilt als ideale Familienkatze.

Jede zärtliche Aufmerksamkeit, die ihr geschenkt wird, nimmt sie dankbar entgegen – besonders wenn sie unter dem Kinn oder zwischen den Ohren gekrault wird. Sie ist anspruchslos und schmust garantiert mit ihrem Halter, falls eine Erkältung diesen einmal ans Bett fesseln sollte.

Sie ist überhaupt kein Quatschkopf. Stattdessen bevorzugt sie es, direkte Anweisungen mit einem telepathischen Blick aus ihren bernsteinfarbenen Augen zu geben. Manchmal zirpt sie vielleicht kurz mal, aber mehr Gesprächigkeit darf man keinesfalls erwarten. Aus diesem Grund muss man diese Katze besonders gut beobachten, da sie mögliches Unwohlsein nicht, wie andere Katzen, durch verstärktes Miauen ausdrückt.

Der Kartäuser ist zwar nicht unbedingt der geborene Partylöwe, aber eben auch kein scheues Mauerblümchen. Man darf ihn nicht zum Kontakt mit Fremden zwingen; er ist und bleibt nun mal ein Einzelgänger. Andere Katzen oder ein Hund im Haus sollten jedoch kein Problem darstellen, denn die Chartreux hat ein sonniges Gemüt und ist höflich. Das Einhalten von strikten Regeln ist ihre Sache zwar nicht; ein idealer Freund fürs Leben ist sie dennoch.

Der Kartäuser ist übrigens der geborene Globetrotter und ideal für Trucker, Camper und Handlungsreisende. Kein Witz: Die Katzenliebhaber unter den Dauercampern und Lkw-Fahrern schwören auf den Kartäuser als loyalen und anspruchslosen Reisegefährten. Solange die Katze ihre tägliche Routine behält, juckelt sie mit ihrem Menschen bis ans Ende der Welt. Wenn's sein muss, auch im schrammeligen Wohnwagen oder im Vierzigtonner.

Was die Gesundheit betrifft, so könnten bei dieser Rasse die Kniekapseln mit fortschreitendem Alter Probleme bereiten und zu milden bis starken Beschwerden führen. Die Ursache für diese Schmerzen lässt sich allerdings durch einen operativen Eingriff ziemlich schnell beheben.

8. Die Ragdoll – das sanfte Plüschtier von der amerikanischen Westküste

Nicht ohne Grund ist diese einmalige Schönheit so beliebt. Alle Katzen sind besonders, aber die Ragdoll ist besonders besonders.

Gezüchtet wird sie seit 1960. Wahrscheinlich ist sie ein Mix aus der Burma, der Heiligen Birma und der Perserkatze. Die allererste Ragdoll-Katze stammte aus

Kalifornien, war schneeweiß und hieß Josephine. Deswegen nennt man diese Rasse auch »Josephines Töchter«.

Die »Schöpferin« Ann Baker hielt ihre Josephine schlicht für einzigartig. Wenn sie diese nämlich auf den Arm hob, war sie mit einem Mal wie gelähmt und schmiegte sich liebevoll und wehrlos an ihre Halterin. Diese eigentümliche Charakteristik gab der Katze ihren Namen: Stoffpuppen-Katze. Ann Baker ließ sich diesen Begriff schützen. Und nur die direkten Nachfahren der guten alten Josephine dürfen diesen Namen voller Stolz bis heute für sich beanspruchen.

Die Ragdoll wirkt durch ihr langes Fell und den buschigen Schweif sehr groß. Sie hat einen besonders langen Körper. Ihr Fell variiert von Hellbraun über Grau bis hin zu fast Weiß. Es gibt einige dunkle Flecken um die Augen, auf der Stirn oder an Pfoten und Schweif. Die Augen sind strahlend blau.

Die Ragdoll-Katze ist sehr ruhig und gilt als besonders ausgeglichen. Eine drastische Änderung in ihrer Routine, sei es ein Orts- oder Wohnungswechsel, wirft sie deshalb nicht aus der Bahn. Das nimmt sie mit viel Gleichmut und Gelassenheit. Sie ist deshalb auch der ideale Mitbewohner in einem kleinen Apartment. Eine Diplomatenkatze, wie gemacht fürs konsularische Korps. Ideal für den Single- oder Pärchenhaushalt und auch für ältere Menschen.

Die Ragdoll tendiert allerdings zum Hängebauch. Gerade deshalb sollte man schauen, dass sie einigermaßen in Form bleibt. Man sollte gezielt tägliche Spielzeiten mit ihr einplanen. Obwohl das Fell eindrucksvoll voluminös aussieht, ist es dennoch recht leicht (einmal täglich) zu pflegen.

7. Die Heilige Birma – die treue Wächterin des Tempels

Der Name sagt es ja schon: Eine sagenumwobene Katze ist sie, die Heilige Birma. Sie hat ein durchgehend blassgoldenes Fell, abgesehen von einigen größeren dunkelbraunen Punkten im Gesicht, und ihre Augen sind strahlend blau. Ein magisch anmutendes Wesen. Bei ihrer Geburt ist die Heilige Birma erst einmal schneeweiß, bis sie nach einigen Wochen ihre eigentliche schimmernde Färbung annimmt.

Die Katze stammt ursprünglich aus dem südostasiatischen Birma, auch Burma genannt, dem heutigen Myanmar. Die Birmakatze ist deshalb nicht zu verwechseln mit der Burmakatze, die zwar ähnlich aussieht, aber eine Rasse für sich darstellt.

Die Legende erzählt, dass die erste Heilige Birma vor langer Zeit der spirituelle Gefährte eines bedeutenden buddhistischen Abtes war, welcher sein Leben der blauäugigen und goldenen Göttin der Seelenwanderung Tsun Kyankzé gewidmet hatte. Deren Tempel stand im Herzen des Lugh-Gebirges. Der Gefährte des Abtes war ein wunderschöner Kater namens Sinh. Der treue Tempelwächter auf vier Pfoten hatte gelbe Augen und ein schneeweißes Fell.

Eines Tages wurde der Tempel überraschend von den feindlichen Siamesen angegriffen und der in tiefer Meditation versunkene Abt Mun-Ha dabei getötet. Im Moment des Todes sprang sein treuer Kater Sinh auf den Kopf des Meisters und blickte direkt in die Augen der Statue von Tsun Kyankzé. Und das Wunder von Birma geschah: Das weiße Fell des Katers bekam plötzlich einen goldenen Schimmer, und seine Augen strahlten blau. So wurde die Heilige Birma zum Abbild der Göttin der Seelenwanderung. Lediglich das Gesicht, die Läufe und der Schweif blieben diffus erdfarben, als Zeichen für die Unreinheit der Dinge, die den Boden berühren. Doch die Pfoten Sinhs blieben, weil sie den Kopf des Meisters berührt hatten, weiß, als Zeichen der Reinheit der Seele des Abtes Mun-Ha.

Sieben Tage nach dem Angriff auf das Kloster starb Kater Sinh und nahm die Seele des Meisters Mun-Ha mit sich ins paradiesische Nirwana. Alle Tempelkatzen nahmen nun die Farbe der Heiligen Birma an. Übrigens: Wehe dem, der eine solche Katze tötet, er leidet Höllenqualen, bis die Seele, die in der Katze wohnte, ihm großmütig verzeiht.

Auch um die Verbreitung der Heiligen Birma in Europa ranken sich geheimnisumwitterte Legenden. Fest steht: Zum ersten Mal taucht eine Birmakatze um das Jahr 1920 in der feinen Gesellschaft von Paris auf. Es geht die Mär, dass ein Pärchen dieser Katzenart klammheimlich von Indochina nach Frankreich verschifft wurde. Der arme Kater soll diese Überfahrt nicht überlebt haben, aber das Weibchen, Sita, soll bei ihrer Ankunft in Le Havre schwanger gewesen sein.

Einen freundlicheren, gutmütigeren und friedvolleren Mitbewohner als die Heilige Birma kann man sich kaum wünschen, sind die Vertreter dieser Rasse doch geborene Familientiere, welche sich sehr schnell und besonders eng an ihre menschliche Familie binden. Ihre ungewöhnliche Intelligenz und angeborene Neugierde sind bestechend. Allerdings benötigen sie viel Aufmerksamkeit und Anregung; Einsamkeit schätzen sie gar nicht. Trotz ihres langen Fells muss die Heilige Birma nicht jeden Tag gekämmt werden. Besonders gut eignet sie sich als Gefährte für Singles, Rentner oder Pärchen.

6. Die Norwegische Waldkatze – der gesellige skandinavische Riese

In der nordischen Sage heißt es, die Waldkatze webt sich ihren Weg durch das Dickicht des Waldes auf magische Weise. Mal ist sie zu sehen, dann wieder nicht. Manchmal ist alles, was man von ihr zwischen den Bäumen zu Gesicht bekommt, der lange buschige Schwanz. Sie weiß, was die Zukunft bringt und was tief im Herzen eines Menschen vorgeht. Zum ersten Mal wurde die Norwegische Waldkatze auf einer Katzenausstellung kurz vor dem Zweiten Weltkrieg in Oslo präsentiert.

Die Norwegerin bleibt wohl immer ein bisschen Wildkatze. Das bedeutet nicht, dass sie aggressiv ist, im Gegenteil – sie ist sogar sehr anhänglich und liebt die Gesellschaft des Menschen. Die Spielzeiten der ausdauernden Nordländerin können allerdings schon mal mehrere Stunden in Anspruch nehmen.

Auch auf die Jagd könnte sie wohl nie verzichten! Kein Klingelspielzeug kann ihr als Ersatz dafür dienen. Energiegeladen, verspielt und hochintelligent, wie sie ist, verleiten ihre facettenreichen Gurr-Laute dazu, sie »die sprechende Katze« zu nennen.

Alles an ihr ist schwer, selbst das lange Fell. Dieser Jäger liebt die Natur und die freie Wildbahn, auch bei Schmuddelwetter. Ihre obligatorische Patrouille muss sie täglich laufen, um nach dem Rechten zu sehen, denn sie ist sehr territorial veranlagt. Sie ist der perfekte Kumpel für Wald- und Flurbesitzer, knüpft enge Bindungen mit Menschen und liebt es, gelobt zu werden. Zur Einzeltierhaltung eignet sie sich eher nicht.

Ihre Nahrungsaufnahme kann die Norwegische Waldkatze gut selbst kontrollieren, denn sie frisst nicht aus Langeweile. Tägliches Bürsten ist dringend erforderlich.

5. Die Siamkatze – die eigenwillige Quasselstrippe aus Thailand

Siamkatzen waren die legendären Tempelkatzen des Königs von Siam. Seine Majestät liebte die Tiere nicht nur wegen ihrer außergewöhnlichen Erscheinung, auch waren die Wachkatzen seine loyalsten Beschützer.

Man platzierte sie auf hohen Säulen rund um den Thron. Bedrohte jemand den Herrscher, sprangen die Tiere auf den Angreifer herab. Durch ihre Größe und Kraft gelang es ihnen, den Aggressor zu Boden zu werfen. Bei Bedarf kratzten oder bissen sie. So erzählt es wenigstens die Legende aus Thailand. Die erste Siamkatze in Europa war im ausgehenden neunzehnten Jahrhundert ein Geschenk des Königs Rama V. an den britischen Generalkonsul in Bangkok.

Siamkatzen sind nicht nur elegant, sondern auch besonders sozial, sodass nicht nur der Mensch ihnen sehr wichtig ist, auch Artgenossen oder andere Haustiere sollten im neuen Zuhause nicht fehlen. Ich habe schon Siamkatzen erlebt, die sich sogar über Papageien im gleichen Haushalt freuten. Siamesen verschenken ihr soziales Herz an viele. Sie gelten als kommunikativ und sehr anhänglich.

Die Siamesin hat immer Lust auf Bewegung und Spiel. Es braucht Katzeneltern mit gutem und geduldigem Charakter. Noch weniger als andere Rassen kann man sie kommandieren oder manipulieren. Diese Katze ist sehr zärtlich und mag Kinder besonders gern. Sie schenkt und erwartet viel Aufmerksamkeit.

Aufgrund ihrer besonders ausgeprägten Gelehrigkeit kann man ihr spielerisch durchaus das eine oder andere Kunststückchen beibringen. Aus eigenem Antrieb läuft sie bei Fuß, und das auch ohne Leine. Siamkatzen sind begabte Springer und lieben hoch gelegene Plätze. Spielzeug sollte deshalb ausreichend und vielfältig vorhanden sein.

Das Fell braucht nicht übertrieben viel Aufmerksamkeit, deshalb empfinden Siam das Bürsten eher als Zuwendung und genießen es besonders. So elegant der Siamese auch ist: Er ist auch eine Schoßkatze und will definitiv im Bett schlafen.

Der Siamese hat ein leuchtendes hellbraunes oder graues Fell, einen langen Schwanz und ein dunkles Gesicht. Die blauen Mandelaugen machen die Siam zu einer ausgefallenen Schönheit in der Katzenwelt. Unter den edlen Rassekatzen ist die Siam vermutlich die agilste. Diese Katze ist nur etwas für fortgeschrittene Katzenkenner.

4. Die Perserkatze – die freundliche Indoor-Mieze aus dem Orient

Katzen sind nun einmal enigmatische Wesen. Bis heute ist nicht geklärt, wo und wann die erste langhaarige Katze überhaupt auftrat. In Afrika jedenfalls hat es nie eine langhaarige Wildkatze gegeben. Die nordafrikanische Vorfahrin unserer Hauskatze besaß ein kurzes Fell. Einzig die wundersame Pallaskatze aus Pakistan ist eine asiatische Wildkatze mit sehr langem Haar. Genetisch ist die Perserkatze mit der russischen langhaarigen Hauskatze verwandt.

Mitte des siebzehnten Jahrhunderts brachte der Gelehrte Nicolas Claude Fabri de Peiresc einen Urahn der

Perser von Angora im Osmanenreich, dem heutigen Ankara, nach Frankreich. Von dort aus eroberte der kuschelige Exportschlager aus dem Orient bald auch England.

Der erste echte Perserkater wurde im Jahre 1871 auf der allerersten Katzenschau im Kristallpalast in London präsentiert. Die bekennende Katzenliebhaberin Königin Viktoria soll so begeistert gewesen sein, dass sie ihrem jüngsten Sohn Leopold eine Perserkatze namens Snowdrop schenkte.

Der Perser ist so sympathisch, wie er aussieht. Er hat einen tollen Charakter: ruhig, leise, freundlich. Er genügt sich selbst und kommt deshalb auch als Einzelgänger gut klar. Als geborener Stubenhocker liebt er es warm und weich.

»Tiefenentspannt« ist wohl der Ausdruck, der das Wesen einer Perserkatze am besten beschreibt. Perser sind die Kuschelkönige unter den Katzen. Allerdings sind sie mitunter äußerst wählerisch, was das »Fresschen« betrifft. Jagen gilt unter Persern geradezu als verpönt. Sie lieben ihre Menschen und sind, trotz ihres Plüschimages, willens- und charakterstark. Drei Aspekte sind bei diesen Schmusemonstern besonders zu beachten: Pflege, Pflege und nochmals Pflege! Genauso wie die Maine Coon braucht der Perser tägliche Fellpflege, um Verfilzungen zuvorzukommen. Perfekt ist diese Rasse für Singles und ältere Herrschaften.

3. Die Britisch Kurzhaar – der lockere Insulaner mit dem Igelschnitt

She's very British! Ursprünglich stammte diese Katze von den Farmen der nebligen englischen Provinz und streunte durch die tristen britischen Vorstädte.

Dort erwarb sie sich einen Ruf als erfolgreicher Jäger von Nagetieren.

Sie war die erste Modekatze überhaupt. Der Vater dieser Kreation, der Brite Harrison Weir, gilt als der allererste professionelle Katzenzüchter. Er erfand auch die Regeln – noch eine Premiere – für die bereits erwähnte erste Katzenausstellung 1871 im Londoner Kristallpalast mit rund 150 Tieren. Harrison machte so aus einer bescheidenen Straßenkatze eine edle Züchtung namens »British« mit bedeutendem Stammbaum.

Zwischen den Briten und ihren Cats entwickelte sich über die Jahrhunderte eine bis heute anhaltende tiefe gegenseitige Zuneigung. Erst als die Perserkatze gegen Ende des neunzehnten Jahrhunderts in England eingeführt wurde, stieß diese die British Shorthair kurzzeitig vom heimischen Thron. Im Zweiten Weltkrieg wurden die British Cats zudem durch die Kriegswirren stark dezimiert. Doch unmittelbar nach dem Krieg eroberten sie wiederum das humorige Herz ihrer Landsleute.

Die Britisch Kurzhaar kann eine stattliche Größe erreichen. Sie ist kraftvoll, muskelbepackt und hat einen runden Kopf. Auch deshalb wirkt sie manchmal übergewichtig, obwohl sie es meistens gar nicht ist. Sie kommt in vielen Farben vor und hat ein dickes, dichtes Fell. Im Winter legt es noch einmal an Masse zu. Das Fell ist recht hart und dient der Katze auch als Schutz.

Wenn man eine Britisch Kurzhaar hochhebt, sollte man sie unterstützend unters Hinterteil fassen. Ansonsten kann es für die Katze unangenehm werden.

Wie die meisten Katzen gilt auch die British als ruhig und »easy going« im Umgang. Sie ist anpassungsfähig, loyal und liebt alle Familienmitglieder gleichermaßen. Verspielt ist sie, hat aber auch gern mal über Stunden hinweg ihre Ruhe. Falls sie Lust verspürt zu spielen, signalisiert sie das schon. Sie passt gut in einen Singlehaushalt, weil sie sich auch wunderbar allein beschäftigen kann. Auslauf ist dennoch empfehlenswert. Sie eignet sich nicht nur für Briten, sondern für jeden Haushalt mit Gärtchen. Tägliche Fellpflege ist auch bei der British angesagt. Ihr Mantel neigt sonst zur Knötchenbildung.

2. Die Maine Coon – der schlaue Waschbär aus Neuengland

Diese Katzenrasse macht schon durch ihre schiere Größe und ihr Gewicht staunen. Die Maine Coon ist nämlich die größte und auch schwerste Katzenrasse der Welt.

Dieser lustige Riese mit seinem manchmal sogar noch vorhandenen Luchspinsel am Schweifende stammt ursprünglich aus dem Norden Amerikas. Erst mit drei Lebensjahren ist er vollständig ausgewachsen.

Auch um die Maine Coon rankt sich eine abenteuerliche Legende: Als Marie Antoinette, Königin von Frankreich, mit Unterstützung von US-Kapitän Samuel Clough im Jahre 1793 einen verzweifelten Fluchtversuch vor den Häschern der Revolution unternehmen wollte, hatte sie zu diesem Zweck all ihre Habseligkeiten und Preziosen vorsorglich auf ein amerikanisches Segelschiff verladen lassen.

Darunter waren auch ihre sechs geliebten Langhaarkatzen aus dem königlichen Salon in Versailles. Während die Regentin ihrer Enthauptung bekanntermaßen nicht entging, gelang ihren pelzigen Lieblingen die Flucht über den Atlantik nach Massachusetts. Dort angekommen, überließ der Kapitän sie angeblich ihrem Schicksal. So entstand durch Vermischung mit einheimischen Wildkatzen die sagenumwobene Maine Coon.

Sie ist übrigens die einzige Langhaarzüchtung aus den USA. Kein Wunder also, dass sie mit ihrer aufgebauschten Mähne immer ein bisschen an Linda Evans alias Krystle Carrington aus dem »Denver Clan« erinnert. Wie der Name schon sagt, entstand diese Katze im Bundesstaat Maine. Ihr Aussehen – vor allem der buschige Schwanz – ist dem eines Waschbären (»raccoon«) nicht unähnlich; ihm verdankt diese Rasse ihren »Nachnamen«.

Der Waschbär aus Maine ist tatsächlich ein Zufallsprodukt. Europäische Seeleute, die im achtzehnten Jahrhundert gen Neuengland segelten, sollen für diese Überraschungszüchtung gesorgt haben. Die an Bord befindlichen Katzen gingen entweder ganz oder nur für kurze Spaziergänge an Land und paarten sich mit den heimischen Katzen. Die besonders strengen Winter in Neuengland ließen nur die stärksten und anpassungsfähigsten Kätzchen überleben. Durch natürliche Auslese entstand eine völlig neue Rasse. Die Maine Coon entwickelte sich zu einer großen, langhaarigen und wasserliebenden Katze mit außergewöhnlich guter Kondition.

Ihre Showkarriere startete die Maine Coon im Jahre 1895 in New York. Ein geschreckter Kater namens Leo holte damals den Pokal. Leo errang in den folgenden fünf Jahren den Pott immer wieder, bis er schließlich im Jahre 1905 von seinem eigenen Sohn geschlagen wurde.

Zu Beginn des zwanzigsten Jahrhunderts wurde der Perser zur beliebtesten Katze der Amerikaner. Heute jedoch steht die Maine Coon in ihrem Heimatland wieder unangefochten an der Spitze. She's America's Cat!

Maine Coons werden deutlich größer als die meisten anderen Rassen. Häufig nennt man sie deshalb auch die »sanften Riesen«. Ihr dichtes, schönes Fell erinnert an den Pelzmantel einer russischen Oligarchengattin. Die Maine Coon kommt in allen möglichen Farben vor. Tägliche Fellpflege ist bei ihr erforderlich.

Trotz ihrer Größe besitzt die Maine Coon einen liebenswerten und ausgeglichenen Charakter. Sie liebt ihre Menscheneltern. Sie gewöhnt sich an fast jede Umgebung, solange sie genügend Auslauf hat, denn sie tollt mit Vorliebe in der freien Natur.

Ihr besonders süßes Miauen unterstreicht noch einmal die Tatsache, dass dieser Löwe in Wahrheit ein Lamm ist. Die Maine Coon ist so groß, dass sie versehentlich schon mal eine Vase oder Ähnliches umstoßen kann. Man sollte ihr deshalb in der Wohnung freie Bahn gewähren.

Maine Coons sind sagenhaft schlau. Tricks lernen sie deshalb spielend. In ihrem Sozialverhalten erinnern sie stark an Hunde. Sie lieben ihre Menschen und ziehen sich deshalb deutlich seltener zurück als andere Katzen. Sie sind gern bei allem dabei. Als Schoßkatze eignen sie sich gar nicht, weil sie einfach zu groß dafür sind. Wer eine Maine Coon bei sich aufnehmen möchte, braucht viel Platz und einen großen Garten, am besten jedoch einen Bauernhof.

Sie sind Quatschtanten. Ich bin geneigt zu sagen: Auch Maine Coons können sprechen. Keine andere Rasse ist so eloquent. Dabei geht es gar nicht so sehr ums Miauen, das sie selbstverständlich auch draufhaben wie keine zweite Rasse. Da wird getrillert, gequakt und gezirpt. Die Vielfalt und Kreativität ihrer stimmlichen Ausdrucksmöglichkeiten überraschen. Fast gewinnt man den Eindruck, dass sie so sogar simple Zusammenhänge erklären können. Ganz zweifelsfrei sind sie jedoch dazu imstande zu schildern, wie es ihnen geht.

Katzen lernen bekanntlich durch Beobachtung. So vermuten Forscher, dass diese besonderen Katzen ihre faszinierende Persönlichkeit auch durch die Schrullen und liebenswerten Macken ihrer Besitzer erweitern und bereichern.

Ich muss zugeben: Als ich zum ersten Mal eine ausgewachsene Maine Coon live und in Farbe erlebt habe, war ich schier sprachlos vor Begeisterung. Es ist ein echtes Ereignis, so einem Tier zu begegnen. Ich hatte das Gefühl, einer sympathischen Person gegenüberzustehen: intelligent, bezaubernd, unterhaltsam und einfühlsam.

1. Die Europäisch Kurzhaarkatze – der robuste Alleskönner unterm Regenbogen

The Winner Takes it all: Vielleicht erklärt sich die Popularität dieser Rasse auch durch ihre außergewöhnliche Robustheit. Die Europäisch Kurzhaar hat eine hohe Lebenserwartung.

Lassen wir zunächst einmal die seriöse Wissenschaft zu Wort kommen: Experten der Universität Oxford untersuchten die Gene von über tausend Hauskatzen aus allen Kontinenten. Dabei wurde nachgewiesen, dass es fünf genetische Hauptlinien gibt, die alle von der »Felis silvestris lybica«, der lybischen Waldkatze, abstammen. Die sogenannte Domestikation muss demnach an fünf verschiedenen Orten, unabhängig voneinander, im sogenannten fruchtbaren Halbmond erfolgt sein. Die Katze lebte also mit dem Menschen bereits im Garten Eden friedlich zusammen. Dieser lag wahrscheinlich zwischen dem östlichen Mittelmeer und dem Persischen Golf. Von dort gelangte die Hauskatze irgendwann im achten Jahrtausend vor Christus nach Zypern und schließlich nach ganz Europa.

Die Kurzhaarkatze kommt in unterschiedlichen Größen und in allen Farbvarianten vor, von gescheckt über uni bis hin zu getigert.

Eine Europäisch Kurzhaar ist selten reinrassig und gilt deshalb als der »Streuner« unter den Samtpfoten. Dadurch verfügt sie eben über ihre robuste Gesundheit und ist nicht besonders anfällig für bestimmte Krankheiten.

Da diese Katzenrasse sowohl farblich als auch charakterlich das breiteste Spektrum aufweist, nenne ich sie auch die Regenbogen-Katze.

Hauskatzen können verspielt, zutraulich, ruhig, kommunikativ und äußerst gelehrig sein. Sie sind sehr sozial. Die Hauskatze ist nicht aggressiv und somit der geborene Friedensstifter, was sie auch zum wundervollen Begleiter für Kinder, ältere Menschen, Hunde und andere Katzen macht. Sie gilt als der fleißige Arbeiter unter den Katzen, denn sie balanciert, springt, spielt und jagt gern. Auslauf ist deshalb ratsam. Falls sie die Wohnung jedoch nicht verlassen kann, sollte man ihr wenigstens einen sicheren Aussichtspunkt am Fenster einrichten, von welchem aus sie das geschäftige Treiben außerhalb der eigenen vier Wände interessiert beobachten kann. Vor allem älteren Hauskatzen reicht das manchmal sogar.

Ihre Umwelt hat die Regenbogen-Katze immer genau im Blick. Während sie einerseits die Vögel im Garten beobachtet, bekommt sie andererseits auch noch mit, was die Katzeneltern im Wohnzimmer gerade so im Fernsehen sehen. Im Umgang ist sie wahrlich locker. Sie will aber mit Feder-, Papier- oder Klingelspielzeug beschäftigt werden und auch mal in einem leeren Schuhkarton Verstecken spielen.

In ihrer Jugend können Hauskatzen durchaus in der Dämmerung aktiv werden und die Wohnung dekorativ umgestalten. Mit den Jahren allerdings passt sich die Hauskatze, nach meiner Erfahrung, völlig dem Lebensrhythmus des Halters an.

Aber manchmal haben Katzen halt um fünf Uhr morgens Lust auf einen kleinen Snack. So what? So viel anders ist das bei uns Menschen schließlich auch nicht. Katzen sind wesentlich intelligenter, als wir es ihnen gemeinhin zutrauen: Sie lernen schnell, was mit welcher Person funktioniert. Daher wissen sie meist genau, welches Familienmitglied um fünf Uhr aufsteht, um ihnen ein Leckerchen zu servieren.

Apropos Imbiss: Die Europäisch Kurzhaarkatze neigt definitiv zum Übergewicht. Diese Tendenz wird durch die Sterilisation oder Kastration noch einmal verstärkt. Übergewicht kann bekanntlich zu Diabetes führen. Man sollte also darauf achten, dass die Katze nicht zu dick wird.

Um eine lange Lebensdauer zu garantieren, sollte der Stubentiger regelmäßig mit einer speziellen Katzenbürste gekämmt werden. Mein Kater Samson liebte das. Für Spock war es meistens der blanke Horror. Anne stand der Sache eher gleichgültig gegenüber, ließ es aber mit einer gewissen Erheiterung über sich ergehen.

Auch sollten die Klauen regelmäßig vom Tierarzt geschnitten und die Zähne professionell gereinigt werden.

Die Hauskatze ist ein echter Allrounder und kommt in jedem Umfeld gut klar.

Abschließend komme ich zu einer Rasse, die zwar noch ohne Platzierung, aber dennoch erwähnenswert ist, da sie sich in Deutschland, Österreich und der Schweiz wachsender Popularität erfreut: die Savannah-Katze.

Ihr Motto lautet: Take a Walk on the Wild Side! Denn wer es richtig ruppig und exotisch mag, entscheidet sich für eine Savannah-Katze. Sie sieht ihrem afrikanischen Vorfahren, dem Serval, mit ihrem hellbraun oder silbern gescheckten Fell mit dunklen Punkten immer noch zum Verwechseln ähnlich. Oder sollte ich besser schreiben, zum Fürchten ähnlich?!

Die Savannah ist eine Kreuzung aus einer Hauskatze und einem Serval. Das erste Savannah-Kätzchen erblickte 1986 das Licht der Welt. Ein direkter Nachfahre der ersten Generation kann mehr als 20 000 US-Dollar kosten.

Durch die enge Verwandtschaft mit dem Serval erreichen Savannahs eine stattliche Größe. Im Vergleich dazu kann ein ausgewachsener Jagdhund richtig niedlich wirken!

Wegen ihres besonders kurzen Fells müssen sie deutlich weniger gekämmt werden als alle anderen Rassen. Savannahs gelten allgemein als sehr gesund und widerstandsfähig. Wobei sie jedoch manchmal zur Herzmuskelverdickung neigen, weshalb man sie gut beobachten sollte.

Kaufen Sie eine Savannah-Katze bitte nur bei einem seriösen Züchter! Für die Savannah braucht man gewissermaßen einen Waffenschein. Tiere, welche von einer der ersten vier Generationen (F1 – F4) abstammen, sind in Deutschland meldepflichtig. In einigen Bundesländern benötigt man sogar eine Genehmigung für die Haltung.

Savannah-Katzen sind definitiv keine Einzelgänger und brauchen ein ziemlich großes Freigehege oder wenigstens einen sehr gut gesicherten Garten mit vielen Klettermöglichkeiten. Die Tiere fressen Rohfutter, gehen gern auf die Jagd, sind extrem intelligent und lieben Wasser! Viel Wasser! Sie sollten also die Möglichkeit haben zu baden. Man braucht daher einen großen Bauernhof oder einen kleinen Wildpark mit See, um dieser Katze wirklich gerecht zu werden.

Yes, Cats Can!

Der stets brave Hund macht Sitz, Platz und trabt gehorsam bei Fuß. Katzen hingegen verausgaben sich nicht mehr als dringend erforderlich, um ihr Sozialverhalten dem Menschen anzupassen. Da halten sie es wie mit dem Fisch: Den schlemmen sie zwar gern, aber warum sollte man sich deshalb die edle Pfote nass machen?

Apropos Pfote: Wenn die Katze sich mit der Pfote hinter dem Ohr kratzt, gibt es Regen – so eine englische Volksweisheit. Da aber jede Katze genau das fast täglich tut, kann diese Regel so wohl nur im dauerhaft wolkenverhangenen Bristol Gültigkeit besitzen. Insofern beherrschen nur englische Katzen den Satz: »It's Raining Cats and Some Stupid Dogs!«

Aber mal ehrlich, können Katzen denn nun sprechen, kommunizieren oder sich gar mitteilen? »Yes, Cats Can!«, bin ich geneigt zu antworten.

Gegenüber dem Menschen verhalten sich die Samtpfoten zwar fast genauso, wie sie es von ihrer Mama gelernt haben beziehungsweise wie es die DNA ihnen diktiert: Sie heben den Schweif, streichen um die Beine und putzen uns so, wie sie es untereinander auch tun würden.

Doch gibt es da auch etwas Entscheidendes, das anders ist und der Katze quasi ein neues Universum eröffnet. Der Mensch verteilt nämlich Zärtlichkeiten an die Katze, streichelt sie, schenkt verbale Aufmerksamkeit und kann eine Plastikmaus am Faden hin und her zappeln lassen und den kleinen Liebling so zum Spielen animieren. Und vergessen wir auch das nicht: Der Mensch kann Kühlschränke nicht nur öffnen, sondern sie auch auf wundersame Weise randvoll füllen. It's magic!

Diese Klaviatur beherrscht ein Artgenosse nun mal nicht – nicht einmal die heiß geliebte Katzenmama. Fellnase und Mensch lernen also voneinander, um miteinander kommunizieren zu können. Man kommt sich gewissermaßen entgegen.

Meine Katzen lieben es, mit mir über Töne zu kommunizieren. Siamkatzen beispielsweise besitzen eine regelrechte Sprachbegabung. Es macht unglaublichen Spaß, eine gemeinsame Sprache zu entwickeln und schlussendlich zu verstehen. Sie haben richtig gelesen: Ihre Katze wird mit Ihnen kommunizieren, und zwar auf recht hohem Niveau. Das geht natürlich nicht immer ganz ohne Missverständnisse, aber es klappt!

Meine Münchner Freundin Sigrid Greil und ihr unfassbar kluger Siamkater Billy waren da immer Vorbilder für mich. Sie haben es diesbezüglich zur Meisterschaft gebracht. Im Laufe von Billys langem und erfülltem Katzenleben hat Sigrid ihm die unglaublichsten Kunststücke und Fertigkeiten beigebracht. Billy konnte Seilchen springen, unfassbar anmutig auf einem Besenstil entlangbalancieren, auf Sigrids Schultern hin- und herspazieren und eine Pirouette drehen, durch Reifen springen und behände durch einen Slalomparcours aus Bierflaschen tigern.

Beide wussten stets genau voneinander, wie es dem anderen gerade ging. Billy war enorm gesprächig, zutraulich und witzig. Er verstand immer, wenn Sigrid einen Witz riss, und miaute dann besonders laut und vergnügt. Am Ende seines langen Lebens war Billy völlig erblindet und ließ sich von Sigrid, quasi als analogem Navi, anhand von Glucksen und Lauten durch die Wohnung lotsen, ohne dabei anzuecken. Tiefe Liebe verband die beiden. Ach, der gute alte Billy! Katzen lieben gute Menschen.

Kurioserweise ist die Körpersprache von Hunden und Katzen geradezu gegensätzlich. Mehr Missverständnis als zwischen Haus-Wolf und Heim-Leopard geht fast gar nicht. Da hat die Natur einen knallharten Trennstrich in Sachen Verständigung gezogen. Es ist geradezu wie in einem Cartoon-Film. Denken Sie mal an die dicke, große Bulldogge namens Spike bei »Tom und Jerry«.

Aus menschlicher Perspektive betrachtet ist es tatsächlich sehr witzig, was da zwischen Bello und Kitty alles schieflaufen kann. Es ist vergleichbar mit der Interaktion zwischen einem grantigen älteren Ehepaar im Anflug auf die Goldene Hochzeit.

Der vergnügte Bello rennt in der Regel freundlich bellend auf Kitty zu. Eine Kitty-Katze, wie nett! Hallo! Hallo, denkt sich der Hund und gibt Laut.

Das alles zusammengenommen interpretiert Kitty ihrerseits mit Blick auf ihren Werkzeugkasten der Signale nun mal als Angriff. Was rennt dieser Hirni-Hund lautstark und frontal auf mich zu? Der will Ärger! Weg hier! So die konsequente Schlussfolgerung der Katze.

Kitty sucht nun, die Pfoten unter die pelzigen Arme nehmend, rasch das Weite. Das wiederum weckt in Bello den angeborenen Jagdinstinkt. So hechtet er seinerseits der Katze angespitzt hinterher. Was soll er auch tun? Er kann nicht anders und denkt wahrscheinlich: Die Kitty-Katze ist nicht nett. Sie ist lecker Beute!

Schwanzwedeln und Pfötchengeben wiederum sind bei Bello als tierisch-freundliche Begrüßung gemeint. In etwa so: Kitty-Katze, komm, gib mir deine Hand! Peitscht hingegen Kitty mit dem Schwanz hin und her und hebt warnend die Pfote, hat sie gerade ganz miese Laune und signalisiert: Stopp, Hirni-Hund! Keinen Millimeter weiter!

Rollt sich Kitty dann gekonnt, wie eine Kung-Fu-Kriegerin, auf die Seite, um sich, wenn nötig, mit Fäusten, Krallen, Zähnen und einem Halleluja zur Wehr zu setzen, stutzt Bello und meint fälschlicherweise: Schau, Kitty-Katze ist schlau! Sie gibt auf und will jetzt mit Bello spielen!

Alles falsch, alles anders.

Zur Beruhigung: Wenn Bello und Kitty von klein auf aneinander gewöhnt sind, treten meist gar keine

Schwierigkeiten auf. Man lernt die Sprache des jeweils anderen zu verstehen, aber keinesfalls, sie auch zu sprechen.

In Wald und Flur beheimatete Wildkatzen kennen laut Naturkunde nur Fauch- und Knurrlaute, die zur Abwehr von Konkurrenten und Gegnern verwendet werden. Im Bayerischen Wald geht es dementsprechend auch heute noch katzentechnisch so zu wie in der frühen Steinzeit.

Aber warum sollte eine hoch entwickelte Luxus-Sofa-Schlafkatze aus Schwabing lautstark in der Gegend herumfauchen oder -knurren? Leckeres ist in der Regel ausreichend vorhanden, und die Katzenmutti ist ja kein angriffslustiger fetter Dachs, sondern eine durchweg sympathische Rentnerin im Schlabberlook mit Bobfrisur.

Nicht domestizierte Katzen vermeiden das Miauen in der freien Wildbahn gänzlich, um potenzielle Angreifer wie Greifvögel nicht ohne Not auf sich aufmerksam zu machen. Unüberhörbar ist jedoch das sogenannte Wettbewerbs-Miauen, wenn die Katze rollig wird und ein Männchen anlocken will. Auch dient der gleiche plärrende Sound den Männchen, um lautstark mögliche Rivalen im Paarungswettstreit zu vertreiben. In lauen Sommernächten auf dem Land kann man diesem akustischen Spektakel oft unfreiwillig lauschen. An Schlaf ist dann beim besten Willen sowieso nicht mehr zu denken.

Das Zungenbein ist bei allen Katzenarten, außer bei den Großkatzen, vollständig verknöchert. Deshalb sind allein Großkatzen in der Lage zu brüllen. Dem Himmel sei Dank! Stellen Sie sich das Gebrüll mal vor. Da wäre ja in Mitteleuropa jeden Abend die Hölle los.

In Hildesheim würde es spätestens bei Einbruch der Dämmerung so ähnlich klingen wie in der Serengeti. Das wäre wohl nicht auszuhalten. Andererseits würden nächtliche Kläffer dann vielleicht völlig eingeschüchtert Ruhe geben. Ich muss gestehen: Einen bellenden, nervigen Nachbarshund namens Larry habe ich probeweise eines Abends mal spontan mit Löwengebrüll aus dem Internet beschallt. Mein Fazit: Das ist äußerst ratsam und sehr hilfreich. Das bedrohliche Gebrüll des Königs im Tierreich hat der gute Larry zweifelsfrei nicht als nette Geste fehlinterpretiert.

Katzen untereinander reden nicht viel. Die Kommunikation beschränkt sich auf ein wesentliches Minimum. Da verhält sich die Katze von Natur aus wie ein sprachfauler Ostfriese. Wenn die Katze nämlich im übertragenen Sinne zur Begrüßung »Moin!« brummt, hebt sie kurz den Schweif und schmiegt sich knapp an den Artgenossen. Darüber hinaus ist die Katzensprache ein konzentrierter Mix aus Gesichtsausdrücken, Schweif-Positionen und Ohrstellungen. Hinzu kommen Gerüche und Klänge.

Die Sprachkommunikation ist fast ausschließlich für den Menschen reserviert. So jedenfalls bewerten es führende Forscher.

Ihrer Einschätzung nach könnte es sich bei dem klassischen Miauen gewissermaßen um eine Fortführung der Katzen-Babysprache handeln, die ansonsten nur Junge gegenüber ihren Müttern verwenden – und umgekehrt. Vielleicht halten uns die Samtpfoten ja tatsächlich für ihre Riesenbaby-Adoptivkinder!? Das Muttertier schart seine Kinder nämlich um sich, indem es diese durch ein leises, taubenartiges Gurren zu sich befiehlt.

Ganz eindeutig wird die Neigung der Katze zu miauen durch das Zusammenleben mit uns Menschen jedenfalls deutlich verstärkt, um, wie die Jungtiere, eben auch Zuwendung und Leckerbissen zu erhaschen. Katzen nutzen Laute besonders dazu, um ihrem Menschen gegenüber Emotionen auszudrücken. Miauen, Schnurren, Zischen oder Knurren gehören deshalb inzwischen zum virtuosen Repertoire der Fellnasen.

Gerade Männer wollen oft nicht verstehen, warum besonders Frauen Katzen so lieben: Sind sie doch unabhängig, gehorchen nicht, kommen selten, wenn man sie ruft, verbringen gern die ganze Nacht aushäusig, und wenn sie dann doch nach Hause kommen, wollen sie in Ruhe gelassen werden und schlafen. Mit anderen Worten: Alles, was Frauen an Männern so gar nicht gefällt, lieben sie an Katzen. Vielleicht liegt es an der besonders feinen Art der Katzenkommunikation, dass gerade Frauen sie so mögen!?

Aus eigener Erfahrung weiß ich allerdings, dass die Kommunikationsfähigkeit und -lust von Katze zu Katze stark variiert. Es mag auch eine Frage der Intelligenz oder des Charakters sein. Manche Katzen haben große Freude an Menschen, wie beispielsweise die orientalischen Züchtungen. Sie sind vokale Katzen, verfügen über ein verblüffend breites Vokabular und sind geborene Plaudertaschen. Andere reden kaum und benutzen ein schlichtes »Miau« für alle Lebenslagen. So wie eben der bereits erwähnte Ostfriese sein »Moin« bei jeder Gelegenheit auspackt, sind sie schweigsame Leisetreter. In der Körpersprache jedoch sind alle Tiere gleich ausdrucksstark.

Die Katzensprache zu erlernen ist weit mehr als nur ein amüsanter Trick, um seine Partygäste bei Laune zu halten. Tatsächlich sollte es ein elementarer Bestandteil des täglichen Spieltrainings mit Ihrem Liebling sein. So lernt Ihre Katze, eine unverbrüchliche Bindung zu Ihnen aufzubauen.

Wie schon erwähnt: Wenn Sie Ihrer Katze simple Anweisungen wie »Runter« und »Nein« beibringen, macht sie das gewiss zum besseren Mitbewohner. Während Wörter wie »Leckerchen« und »Fressi« ihr hingegen zeigen, Sie als Person mit etwas Positivem zu assoziieren.

Es soll Katzenfreunde geben, die stolz berichten, lange Gespräche mit ihren vierbeinigen Hausgenossen zu führen. Nun, diese Katzen haben sich schlicht daran gewöhnt, viel Aufmerksamkeit geschenkt zu bekommen, sobald sie auf die menschliche Stimme entsprechend reagieren. Hauskatzen haben gelernt zu miauen, weil wir darauf reagieren und in der Folge entweder Kühlschränke öffnen oder Spielzeuge heranschleppen.

Von klein auf lernen Stubentiger, ihre Stimme der Situation entsprechend zu modulieren. Je nachdem, wie und wie viel wir antworten, wird unsere Katze eben mehr oder weniger gesprächig.

Es gibt eine Vielzahl von Klängen und Lauten, mit denen die Katze mit ihrem Menschen kommuniziert. Sechzig unterschiedliche Laute können Katzen von sich geben. Darunter sind einige erstaunliche Geräusche. Wenn Ihre Katze miaut, sollten Sie ihr immer sofort antworten. Im Laufe der Zeit werden Sie ein richtiges Katzenalphabet – oder besser gesagt eine ganze Tonleiter – beherrschen. Sowohl aktiv als auch passiv.

Legen wir also los: So spricht Ihre Katze – und so können Sie sie auch verstehen!

Das Katzen-ABC
der dreizehn essenziellen Ausdrücke

1. Das Miezen-»Grüß Gott« ist ein ganz kurzes »Miau!«. Es ist eine Art erfreuter Triller und klingt wie ein flüchtig dahingezirptes »Murr!«. Es ist ein leicht vibrierendes Miauen, das die Katze von sich gibt, wenn sie uns begrüßt, beispielsweise wenn wir heimkommen, und ist somit ein freundschaftlicher Gruß. Dabei läuft die Katze uns meistens mit aufgerichtetem Schweif entgegen. Übersetzt heißt es so viel wie: »Hey, cool, dich zu sehen!«

2. Mehrere kurze »Murrs« hintereinander: »Gott, du lebst noch! Wo warst du? Ich bin so froh! Ich habe dich vermisst!«

3. Das wohlerzogen klingende »Ich habe Hunger«-Miau ist identisch mit dem »Ich möchte raus«-Miau. Die Mieze will Aufmerksamkeit; deshalb klingt es wie ein leicht gequältes und knatschiges Miau, das eher einer Mischung aus »ey« und »mau« ähnelt.

4. Das »Mir geht es nicht gut«-Miau. In diesem Fall hört es sich eher basslastig an, und es handelt sich um länger anhaltende Laute, in etwa so: »Ouhhhh!« Dabei streicht das Tier uns für gewöhnlich um die Beine. Nicht zu verwechseln mit dem Sound, den die Katze absondert, wenn sie rollig ist (siehe 13.). In der Regel zieht sie sich im Übrigen zurück und rollt sich zusammen, wenn es ihr nicht gut geht.

5. Das »Ich will JETZT essen«-Miau, ein lang gezogenes »Mrraaaaooou«.

6. Das tiefe »Maaoou« bedeutet »Der Service hier ist schlecht!«.

7. Das »Aua«-Miau, wenn wir versehentlich mal auf Pfote oder Schwanz treten, klingt wie ein gellender, kurzer spitzer Schrei. Ich hoffe, Sie hören ihn nicht zu häufig. Er klingt wie ein gejodeltes »Ouuh!«. Wenn die Katze sich erschreckt, wird das mitunter auch von einem unfassbaren Luftsprung begleitet.

8. Das Schnurren: Pussy ist happy! In seltenen Fällen tritt es allerdings auch bei starker Angst auf. Damit soll instinktiv die Schwäche vor Feinden überspielt werden.

9. Das Brummen: Wenn die Katze beispielsweise vom Tisch gejagt wird, haut sie so ein kurzes, unterdrücktes Maunzen heraus, das ähnlich klingt wie ein argwöhnisches Grummeln. »Mh!«

10. Das Zischen: »Ich bin sauer, und es wird definitiv Blut fließen!«

11. Das Klicken oder Tschirpen: Die Katze hat eine Beute gesichtet und ist im Angriffsmodus.

12. Das lustige Selbstgespräch. Manchmal ertappt man seine Katze dabei, wie sie aus dem Fenster starrt, irgendetwas entdeckt, beobachtet und die Angelegenheit mit sich selbst bespricht. Es ist zum In-die-Hose-Machen lustig, wie die Katze halb gurrend, krächzend, schimpfend, grunzend,

lamentierend vor sich hin plappert. Wie ein im Schlaf Sprechender. Übrigens: Katzen reden auch manchmal im Schlaf!

13. Das »Die Katze ist rollig«-Miau: Das Männchen stößt tiefe und lange Maunzer aus. Wenn man des Nachts auf dem Lande davon geweckt wird, klingt das dem Schrei eines verzweifelten Kleinkindes zum Verwechseln ähnlich. Gänsehaut ist garantiert! Mit dem gleichen gruseligen Sound werden Konkurrenten bei der Paarung in die Flucht geschlagen.

Das Katzen-Repertoire der Körpersprache – die wichtigsten Signale, und was sie bedeuten

1. Der Schweif ist aufgerichtet oder aufgerichtet mit Kringel: Die Mieze ist rundum happy.

2. Zuckender Schwanz: Sie ist aufgeregt oder ängstlich.

3. Zitternder Schwanz: Sie ist sehr freudig erregt.

4. Das Schwanzfell steht empor, und der Schwanz formt ein N: extreme Aggression.

5. Der Schwanz ist tief und unterm Hinterteil verborgen: Angst!

6. Erweiterte Pupillen: Die Katze ist verspielt und aufgeregt – oder aggressiv.

7. Langsames Augenblinzeln: bedeutet Zuneigung. Gewissermaßen ein Luftkuss.
8. Angelegte Ohren: stehen für Angst, Aggression.
9. Kopf, Flanke und Schwanz an Person oder Artgenossen reiben: Begrüßung beziehungsweise Besitzanspruch.
10. Kopf gegen den Kopf des Menschen oder Artgenossen stoßen: Freundlichkeit, Zuneigung.
11. Gesicht erschnüffeln: Identitätsüberprüfung oder »Ausweiskontrolle«.
12. Kuss mit der nassen Nase: große Zuneigung.
13. Lecken: Der größte Liebesbeweis – oder eventuell ein Anzeichen dafür, dass Sie sich die Hände waschen sollten, nachdem Sie eine Thunfischdose geöffnet haben.

Legt die Katze ihren Kopf zur Seite, denkt sie tatsächlich angestrengt nach und versucht, etwas zu begreifen oder die Lösung für ein Problem zu finden.

Wegen der sich zum Halbmond verengenden Pupillen ist die Sehschärfe der Katze bei Tag für waagerechte und senkrechte Bewegungen unterschiedlich. Senkrechte Linien erkennt die Katze deutlich schärfer als waagerechte. Deshalb kann sie horizontale Bewegungen klarer wahrnehmen als vertikale. Das kann also durchaus auch der Grund für die typische schräge Kopfhaltung der Katze sein. Sie fixiert dann etwas in der Vertikalen.

Die Katze gilt als besonders autonomes Tier. Das ist zwar richtig, dennoch sollte man die Bindungsfähigkeit zum Menschen und den damit verbundenen Wunsch nach Zärtlichkeiten nicht unterschätzen. Hier ist die Sprache sehr hilfreich. Gern zeigt die Katze ihr Bedürfnis nach Zutraulichkeit durch verstärktes Miauen an. Unsere übliche und richtige Reaktion darauf: streicheln und beruhigen!

Zum guten Schluss möchte ich Ihnen noch eine sehr ungewöhnliche Form des Miauens präsentieren: das lautlose Miau. Hierbei bewegt die Katze zwar den Mund und sieht tatsächlich auch so aus, als würde sie einen Laut von sich geben; allerdings hört man lediglich eine Art lautloses Knacken oder Krächzen. Falls die Katze nicht erkältet sein sollte, gibt es nur eine schlüssige Erklärung: Sie ist faul!

Könnte man eine Katze fragen, welchen Namen sie gern hätte, wäre die Antwort vermutlich: »Es ist mir egal, wie du mich nennst, Hauptsache, du rufst mich pünktlich zum Mittagessen.«

Für Katzen klingt die menschliche Sprache größtenteils wie ein einheitliches Gebrabbel; in etwa so wie für uns das quäkende Selbstgespräch einer Katze am Fenster auf Beobachtungsposten. Auch wenn inzwischen wissenschaftlich belegt ist, dass Katzen mindestens hundert Wörter tatsächlich begreifen. Dazu gehören wahrscheinlich so essenzielle Begriffe wie »Fressi«, »Mutti«, »komm«, »rauf«, »runter«, »ja« und natürlich »nein«!

Dennoch orientieren sich Katzen vor allem am Klang und an der Tonhöhe des Gesagten. Damit Ihre Katze aus all dem menschlichen Geplapper ihren eigenen Namen heraushören kann, muss er klar und deutlich zu erkennen sein. Insofern eignen sich kurze Namen mit »i« beziehungsweise »y« am Ende besonders gut.

Katzen reagieren meistens richtig gut auf Namen mit einem langen »i«-Laut darin. Blacky oder Kitty sind zum Beispiel perfekte Namen.

Zwei Katzen in ein und demselben Haushalt sollten besser keine zu ähnlich klingenden Namen erhalten wie z. B. Schicki und Micki oder Lotto und Toto. Das verwirrt die Katzen unnötig. Falls man dann auch noch nuschelt, versteht das Tier nur noch Bahnhof und leider so gar nicht, ob es nun gemeint war oder nicht.

Halten Sie mich jetzt bitte nicht für völlig verrückt: Sie können Ihrer Katze zusätzlich zum eigentlichen Namen auch noch einen Spitznamen geben, der beispielsweise während des gemeinsamen Spielens und beim Toben verwendet wird. Da eignen sich besonders gut einsilbige Laute wie Mo, Mi, Ka oder Lu.

Heißt der Kater Felix, kann der Spitzname Fee sein. Katzen lieben Spitznamen! Sie können sehr wohl zwischen ihrem eigentlichen und dem Nick-Namen unterscheiden. Keine falschen Hoffnungen: Geburtsdatum und Wohnanschrift werden sich die Samtpfoten dennoch wohl nie merken können, und das mit dem Schreiben werden sie gar nicht erst versuchen.

Pscht, Kitty schläft! – Der Schlaf der Genervten

Da Katzen nachweislich die meiste Zeit des Tages schlafen, müssen wir uns natürlich auch mit dem Schlafverhalten der Tiere etwas eingehender beschäftigen. Einer Katze beim Schlafen zuzuschauen ist jedenfalls ein guter Stimmungsaufheller, denn es ist unmöglich, eine schlafende Katze zu beobachten und dabei angespannt zu sein.

Schläft eine Katze mit angezogenen Pfoten, so glaubt der schlechtwettererprobte Engländer, dass bald Schnee fallen wird. Mag sein!

Aber wie bettet sich die Katze denn nun, und was hat ihre jeweilige Schlafposition wirklich zu bedeuten? Liegt die Katze tatsächlich sechzehn Stunden am Tag nur sinnlos als hübsche Staffage im Wohnbereich herum und dekoriert diesen mit ihrer bloßen Anwesenheit? Selbst wenn das Tier scheinbar faul vor sich hin döst, drückt es weiterhin körpersprachlich seine Gefühle aus und sendet klare Signale an seine Umwelt.

Schlaf ist nicht gleich Schlaf. Die Katze kennt da eine Vielzahl unterschiedlicher Ruhezustände: Entspannen, Wachen, Schlummern, Dämmern oder Dösen. Nicht immer schwelgt Pussy gleich selbstverloren im Reich der Träume. Manchmal täuscht die Katze den Schlaf einfach nur vor, quasi als Tarnung. Tatsächlich bewacht sie dann aber ihr Territorium, respektive die Couch. Häufig bleibt beim Schmiere-Liegen auch mal ein Auge offen. Man weiß ja nie.

Unsere vierbeinigen Lieblinge sind besonders wetterfühlig, und so wirkt sich auch das selbstverständlich auf ihr Ruheverhalten aus. Wird es kalt, igelt sich die Katze gern ein. Zusammengerollt wie ein Gürteltier, liegt sie relaxed da. So wird die Körperwärme optimal gespeichert. An warmen Tagen streckt die Katze, gleich einem indischen Yogi, schon mal alle viere von sich und japst nach Luft.

Der Klassiker unter den Schlafpositionen ist »Der Halbmond«. Die Katze formt dabei regelrecht einen Halbkreis. Schläft die Katze so, ist sie rundum entspannt und in Frieden mit sich und der Welt. Wer so schlummert, ist glücklich. Manchmal verbirgt die Katze dabei ihr Gesicht gekonnt unter einer Pfote. Dann trägt Madame quasi Schlafmaske und möchte unter gar keinen Umständen gestört werden.

Bei der Position »Der ruhende Brotlaib« liegt die Katze da wie ein Laib Brot. Die Hinterläufe verschwinden unter dem Körper, und der Kopf wird entspannt seitlich auf den Vorderpfoten abgelegt. Aus dieser Position kann die Katze flott aufspringen und im Zweifelsfall flüchten. Außerdem wird in dieser halbseitlichen Lage die Lunge stark entlastet. Entscheiden sich Katzen also für diese Schlummervariante, kann es dafür zwei Gründe geben: Entweder die Katze hält es für klüger, in Lauerstellung zu bleiben, oder aber das Tier leidet eventuell unter Atemproblemen. Das sollte man im Auge behalten und gegebenenfalls abklären lassen.

Beim »Sandmännchen-Blick« schläft die Katze mit halb geschlossenen Augen. Schaut sie aus ihren müden Augen wie ein Kleinkind, dem gerade das Sandmännchen etwas in die Augen gestreut hat, klappen also die Äuglein vor Bettschwere fast zu und sieht das Tier so nur noch durch einen kleinen Spalt, dann zeigt das erhöhte Alarmbereitschaft an. Äußerlich wirkt unser kleiner Tiger zwar völlig entspannt, aber das geringste Geräusch reicht, um ihn aus diesem Zustand schlagartig herauszuholen.

Döst die Katze vor sich hin und hat dabei nur ein Auge geschlossen, dann frönt sie dem »Hemisphärenschlaf«. Nur eine Gehirnhälfte ruht völlig, während die andere geistesgegenwärtig wacht. Gleiches beherrschen beispielsweise auch Delfine.

Wenn mehrere Tiere, die zu einer Gemeinschaft gehören, sich eng aneinanderkuscheln und quasi einen Haufen bilden, sind alle tiefenentspannt und betrachten das jeweils andere als engste Familie. Mehr Vertrauen geht nicht. Ein Bild für die Götter! Wenn ich nur dran denke, fange ich schon an zu gähnen.

Beim Schlafen mit dem Bauch nach oben liegt die Katze auf dem Rücken und streckt dabei alle Pfoten von sich. Sie fühlt sich völlig sicher und weiß, dass ihr keinerlei Gefahr droht. Schläft das Tier in dieser Weise, vertraut es dem Halter zu hundert Prozent. Diese Katze ist beneidenswert glücklich.

Der Schlaf der Genervten: Die Katze rollt sich zusammen, wendet dem Geschehen den Rücken zu, und der Kopf bleibt dabei seltsam angespannt und aufrecht. Beide Ohren sind nervös nach hinten gerichtet, um im Zweifelsfall eben doch alles mitzubekommen, was sich hinter dem Rücken abspielt. Das Tier ist genervt von Gästen, Staubsaugern, Bohrmaschinen, Geräuschen oder von allem zusammen. Gern suchen sich Katzen für diese Position einen erhöhten Platz.

Zur Grundsatzfrage, ob Katzen wirklich im Bett schlafen sollten: Das ist eine Entscheidung, die letztendlich jeder Katzenhalter für sich treffen muss. Natürlich sucht die Katze in der Regel die Nähe ihres Menschen. In ihren Augen bietet so ein Bett ohnehin Platz genug für die ganze Familie. Es riecht auch so vertraut nach dem geliebten Menschen. So fühlt sich fast jede Katze magisch vom Schlafzimmer angezogen. Das leise Katzenschnurren ist zudem die beste Einschlafhilfe für den gestressten Menschen der Postmoderne und garantiert entspanntes Ruhen.

Gibt es gesundheitliche Risiken? Kann die Katze nicht allerhand Ungeziefer wie Flöhe, Zecken, Bazillen oder sonstige unangenehme Erreger im Bett hinterlassen, wenn sie dort schlafen darf? Freigänger können von draußen natürlich ungebetene Gäste einschleppen. Allerdings kann man sich genauso etwas einfangen, wenn die Katze bloß auf dem Schoß sitzt oder ein Stündchen auf der Couch döst.

In jedem Fall ist es also sinnvoll, unseren Liebling regelmäßig auf Zecken zu untersuchen. Eine Floh- und Zeckenkur mit einer entsprechenden Tinktur, vom Tierarzt verschrieben, ist sowieso dringend erforderlich. Die Wurmkur sollte auch von Zeit zu Zeit wiederholt werden.

Wie teilt man sich das Bett denn nun richtig mit der Katze? Sie können die Katze natürlich auch auf einer separaten Decke im Bett schlafen lassen. In der Nähe des Kopfes sollten Katzen eigentlich nicht schlafen. Tagsüber sollte man eine Decke über das Bett legen, falls es sich die Samtpfote dort gemütlich machen will. So bleibt die Bettwäsche garantiert sauber. Sie halten mich für pingelig? Das bin ich auch, und wie!

Babys und Kleinkinder sollten grundsätzlich nicht zusammen mit Katzen im Bett schlafen. Auch weil die Verletzungsgefahr für Kinder einfach zu groß ist.

Natürlich wollen nicht alle Katzen partout im Bett schlafen. Man kann der Katze beispielsweise auch eine Hängematte im Schlafzimmer als Schlafplatz schmackhaft machen. Gegen das beruhigende Geschaukel kommt schließlich kein starres Bettgestell an.

Es soll sogar Katzen geben, die nachts auch mal aus einem Albtraum aufschrecken und aus dem Bett plumpsen. Mein Kater Samson war so ein seltener Fall.

Keine Sorge, liebe Katzenliebhaber, der Mieze passiert nichts. Die Katze hat nämlich einen fantastischen und übermenschlichen Gleichgewichtssinn. Katzen sind deshalb auch in großen Höhen absolut schwindelfrei. Selbst bei einem Fall aus drei Metern Höhe manövrieren sie sich reflexhaft und blitzschnell in die rettende Bauchlage. So landen sie traumwandlerisch mit ausgestreckten Pfoten sicher auf dem Boden. Fällt die Katze aus einer größeren Höhe nach unten, dann dienen die extrem gespreizten Pfoten und das sich im Fahrtwind aufblähende Fell quasi als Fallschirm, der die Aufprallgeschwindigkeit deutlich zu reduzieren vermag.

Katzen träumen übrigens und sprechen sogar manchmal im Schlaf; allerdings ziemlich wirres und unverständliches Zeug. An dieser Stelle wird es jetzt auch zu privat. Themenwechsel!

Der Mythos Katze oder
Die Geschichte einer unsterblichen Gottheit

Nicht ohne Grund schreibe ich im Vorwort zu diesem Buch, dass Katzen gewissermaßen meine Religion sind. Der Glaube an ihre positive Wirkungskraft entstammt nämlich einer jahrtausendealten Tradition.

Die ältesten Vorfahren der Katze lebten bereits vor etwa fünfzig Millionen Jahren. Ab dem dritten Jahrtausend vor Christus wird in Ägypten die Katze, in Gestalt von Bastet, als Göttin verehrt. Sie gilt als die Gemahlin des höchsten Sonnengottes Ra. Bastet ist die Göttin der Liebe, der Stärke und des Guten. Ihre Statue wird praktischerweise mit den freundlichen Gesichtszügen einer Hauskatze dargestellt. Als Mondkatze ist es zudem ihre Aufgabe, in der Dunkelheit den Schutz der Sonne zu gewährleisten. Allnächtlich kämpft die mutige Bastet gegen die Schlange der Finsternis, die erklärte Todfeindin der strahlenden Sonne.

Kein anderes Tier liebt die pralle Sonne bekanntlich so sehr wie die Katze. Insofern haben die alten Ägypter seinerzeit eine kluge Wahl getroffen und in Bastet zu Recht die wohltuende Kraft der Sonne erspürt. Zumal Katzen sich auch bei einer Körpertemperatur pudelwohl fühlen, die unsereins locker ins fiebrige Delirium taumeln lassen würde.

»Sollte jemand eine Katze töten, müsste er siebzehn Moscheen errichten, um diese schwere Sünde auszugleichen.« So sprach Abul Kasim Muhammad Ibn Abdallah, besser bekannt als der Begründer des Islam, der Prophet Mohammed. Man vermutet, dass die besondere Katzenverehrung im Islam aus der übermächtigen ägyptischen Tradition erwuchs. Der Koran erzählt einige schöne Geschichten von Mohammeds Lieblingskatze Muezza.

Der Legende nach liebte Muezza es, im Arm des Propheten zu schlummern. Als dieser eines Abends zum Gebet eilen musste, soll er kurzerhand den Ärmel seines Kaftans abgeschnitten haben, um das selig schlafende Fellknäuel nicht wecken zu müssen.

Laut Islam landen Katzen nur deshalb immer mit ihren vier Pfoten unbeschadet auf dem Boden, weil Mohammed seinem Liebling Muezza dreimal zärtlich über den Rücken strich. Damit verlieh er ihr und allen anderen Katzen diese erstaunliche Gabe.

Im muslimischen Volksglauben gilt die Katze als reines Tier. Das Wasser, von welchem die Samtpfote genippt hat, darf noch getrost zur rituellen Waschung vor dem Gebet genutzt werden.

Der schwer übersetzbare Begriff »Sakina« steht in der arabischen Welt für einen Zustand der Seele, in welchem der Gläubige die Gegenwart Gottes erlebt. Der Überlieferung nach soll »Sakina« für den Menschen in Katzengestalt sichtbar werden. Damit nicht genug des Segensreichtums: Die Marokkaner sind überzeugt davon, dass die Katze nach dem Willen Allahs mit »Baraka«, Segenskraft, ausgestattet ist. Hat eine Katze von einer Mahlzeit probiert, dann ist diese demnach für den Menschen immer noch bekömmlich.

Aber nicht nur in der arabischen Kultur spielen Katzen sprichwörtlich eine tragende Rolle. In der indischen Mythologie wird Shashti, die Hindu-Göttin der Geburt, als auf einer Katze reitend dargestellt. Die nordische Göttin der Liebe und Fruchtbarkeit, Freya, wird in ihrem Wagen sogar gleich von zwei kräftigen Katzen gezogen.

In Japan gelten die drolligen und übergewichtigen Winke-Katzen »Maneki-neko« bis heute als Talismane und Glücksbringer. Auch aus der chinesischen Kultur sind Katzen nicht wegzudenken. Bereits im Jahre 1500 vor Christus war es vornehmlich die Aufgabe von Hauskatzen, die wertvollen Kokons der Seidenraupe vor gierigen Nagern zu schützen. Die Chinesen der damaligen Zeit glaubten, dass nur Mensch und Katze eine den Tod überdauernde Seele besitzen. Bis heute gilt die Katze auch im Reich der Mitte als das Symbol für Glück und ein langes Leben.

Aber wie wurde die Katze denn nun zur Göttin?

Vor circa 10 000 Jahren treffen die Menschen der Frühzeit einen denkwürdigen Entschluss. Ihr Nomadenleben findet ein jähes Ende. Vielleicht ist der Homo sapiens des ewigen Umherziehens, Sammelns und Jagens überdrüssig? Man muss ja auch mal zur Ruhe kommen, und was könnte dabei hilfreicher sein als eine schmusewillige Katze?

Die Welt hat der Mensch bis dahin nun wahrlich schon gesehen, auch wenn er keine Fotos davon gemacht hat, sondern stattdessen unzählige Hirsche und Büffel mit selbst gebrauter Wasserfarbe an Höhlenwände gesprüht hat. Eine Art Jäger-Graffiti, leider mit wenigen Katzen.

Vielleicht liegt es aber auch am konstant schönen Wetter von Babylon, dass der reisemüde Migrant Mensch nach langer Wanderung kreuz und quer durch Afrika hier endlich Wurzeln schlägt? Zwischen Euphrat und Tigris herrschen in jeder Hinsicht Topbedingungen.

Mesopotamien wird so zur Wahlheimat der ersten sesshaften Bauern, die ihren Lebensunterhalt nun mit Ackerbau und Viehzucht bestreiten und sich als Frühschoppen und zum Feierabend schon bald das erste selbst gebraute Weizenbier gönnen. Auch wenn es noch nicht nach deutschem Reinheitsgebot gebraut wird, verfehlt das Gebräu dennoch seine Wirkung nicht. Es desinfiziert und entspannt die vom Ackerbau beanspruchten Muskeln.

Bier ist nun einmal lecker, und die Katze ist ein schlaues Tier! So merkt sie bald: Der Mensch ist gesellig, und er macht Müll. Und zwar viel Müll! Davon lässt sich trefflich leben. Deshalb avancieren die Katzen zur prähistorischen Müllabfuhr und leben als Abfallverwerter im Schatten der menschlichen Siedlungen. Sowohl Essensreste als auch Kornkammern rufen Nagetiere auf den Plan, was wiederum zu noch mehr Katzen führt.

Ob die Katze sich dann aus eigenen Stücken entscheidet, beim Menschen zu bleiben, oder ob spielende Kinder die herumtollenden Katzenbabys zu Spielgefährten wählen?

9000 Jahre alte Knochen, die in Jordanien bei archäologischen Grabungen gefunden wurden, belegen jedenfalls das frühe und friedvolle Miteinander der beiden Spezies.

Die alten Griechen und Römer halten die Katze lange für einen merkwürdigen und geradezu befremdlichen Hausgenossen. Bei der Ungezieferbeseitigung setzt man im europäischen Mittelmeerraum zunächst weiter auf das altbewährte Frettchen, das wiederum aus heutiger Sicht als Untermieter merkwürdig anmutet.

In späteren Jahrhunderten erobert die Katze jedoch auch die südeuropäischen Herzen. Die griechische Göttin Artemis und die römische Kriegsgöttin Diana werden, so will es die damalige Mode, bald als hippe, katzenartige Wesen dargestellt. In der damals bekannten Welt verbindet man die Katze überall mit der Vorstellung von Mütterlichkeit und Überfluss.

Die Fähigkeit der Pupillen, sich zu Schlitzen zu verengen oder sich zu vergrößern, erinnert den Menschen bis heute an die Mondphasen. So wird die Samtpfote schließlich zur Mondgottheit erhoben.

Wer hat sich den Namen »Katze« denn nun eigentlich ausgedacht? Auch hier bleibt es mysteriös.

Bei den Römern heißt die Katze ursprünglich »feles«, später entwickelt sich das Wort »catta« (Martial, um 75 n. Chr.), welches ausschließlich die Hauskatze bezeichnet. Vielleicht stammt der Name aber auch aus einer nordafrikanischen Sprache? Die Nubier sagen »kadis«, während die Berber von »kaddiska« sprechen. Die Ägypter haben ein paar Jahrhunderte zuvor bereits den Begriff »caus« für die Falbkatze entwickelt.

Tatsache ist: Irgendwann im frühen fünften Jahrhundert, quasi am Ende ihrer erfolgreichen Welttournee, landet die erste Hauskatze in Hildesheim. So erzählen es uns jedenfalls archäologische Funde aus dem Niedersächsischen. Die Bedeutung der Katze im frühmittelalterlichen Europa nördlich des Rheins war dennoch gering.

Die erste große Globalisierungswelle im Spätmittelalter bringt über die neuen Seehandelsrouten nicht nur Gewürze und Seide nach Europa, sondern auch unerfreuliches Getier wie die vermehrungswütige

Wanderratte. Das ist der Startschuss für den eigentlichen Siegeszug der Hauskatze durch das Abendland.

Warum die Katze trotz ihrer bedeutenden Nutzwirkung für die Menschheit dann durch grotesken Aberglauben zum Unglücksbringer und gar Dämon abgestempelt wurde, erstaunt im Rückblick.

Hierbei spielt die katholische Kirche mit ihrer maßregelnden Ideologie gewiss keine unbedeutende Rolle. Geprägt von sexualfeindlicher Moral und unmenschlichem Inquisitionswahn, kann der korrupte Klerus von damals in der fruchtbaren und unüberhörbar sich nächtlich paarenden Katze kein adäquates Vorbild für seine geschröpften Schäflein erkennen. Eine freundschaftliche Beziehung zu einer Katze gilt demnach im ausgehenden Mittelalter als schwere Gotteslästerung und wird von den verbissenen Glaubenswächtern mit dem Tode bestraft. Auch Katzen werden gefoltert, lebendig vergraben, getötet.

Hat sich irgendein Papst eigentlich mal bei den Katzen entschuldigt? Das M auf der Stirn vieler Katzen soll doch nach heutigem süditalienischem Volksglauben das Zeichen der Madonna sein! Alle Katzen mit einem M auf der Stirn, so heißt es, stehen unter dem persönlichen Schutz der Muttergottes.

Dass die Menschheit ohne die katholische Kirche überleben kann, hat sie hinlänglich bewiesen. Ob der Mensch ohne die treue Katze an seiner Seite überleben kann, ist zumindest fragwürdig.

Im Jahre 940 erlässt der gute Prinz Idwal von Südwales ein Gesetz, demzufolge eine Siedlung sich nur »hamlet«, also Dorf, nennen darf, wenn es dort »neun Gebäude, einen Pflug, einen Brennofen, ein Butterfass, einen Hahn, einen Stier, einen Hirten und eine Katze« gibt.

Ab der Renaissance setzt die Katze, im Schulterschluss mit Christoph Kolumbus und Amerigo Vespucci, endgültig zum Sprung über die Ozeane an. Sie erobert die Welt.

Heute stellen die eingeschleppten Fremdkörper Katzen als sogenannte Neozoen in vielen Gegenden der Welt, vor allem in Australien und Neuseeland, eine echte Bedrohung für einheimische Arten wie beispielsweise den hilflosen und kükengroßen Laufvogel Kiwi dar. Verwilderte Hauskatzen im australischen Outback zeigen inzwischen eine erstaunliche Anpassungsfähigkeit an ihre neue Umgebung. Sie werden muskulöser, und auch ihre Fellfarbe passt sich dem kargen Habitat an.

Die Katze war schon Göttin, Dämon und Evolutionshelfer. Warum findet man sie dann nicht im chinesischen Tierkreis als Sternzeichen?

Das kam so: Der berühmte Jadekaiser hatte bereits einen Ort und ein Datum festgelegt, an denen er sich mit allen Tieren zum Thema beraten wollte. Für chinesische Verhältnisse ungewöhnlich demokratisch sollten alle Mitglieder der Fauna gemeinsam über die Namen der Sternzeichen abstimmen.

Der schlitzohrigen Ratte war es aufgetragen worden, der Katze Bescheid zu geben und sie zur Versammlung einzuladen. Gut, im Nachhinein weiß man es ja immer besser. Aus heutiger Sicht ist klar, dass das eine Schnapsidee des Herrschers war, der Ratte zu vertrauen: Hinterlistig, wie sie nun mal ist, nannte sie der Katze zwar den richtigen Ort der Versammlung, aber das falsche Datum. Die Katze kam 24 Stunden zu spät. Der mächtige Tiger hatte es an ihrer Stelle in den edlen Sternkreis geschafft. Die Katze soll über den Verrat des Nagers so erbost gewesen sein, dass sie bis heute jeder einzelnen Ratte hinterherjagt.

Vorsicht, Mystik – nichts für schwache Nerven! Esoterik, Spökenkiekerei und PSI mit Katzen

Jetzt hagelt es erst einmal esoterische Volksweisheiten. Lassen Sie den wissenschaftlichen Schutzschirm bitte für kurze Zeit geschlossen, und tauchen Sie ein in die mysteriöse Zwischenwelt der Katzen:

Wohnt eine schwarze Katze im Haus, wird es dort nie an Liebe mangeln. (Englische Volksweisheit)

Wer von einer weißen Katze träumt, den findet das Glück. (Amerikanische Volksweisheit)

Nach dem Umzug ins neue Heim sollte die Katze das Haus durchs Fenster betreten, so wird sie immer bleiben und das Glück den Hausherrn nie verlassen. (Amerikanische Volksweisheit)

Katzen sind empfindsame Geschöpfe, die zudem über ein komplexes Sensorium verfügen, das diese außergewöhnliche Sensibilität noch stützt. Jeder Hochsensible wäre neidisch auf die zusätzlichen Fähigkeiten, die der liebe Gott bei der Katze großzügig in Serie eingebaut hat. Lärmempfindlich und schnell genervt von Menschen bin ich auch. Das ist ja auch nicht wirklich eine Leistung; dieses Talent besitzt in unterschiedlichen Nuancen gewissermaßen jeder. Aber die Katze kommt dann doch mit einigen geradezu magisch anmutenden Fertigkeiten und Überraschungen um die Ecke.

Der Tastsinn der Katze ist besonders hoch entwickelt. Über den ganzen Körper verteilt befinden sich Rezeptoren – Signalempfänger, die das Aufgeschnappte an die Nerven zur Weiterverarbeitung leiten.

Unter den Vorderpfoten beispielsweise sitzen Rezeptoren, die geringste Erschütterungen unter der Erdoberfläche wie beispielsweise das vorsichtige Graben einer Wühlmaus wahrnehmen können. Vermutlich dank dieser Fähigkeit sind Katzen auch in der Lage, ein nahendes Erdbeben zu erspüren und sich rechtzeitig in Sicherheit zu bringen.

Rund um die Lippen und über den Augen wächst der Katze ein äußerst kleidsames und nützliches Bärtchen, welches aus Schnurrhaaren, den sogenannten Vibrissen, besteht. An den Wurzeln sind diese mit einem filigranen Netz von Nerven verbunden.

Ist eine Öffnung zu eng, um sich hindurchzuquetschen, oder stellt sich der Katze ein Hindernis in den Weg, schlagen die Vibrissen Alarm. Diese Haare können nachwachsen und helfen der Katze auch dabei, in der Dunkelheit Beute aufzuspüren. Erblindete Tiere können sich dank der Schnurrhaare fast genauso elegant in ihrer gewohnten Umgebung bewegen wie sehende Artgenossen. Diese Haare dürfen nie geschnitten werden.

In der Dämmerung sehen Katzen etwa sechsmal besser als der Mensch, dank lichtempfindlicher Rezeptoren in der Pupille. Genau deshalb reflektieren Katzenaugen auch in der Nacht. Es ist also nicht verwunderlich, dass sich rund um das Thema Katze auch manch esoterische und spirituelle Anekdote rankt. So sagt der armenische Volksglaube: Reibt sich eine Katze an den Beinen, versucht die Katze den Menschen an ihrer positiven Energie teilhaben zu lassen. Weniger esoterisch betrachtet, kann man auch sagen: Geht's der Pussy gut, freut sich der Halter – und umgekehrt!

Unbestätigten Gerüchten zufolge soll die Aura einer Katze, also das energetische Feld, so groß und stark sein, dass sie vor bösen Geistern und negativen Energien geschützt ist. Dementsprechend sollte man die Katze also besser nie wegstoßen. Vielleicht will sie ja gar nicht spielen, sondern uns an ihrem unerschütterlichen Kraftfeld teilhaben lassen?

Ganz unbestritten britzelt oder knistert das Fell einer Katze manchmal hörbar, wenn man mit einem bestimmten Druck darüberstreicht. So, als wäre es elektrisch geladen. Je älter eine Katze wird, desto weniger knistert es. Vielleicht liegt es daran, dass ihre Lebenskraft schwindet und somit ihre Aura weniger geladen ist?

Wer mit Katzen lebt, weiß jedenfalls: Es gibt da tatsächlich einiges, das unerklärlich bleibt.

Manches Mal mussten wir unsere Katze Anne für Wochen und sogar auch für Monate in Umbrien zurücklassen. Unser Gärtner Paolo übernahm dann im Schulterschluss mit der Zugehfrau Mano die Katzenfürsorge.

Beide bestätigten uns: Exakt 48 Stunden vor unserer Rückkehr setzte sich die Katze an die Toreinfahrt und wartete geduldig. Erreichten wir mit dem Wagen die Einfahrt, saß Anne meistens am Tor, stoisch wie eine Heilige Birma über den Tempel wachend.

Hatten wir unseren Besuch nicht offiziell angemeldet und kamen überraschend, war niemand überrascht. Paolo kannte den Trick: »Sobald sich Anne an die Toreinfahrt setzte, wusste ich, jetzt sind sie bald da.« Wie machte sie das? Spürte sie telepathisch unsere Gedanken und Gefühle? Oder merkte sie, wann wir uns in Deutschland auf den Weg machten? Ist die Energie »Sehnsucht« für Katzen etwa so eine Art GPS? Liest sie in den Sternen? Vernünftig erklärbar scheint mir das nicht.

Rupert Sheldrake, ein ebenso namhafter wie umstrittener britischer Forscher auf dem Gebiet der paranormalen Fähigkeiten bei Tieren, hat vor einigen Jahren eine repräsentative Erhebung zum Thema durchgeführt. Laut dieser Telefonumfrage unter Haustierhaltern in London glaubten 52 Prozent der Hunde- und 24 Prozent der Katzenbesitzer, dass ihre Haustiere im Voraus spürten, wann sie sich auf dem Nachhauseweg befanden.

Bis heute werden Katzen auch immer noch mit den Eigenschaften von Falschheit und Verschlagenheit charakterisiert. Diese zwiespältige Einstellung hält sich leider hartnäckig. Noch im Jahre 2005 glaubte, einer anderen Umfrage zufolge, ein Viertel der Deutschen, dass es sich um ein schlechtes Omen handle, wenn eine schwarze Katze den Weg von links nach rechts kreuze. Wenn Sie mich fragen: Ob eine schwarze Katze Unglück bringt oder nicht, hängt allein davon ab, ob man ein Mensch ist oder eine Maus.

Können Katzen Geister sehen? Alle meine Katzen fingen früher oder später damit an: Sie hockten sich vor die leere Ecke eines Raumes und starrten sie an, so als liefe dort stumm der Fernseher. Es passierte nicht oft, aber es passierte. Meist kurz nach Einbruch der Dunkelheit. Anne war darin Spezialistin.

Plötzlich animierte sie etwas dazu, sich vor besagter Ecke zu platzieren. Dann starrte sie. Hemmungslos. Nach ein paar Minuten schweifte der Blick nach oben; Anne verhielt sich so, als ob ein Vogel zur Decke fliegen würde, und blickte der Sache aufmerksam hinterher. Dann sprang sie aufgeschreckt auf, wollte das Etwas fangen und hechtete miauend zur Tür hinaus ins Freie.

Manchmal ertappte ich mich dabei, wie dieses unerklärliche Geschehen – oder sollte ich sagen, Phänomen? – mir die Haare zu Berge stehen ließ. Nicht selten verbreitete sich im Raum dann ein Gefühl unbehaglicher Kälte. Was trieb meine Katze da bloß?

Einer gewagten Theorie zufolge sind Katzen dazu fähig, Geister im Haus gekonnt aufzuspüren. Ihre Sinne sind angeblich perfekt darauf abgestimmt. Hat die Katze den vorwitzigen Eindringling erst einmal auf frischer Tat ertappt, versucht sie zunächst herauszufinden, was die Absicht der Entität ist. Stellt die Wesenheit eine Gefahr für ihr Territorium dar, fängt die Katze den unerfreulichen Geist in ihrem großen Energiefeld ein und führt ihn aus dem Haus heraus, an die frische Luft.

Weiße Katzen sollen diesbezüglich in besonderem Maße begabt sein, weil sie außergewöhnlich reine Seelen sein sollen. Mag sein; einen Beweis dafür muss ich Ihnen jedoch schuldig bleiben, da wir uns jetzt weit außerhalb des Erforschten bewegen. Eines jedoch kann man nicht bestreiten: Eine Katze entwickelt sich Stück für Stück zur sichtbaren Seele des Heims.

Ganz zweifelsfrei sorgt eine Katze im Haus für das seelische und körperliche Wohlergehen ihrer menschlichen Mitbewohner, ob sie allerdings auch den Wohlstand ins Haus bringt, welchen die Griechen der Anwesenheit einer Katze zusprechen, vermag ich nicht zu beurteilen.

In der Türkei glaubt man, dass Katzen nicht nur vor dem sogenannten bösen Blick, sondern auch vor Flüchen schützen. Die Russen sind in Sachen Aberglauben recht drollig und kennen ein interessantes Ritual. Beim Umzug in ein neues Heim lässt man zuerst eine Katze ins Haus. Ist es alt, setzt die Katze dank ihres starken Energiefeldes die trägen Hausgeister der vormaligen Besitzer flugs vor die Tür. Ist das Domizil neu, erfüllt die Katze es mit ihrer starken positiven Energie.

Dass Katzen großzügig Heilenergie verstrahlen, daran gibt es meinerseits nicht den geringsten Zweifel. Eine Katze spürt sofort, wenn mit dem menschlichen Familienmitglied etwas seelisch oder physisch nicht stimmt.

Die Katze legt sich – instinktiv oder intuitiv – auf die richtige Stelle, seien es die entzündeten Bronchien oder eine Prellung am Schienbein. Der bloße Körperkontakt mit einer Katze löst darüber hinaus garantiert jeden emotionalen oder geistigen Stress. Mit einer Katze im Heim kann man weder psychotisch noch neurotisch werden. Höchstens etwas verschroben ...

Wenn der Stubentiger jedenfalls schnurrt, macht er seinen Menschen ganz und gar glücklich. Das niederfrequente Brummen kommt nicht nur der Gesundheit der Katze zugute, sondern eben auch der des Menschen. Heilungsprozesse werden im Körper beschleunigt. Das ist keineswegs die abstruse Theorie eines überdrehten Katzenliebhabers, sondern inzwischen eine wissenschaftlich belegte Tatsache.

Eine ordentliche Beschallung mit dem Katzenschnurren im unteren Frequenzbereich führt beim Menschen zur Heilung von Muskeln, Sehnen und Knochen. Haben Sie Rücken? Dann legen Sie sich eine Katze ins Bett. Das hilft garantiert.

Arthrose, Knochenbrüche und Osteoporose lassen sich erfolgreich mit einem Katzenschnurren, idealerweise bei einer Frequenz zwischen 27 und 44 Hertz, behandeln. Selbst Herz-, Atemwegserkrankungen, Asthma und Diabetes verbessern sich nachweislich; Depressionen, Angsterkrankungen, Persönlichkeits- und Essstörungen, Migräne, psychische und psychosomatische Erkrankungen kann man schonend mit der unvergleichlichen Gegenwart einer Fellnase behandeln.

Brauchen Sie noch mehr Gründe, um einer Samtpfote ein neues Heim zu schenken?

Die bloße Anwesenheit einer Katze wirkt schon beruhigend und kann dabei helfen, den Blutdruck deutlich zu senken. Katzen machen also nicht nur gute Laune, sie fördern auch den humanen Stoffwechsel.

Im Bett wirkt das Schnurren wie eine Einschlafhilfe. Bis auf den Tiger schnurren übrigens alle Katzenarten. Dennoch würde ich Ihnen von der Haltung eines Leoparden an dieser Stelle dringend abraten.

Keine Regel ohne Ausnahme: In seltenen Fällen kann das Schnurren der Katze auch anzeigen, dass sie Schmerzen oder Stress hat. Ansonsten gilt: Wenn wir das Schnurren einer Katze nur hören, schüttet unser Gehirn bereits das Glückshormon Serotonin aus.

Bezüglich der Fellfarbe einer Katze gibt es auch so manchen unbestätigten Glaubenssatz. Dabei handelt es sich zwar durchweg um positive Vorurteile, aber eben doch um Vorurteile. Ihre positive und spirituelle Wirkung sollen die Katzen allerdings nur dann entfalten können, wenn sie im Gegenzug auch gut behandelt werden.

Nehmen Sie die Sache jetzt bitte nicht ganz so ernst: Schwarze Katzen sollen negative Energien besonders gut bannen können; zudem sind sie weise und lehren ihren Besitzer die rechte Unterscheidung zwischen Gut und Böse. Rote Katzen verbreiten Reichtum. An ihrer Seite kommt Geld ins Haus. Blaue und graue Katzen bringen Liebe und Frieden. Weiße Katzen haben starke Heilkräfte und geben ihrem Menschen das Gefühl, schön zu sein. Siamkatzen bewachen ihren Menschen. Darüber hinaus bringt die Siamesin Ruhm und Erfolg. Dreifarbige Katzen bringen Glück an Land und auf hoher See. Zweifarbige Katzen schenken Weisheit und Freundlichkeit. Goldene und goldbraune Katzen, wie beispielsweise der Abessinier, sind verantwortlich für Weisheit und Gnade. Die Tabby, also die gewöhnliche gestreifte Hauskatze, schenkt Humor und ist besonders hellsichtig.

Was die Hellsichtigkeit von Katzen betrifft, gibt es allerlei Spekulationen darüber, worum es sich bei diesem Phänomen eigentlich genau handelt. Ist es am Ende doch wissenschaftlich erklärbar?

Vor einigen Jahren brachte es ein US-amerikanischer Kater zu fragwürdiger Berühmtheit. Oscar hatte seinen Job als tierischer Seelsorger in einem Seniorenheim in Rhode Island angetreten. Dort war er der Liebling der Pflegestation. Er spendete den kranken Menschen Trost und ein bisschen Freude durch seine bloße Anwesenheit.

Bald fiel den Pflegern auf, dass Oscar genau bei den Bewohnern deutlich länger verweilte, die kurz darauf starben. Dort legte er sich beispielsweise zu den Patienten auf die Bettdecke oder saß lange in deren Zimmer, auf der Fensterbank wachend.

In knapp fünfzig Fällen lag Oscar mit seiner »Diagnose« richtig, und die betroffenen Heimbewohner starben sehr bald nach seinem Besuch. Die Mitarbeiter der Seniorenresidenz gewannen den Eindruck, dass Oscar die Menschen in gewisser Weise durch den Prozess des Sterbens begleitete.

Bald widmete das »New England Journal of Medicine«, ein renommiertes Fachblatt für Medizinwissenschaft, Oscar den ersten großen Artikel. Die Fachwelt und die breite Öffentlichkeit beschäftigte bald nur noch eine Frage: Wie um Himmels willen macht Oscar das?

Die Katze riecht zwar deutlich besser als der Mensch, aber bei Weitem nicht so gut wie der Hund. Kann Oscar etwa den nahen Tod des Betroffenen anhand des Körpergeruchs erschnüffeln? Wird eine ominöse Substanz im Sterbeprozess freigesetzt, die nur Katzen riechen können? Spürt Oscar gar die Angst der Menschen vor dem Tod? Ist er etwa empathisch?

Wissen Sie, was für mich das Beeindruckendste an dieser Geschichte ist? Oscar versteht genau, was passiert, aber er bleibt, rennt nicht davon, leistet Beistand und spürt, dass er gebraucht wird. Sollten wir nicht vielmehr in Oscars unerschütterlicher Barmherzigkeit das eigentliche Wunder dieser Geschichte sehen? Die Amerikaner würden sagen: He cares. Er sorgt sich. Wow, what a Cat!

Natürlich wird auch anderen Tieren wie zum Beispiel Hunden, Schweinen, Kühen oder Pferden seitens der seriösen Wissenschaft die Gabe der Gefühligkeit zugesprochen. Tiere können nicht nur Empathie gegenüber Menschen aufbringen, sondern eben auch kommende Ereignisse erspüren. Ziegen gelten als die wahren Meister in dieser Disziplin.

Eine Katze namens Sue soll Anfang der 1980er-Jahre einen Marsch über 4500 Kilometer quer durch die USA auf sich genommen haben.

Anne T. Walters hatte ihr Kätzchen zu ihrem achten Geburtstag geschenkt bekommen. Ein Jahr später zog Familie Walters von Oregon in den Osten der Vereinigten Staaten. Am Tag des Umzugs war die schwarzweiß gescheckte Sue unauffindbar. Der Möbelwagen fuhr also ohne die gute Sue Richtung Ostküste.

Knapp neun Jahre später stand Sue plötzlich, ziemlich zerzaust, vor dem Haus der Walters' in Pennsylvania. Wie hatte Sue ihren Lieblingsmenschen Anne T. Walters wiedergefunden? Das lässt sich weder mit ausgeprägtem Geruchs- noch mit hypersensiblem Tastsinn erklären. Es ist phänomenal und bleibt doch unerklärlich.

Der bereits erwähnte Biologe Rupert Sheldrake sammelt seit Jahrzehnten Berichte über das Verhalten von Tieren, die in böser Vorahnung ihre Besitzer vor großem Unglück bewahrt haben: Eine ansonsten anschmiegsame, friedliebende Katze sprang die Fahrerin des Autos plötzlich von der Rückbank an und biss ihr in die Hand. Die verletzte Halterin musste den Wagen notgedrungen anhalten. Es stellte sich heraus, dass, wenn sie weitergefahren wäre, ein Baum auf das Fahrzeug gekracht wäre.

Eine der interessantesten Geschichten in Sachen »Katzen und paranormale Phänomene« durfte ich mit meiner Freundin Gudrun durchleben, dazu später mehr.

Die zwölf berühmtesten Katzen aller Zeiten

Lustige Katzenvideos gehören zu den meistgeklickten Filmen auf YouTube. Aber die große Katzenliebe der Menschen begann nicht mit Twitter und Instagram. Menschen waren immer schon verrückt nach Katzen! Auch viele Celebrities vergöttern sie: vom Präsidenten bis hin zum Filmstar.

Hier meine persönliche Hitliste der Katzen, die es entweder selbst zu einiger Berühmtheit gebracht haben oder es sich auf dem Schoß ihres renommierten Halters bequem machen durften – voilà:

1. **Die First Cat of America**
   Abraham Lincolns Katze hieß Tabby; der Name bedeutet »die Gestreifte«, »die Gescheckte« oder »die Getigerte« und beschreibt generell Katzen mit Fellzeichnung. Soweit man weiß, war Lincolns Tabby die erste Katze, die im Weißen Haus lebte und dort tun und lassen konnte, was sie wollte. Gut, dass der rote Knopf für Atomwaffen seinerzeit noch nicht erfunden war – Katzen klettern ja grundsätzlich überall drauf. Augenzeugen berichteten, dass Präsident Lincoln es liebte,

Tabby bei Staatsbanketten mit einer Gabel zu
füttern. »No Matter how much Cats Fight, there
always Seem to be Plenty of Kittens.« (Abraham
Lincoln)

2. **Ernest Hemingways Katzen**
Im Haus von Ernest Hemingway in Key West in
Florida lebten über viele Jahre Katzen mit sechs
Zehen – eine Besonderheit, die unter Seeleuten
als Glücksomen galt. Diese waren alle Nachfahren
seiner ersten Katze Snowball, eines fluffigen
weißen Tiers, das als Weihnachtsgeschenk eines
Nachbarn den Weg in das Haus der Familie
gefunden hatte. Jede dieser Katzen überlebte 2017
den verheerenden Wirbelsturm Irma.

3. **Scarlett, die Mutige**
Scarlett (1995–2008) war eine Streunerin aus
Brooklyn, New York. Berühmt wurde sie im Jahre
1996, nachdem sie ihr Leben riskiert hatte, um
ihre Babys vor einem Feuer zu retten.
Sie lebte mit ihren Kätzchen in einer verlassenen
Garage, die plötzlich Feuer fing. Die gute Scarlett
rettete jedes einzelne ihrer Babys vor dem
Flammentod. Dabei zog sie sich selbst schwerste
Verbrennungen zu. Bis auf ein Katzenjunges
überlebten alle den verheerenden Brand. Obwohl
Scarlett aufgrund der Verbrennungen schwerste
gesundheitliche Probleme hatte, lebte sie noch
weitere zwölf Jahre im Hause ihrer Adoptiv-
mutter. Tapfere alte Scarlett!

4. **Choupette Lagerfeld**
   Choupette war Karl Lagerfelds Muse und ist die Erbin eines großen Teils seines Vermögens. Nach wie vor zählt Choupette über 100 000 Instagram-Follower, besitzt einen Twitter-Account und schart ein Team von Hausangestellten um sich, die ihr jeden Wunsch von den Augen ablesen.

5. **Little Nicky**
   Little Nicky ist das Ergebnis eines wissenschaftlichen Experiments. Er ist der erste kommerziell produzierte Katzenklon, erzeugt aus der DNA eines neunzehnjährigen Maine-Coon-Katers, der im Jahre 2003 verstarb. Sein Lieblingsmensch zahlte sagenhafte 50 000 US-Dollar, um seine Lieblingskatze gewissermaßen wiederauferstehen zu lassen. Tierschützer fanden das nicht so spaßig und hätten das Geld lieber in Projekte zur Rettung von Not leidenden Tieren investiert gesehen.

6. **Der unsinkbare Sam**
   Der »unsinkbare Sam«, der auch unter dem Namen Oscar bekannt ist, schrieb unfreiwillig Geschichte, weil er drei große Schiffskatastrophen überlebte.
   Das erste Schiff war die »Bismarck«, ein deutsches Schlachtschiff, das die Briten im Jahre 1941 versenkten. Matrosen der Royal Navy fanden Sam, als er mutterseelenallein auf einer Planke in der Nordsee trieb. Sie nahmen ihn an Bord und gaben ihm seinen Namen. Nach zwei weiteren Schiffskatastrophen konnte Sam endlich wieder an Land gehen und startete in seinem neuen Leben als normale Hauskatze in Südengland durch.

7. **Snowball – die Katze, die einen Mord aufdeckte**
Die Birmakatze Snowball gehörte einem kanadischen Ehepaar, das mit seinem Sohn Douglas ein Haus auf der Prince-Edward-Insel bewohnte. Im Jahre 1994 entdeckte die kanadische Polizei die Leiche von Douglas' Ehefrau Shirley, die von ihm getrennt lebte. Douglas geriet sofort unter Verdacht, aber die Kriminalisten konnten keine ausreichenden Beweise finden, um ihren Verdacht zu untermauern.
Am Tatort jedoch hatte man eine Lederjacke gefunden, von der man annahm, dass sie Douglas gehörte. Und was entdeckte man im Futter des Kleidungsstücks? Katzenhaare von Snowball.
So konnte Douglas schlussendlich doch wegen Mordes angeklagt werden.

8. **Ted Nude-Gent, auch bekannt als Mr. Bigglesworth**
Wer Austin Powers liebt, mag auch die unübersehbare Nacktkatze von Dr. Evil, Mr. Bigglesworth, beeindruckend dargestellt von einer Katzenschauspielerin namens Ted Nude-Gent, welcher im Jahre 1999 die Ehre zuteil wurde, vom »Cat Magazine« zur Katze des Jahres erhoben zu werden.

9. **Tommaso, die reichste Katze der Welt**
Tommaso war ein einsamer Streuner auf den Straßen von Mailand, bis sich eines Tages Signora Maria Assunta während eines nachmittäglichen Spaziergangs spontan seiner annahm. Die zwei bildeten schnell eine verschworene Gemeinschaft. Als die Signora, Witwe eines Bauunternehmers

ohne Nachkommen, vor rund zehn Jahren 94-jährig verstarb, hinterließ sie ihrem Tommaso zehn Millionen Euro.

10. Stubbs, der Bürgermeister von Talkeetna
Die Kommunalwahl des Jahres 1997 in der kleinen Stadt Talkeetna, Alaska, war eine komplizierte Sache. Den Einwohnern gefiel keiner der Kandidaten so recht. So schrieb die überwiegende Mehrheit der Wähler aus Protest den Namen »Stubbs« auf ihren Wahlzettel. Stubbs war vom örtlichen Supermarktbesitzer als Baby auf dem Parkplatz vor seinem Geschäft gefunden worden. Die ganze Stadt kannte und liebte Stubbs. Was lag also näher, als den beliebtesten Einwohner zum Stadtoberhaupt zu wählen? Stubbs blieb bis zu seinem Tod im Jahre 2017 Ehrenbürgermeister von Talkeetna. Die Verwaltung der Stadt überließ er großzügig seinen Mitarbeitern.

11. All Ball, die Katze von Gorilla Koko
Koko liebt Katzen. Vor einigen Jahren bekam die in einem Zentrum für Verhaltensforschung lebende Gorilladame zu Weihnachten von den Wissenschaftlern ein Kätzchen geschenkt. Koko selbst gab der Katze den Namen All Ball, was so viel heißt wie »Alles Ball«. Auf Nachfrage der Forscher entschied Koko sich für den Namen. Die zwei wurden unzertrennlich, bis die Katze eines Tages weglief und leider von einem Auto erfasst wurde. Koko war zu Tode betrübt. Man schenkte ihr daraufhin zwei neue kleine Katzen, um welche sie sich seitdem rührend kümmert.

12. Tardar Sauce alias Grumpy Cat, die mies gelaunte Katze
Tardar Sauce, besser bekannt unter dem Namen »Grumpy Cat«, brachte es aufgrund ihres mürrischen Gesichtsausdrucks zu Weltruhm. Ihr Halter postete im Jahre 2012 ein Foto der Katze auf der Plattform Reddit, der Rest ist Geschichte. Zwischenzeitlich hatte sie über acht Millionen Follower. Angeblich soll Grumpy in Wahrheit eine ganz lustige, lebensfrohe Vertreterin ihrer Art gewesen sein.

Katzen sind schlau!

Mag sein, dass man Kater Carl aus Corvallis eines Tages ein kleines Denkmal in seiner US-amerikanischen Heimatstadt errichten wird. In dem beschaulichen Örtchen im Staate Oregon wurde jedenfalls für die weitere Entwicklungsgeschichte der Spezies Katzen ein Meilenstein gesetzt.

Kater Carl wurde anscheinend nicht nur in diese Welt geboren, um, ähnlich wie der gestiefelte Kater, dem Schicksal mutig die Stirn zu bieten, sondern auch, um zum Vorreiter in Sachen Katzenemanzipation zu avancieren. Der schwarz-weiße, tapfere Held dieser schier unglaublichen Geschichte sollte der Welt doch tatsächlich als erster Vertreter seiner Art offiziell beweisen, dass Katzen Verstand besitzen.

Zunächst aber sollte das dürre Kätzchen mit der kecken Fellzeichnung eines Stinktiers von einem ziemlich dummen Menschen in einem Müllcontainer am Straßenrand entsorgt werden. Entdeckt wurde der verzweifelt miauende Carl dort von einer gewissen Kristyn Vitale. Wie der Zufall es wollte, besaß seine Lebensretterin nicht nur ein Herz aus Gold, sondern war auch noch Doktorandin an der Oregon State University. Ihr Spezialgebiet: der Verstand von Katzen.

Das, was der clevere Carl inzwischen dank einiger Experimente vollbringt, hielten namhafte Forscher lange für völlig ausgeschlossen. Das Ergebnis dieser Untersuchungen beweist jedoch: Katzen verfügen über soziale Intelligenz.

Ein beispielhafter Versuchsaufbau von Mrs. Vitale sieht folgendermaßen aus: Kristyn sitzt mit dem Rücken zur Wand in einem leeren weißen Raum. Auf dem Fußboden vor ihr stehen zwei umgedrehte Schüsseln. An der gegenüberliegenden Wand, knapp zwei Meter entfernt, sitzt Vitales Assistent und hält Carl auf dem Schoß.

Vitale deutet nun mit dem Zeigefinger auf eine der Schüsseln und ruft Carl zu sich. Der Assistent lässt Carl laufen. Carl läuft schnurstracks zu der Schüssel, auf welche Vitale gedeutet hat. Mehr nicht?, werden Sie sich vielleicht fragen. Dabei ist dieses Ergebnis nichts weniger als eine wissenschaftliche Sensation. Um nicht zu sagen, eine Revolution.

Kleinkinder bestehen diesen Test selbstverständlich immer. Hunde bestehen ihn in der Regel auch. Schimpansen tun sich erstaunlicherweise schwer mit diesem Experiment. Dass Katzen diese Aufgabe ähnlich selbstverständlich wie Hunde lösen, hat die Forscher sehr überrascht. Anders als Hunde stammen Katzen nämlich von sehr antisozialen Vorfahren, sprich Einzelgängern, ab. So nahm man an, dass Katzen aufgrund ihres Erbguts unsere Gehirn-Wellenlänge nicht ohne Weiteres teilen könnten und einen Fingerzeig des Menschen deshalb nicht zu deuten wüssten.

Carl straft nun all diese Skeptiker Lügen. Er rennt zielsicher, ohne zu zögern, auf die richtige Schüssel zu und schnuppert daran. Zweifelsohne ist er clever. Er hat den Auftrag auf Anhieb begriffen und erfüllt ihn. Übrigens ohne Belohnung. Einfach so, der Forschung, respektive Kristyn zuliebe.

Carl ist zwar der Erste, der das so gemeistert hat, aber inzwischen bei Weitem nicht mehr der Einzige. Inzwischen gibt es rund um den Globus Studieneinrichtungen, die sich mit der Erforschung des felinen Verstandes beschäftigen. Immer mehr Tests belegen: Katzen sind besonders schlau.

Eine Erkenntnis, die langjährige Katzenhalter wahrscheinlich wenig verblüfft. Wir wissen selbstverständlich um die erstaunlichen Fähigkeiten unserer heiß geliebten Familienmitglieder. Jede Mama findet ihr Kind bekanntlich süß, schlau und schön! Geschenkt! Aber was Katzen betrifft, haben wir nun endlich auch die offizielle Bestätigung für unsere bisherige subjektiv gefärbte Annahme.

Das weitverbreitete Vorurteil der Forschung, Katzen seien distanziert und damit unzähmbar, ist also faktisch widerlegt. Heureka! Das ist ja ähnlich spektakulär wie die Mondlandung. Finden Sie nicht?

Forscher gehen inzwischen sogar so weit anzunehmen, dass sowohl Katzen als auch Hunde die geistige Entwicklung unserer Spezies maßgeblich beeinflusst und gefördert haben. Nicht nur der Fairness halber muss man das wahrscheinlich allen Haustieren zugestehen. Vermutlich haben uns auch Pferde, Ziegen, Papageien, Schweine und Kühe in ähnlicher Weise positiv geprägt. Kurzum: Unsere Haustiere haben uns, über die Jahrtausende, dabei geholfen, auch immer schlauer, verständiger und sozialer zu werden.

Kristyn Vitale hat im Übrigen einen interessanten Test entwickelt, den Sie zu Hause mit ganz einfachen Hilfsmitteln durchführen können. Probieren Sie es mal aus! Fun ist garantiert. Seien Sie aber bitte nicht zu enttäuscht, wenn Ihre Katze nicht auf Anhieb prickelnde Ergebnisse abliefert.

Vergessen Sie bitte nicht: Eine Katze kann natürlich auch immer nur so klug wie ihr Halter sein. Ob ich diesen Test mit meinen Katzen gemacht habe? Ich bitte Sie! Was für eine Frage?!

Die Antwort lautet: Nein! Meine Katzen benötigen derartige Sperenzchen nicht. Selbstverständlich setze ich voraus, dass meine Tiere hochintelligent, begabt und wahnsinnig schön sind. Was dachten Sie denn?

Abgesehen davon waren meine Katzen auch immer zweisprachig. Mindestens Deutsch und Italienisch standen auf ihrem Stundenplan. Zeitweise sogar auch Niederländisch mit Den Haager Dialekt.

Wie schlau ist Ihre Katze denn nun? Hier folgen einige allgemeine Tests, die sich mit der sozialen Intelligenz von Katzen beschäftigen. Sie sind ganz simpel. Sorgen Sie dafür, dass sowohl Sie als auch Ihre Katze vor dem Test ruhig und entspannt sind. Los geht's!

Weiß Ihre Katze ihren Namen?
Wenn Ihre Katze vollkommen ruhig ist, sagen Sie vier Wörter in etwa der gleichen Länge und Tonfolge wie der Name der Katze. Nach jedem Wort lassen Sie fünf-

zehn Sekunden Pause, dann sagen Sie am Schluss den Namen der Katze. Reagiert Ihre Katze von Mal zu Mal weniger auf die zufälligen Begriffe, reagiert aber auf ihren Namen, zum Beispiel durch Drehung des Kopfes, der Ohren oder durch Schwanzzucken, erkennt das Tier seinen Namen. Einer Katze, die ihren Namen eindeutig erkennt, kann man auch Befehle, beispielsweise »Sitz!«, beibringen.

Fühlt Ihre Katze Ihre Emotionen?
Bringen Sie Ihre Katze in einen Raum mit einem angsteinflößenden Gegenstand, etwa einem Staubsaugerroboter oder ferngesteuertem Spielzeug – etwas Unbekanntem. Setzen Sie sich mit Ihrer Katze ruhig auf den Boden, und versuchen Sie, sie mit liebevollen, ruhigen Worten wie: »So ein schöner Staubsauger!« mit dem Gegenstand anzufreunden. Fassen Sie den Gegenstand an. Ist das Tier anfangs sehr ängstlich, beruhigt sich dann aber langsam und geht auf das Objekt zu, dann folgt es Ihrer Emotion und verändert sein Verhalten entsprechend. Das zeugt von starker emotionaler Intelligenz. Ihre Stimmung kann die Ihrer Katze beeinflussen. Seien Sie beim Tierarzt ruhig, dann ist es Ihr Tier auch.

Wie unabhängig ist Ihre Katze?
Setzen Sie sich mit Ihrer Katze in einen Raum. Ignorieren Sie das Tier. Bleiben Sie ruhig und schenken Ihrem Telefon oder einem Buch für zwei Minuten Ihre ganze Aufmerksamkeit.

Dann rufen Sie Ihre Katze und versuchen, mit ihr zu interagieren. Kommt sie, streicheln Sie die Katze, und sprechen Sie mit ihr. Sehr soziale Katzen kommen sofort, wenn Sie ihnen Aufmerksamkeit schenken. Unabhängigere Tiere bleiben hingegen weiter auf Abstand. Sollte Ihre Katze eher antisozial sein, verbringen Sie mehr Zeit mit ihr. Katzen werden freundlicher, wenn wir freundlich mit ihnen umgehen.

Mag meine Katze lieber mich oder ihr Futter?
Wählen Sie ein paar Dinge aus, von denen Sie wissen, dass Ihre Katze sie besonders mag. Leckeres oder Spielzeug. Legen Sie die Dinge nebeneinander auf den Boden, und schauen Sie, wohin es Ihre Katze zieht. Ihre Katze mag besonders das, womit sie die meiste Zeit verbringt. Vielleicht ist sie auch nur hungrig? Wiederholen Sie das Experiment in unterschiedlichen Situationen, um die Vorlieben exakt herauszufinden. Sollte Ihre Katze Sie dem Leckeren und dem Spielzeug vorziehen, dann sollten Sie sie so oft wie möglich mit Ihrer Gegenwart belohnen.

Von Hunden weiß man, dass sie ihrem Besitzer im Laufe der Jahre immer ähnlicher werden – beziehungsweise umgekehrt. Aber wie ist das eigentlich bei Katzen?
Die Universität von Lincoln und die Nottingham Trent University in Großbritannien untersuchten die Beziehung zwischen unterschiedlichen Persönlichkeiten von Katzenhaltern und dem entsprechenden Verhalten und Wohlergehen ihrer pelzigen Freunde. 3000 Katzenbesitzer aus dem Vereinigten Königreich wurden in die breit angelegte Studie mit einbezogen. Als Teil der Studie fragten die Forscher unter anderem nach der Persönlichkeit des Halters, dem Verhalten der Katze und zu Gesundheit und Lifestyle im Allgemeinen.

Die Ergebnisse der Forschung waren denen zum Thema Eltern-Kind-Beziehung verblüffend ähnlich. Sie zeigen, dass, so wie Eltern die Persönlichkeit ihres Kindes beeinflussen, auch Katzenhalter ihre Samtpfoten prägen. Leidet beispielsweise ein Elternteil unter einer schweren Neurose, so wirkt sich das nicht förderlich auf die Entwicklung des Kindes aus. Ein neurotischer Katzenhalter wirkt sich ebenfalls nachweislich negativ auf den Charakter seines Haustieres aus. Die Mieze wird scheu und überängstlich. Selbst Übergewicht beim Katzenpapa führt zu Gewichtsproblemen bei der Fellnase. Davon kann ich ein Lied singen. Irgendwie einleuchtend, aber erschreckend.

Also, seien Sie kompromissbereit, offen, angstfrei, zauberhaft, rank, schlank, neurosenfrei und glücklich! Dann ist es Ihre Katze auch.

Kann Katzen etwas peinlich sein? Schämen Miezen sich gar?

Mancher Vogel fliegt geradewegs gegen die Fensterscheibe. Hunden fällt in der Aufregung schon mal ein Spielzeug unfreiwillig aus dem Maul. Katzen rutschen beim Balancieren ungeschickt auf dem Gartenzaun aus und plumpsen auf den Rasen. Das ist für den menschlichen Betrachter durchaus unterhaltsam. Was für eine Blamage, möchte man denken. Aber fühlen Katzen das auch so?

Der allabendliche Sonnenuntergang hinter umbrischen Hügeln naht. Meine Katze Anne klettert behände auf den Gartenzaun, um das herrliche Schauspiel aus höherer Perspektive zu genießen. Sie scheint also auch einen Sinn für Romantik, Schönheit oder Kunst zu haben. Oder erkennt »Bastet« in der Sonne eventuell tatsächlich ihren altägyptischen Göttergatten Ra?

Anne weiß, dass ich sie aufmerksam beobachte. Ahnt sie gar, dass ich sie für ihre akrobatische Performance bewundere? Jedenfalls will sie sich bei der Kletterei besonders geschickt anstellen, das spüre ich. Dessen bin ich mir sogar sicher. Manchmal habe ich den dringenden Verdacht, dass meine Mieze mir, dem langsamen Moppel, einfach nur zeigen will, was eine sportliche Harke ist! Katzen sind ja auch Weltmeister im Klettern, allerdings nur hinauf – mit dem Herunterkommen klappt es nicht ganz so gut. Sie können nämlich nicht kopfüber klettern, weil ihre Krallen dafür »falsch herum montiert« sind – sie müssen den Baum also genauso wieder runter, wie sie raufgekommen sind – mit Blick nach oben.

Diese traumwandlerische Sicherheit, mit welcher meine Katze da auf dem Zaun balanciert, ist bemerkenswert. Nie geht etwas schief. Oder sagen wir, selten. Fünfzehn Meter weit kann übrigens der sportlich besonders begabte Schneeleopard springen – so weit, wie ein Schnellbus lang ist!

Einer Balletttänzerin gleich setzt meine Mieze geschickt eine Pfote vor die andere und pirscht sich an das Ende des Zaunes zum erhöhten Steinsockel. Dort wird sie sich sanft sacken lassen und das Spektakel in seiner ganzen Pracht andächtig betrachten. Warum springt sie nicht direkt auf den Sockel? Wozu die ganze Show? Ganz klar: Sie will zeigen, was sie draufhat. Der

Katze scheint bewusst zu sein, dass ihre Fähigkeit besonders ist. Meine Katze ist eine kleine Angeberin! Wie sympathisch.

Mit einem Mal verkalkuliert Anne sich beim letzten Schritt und fällt, fast wie ein nasser Sack, tölpelhaft auf den Rasen. Einfach so. Ein hörbares Lachen kann ich mir nicht verkneifen. Das war unerwartet ungeschickt. Wenn sie könnte, würde sie rot werden, meine pelzige Gefährtin.

Meiner Katze ist das sichtlich peinlich. Sie schämt sich. Das rede ich mir nicht ein, sondern das erzählen mir ihre Blicke und ihre Körpersprache. Schnell räumt sie das Feld der Blamage, und es soll ein paar Minuten dauern, bis sie mir mit wiedergewonnenem Selbstbewusstsein erneut unter die Augen tritt.

Mich erstaunt immer wieder, dass manche Forscher ernsthaft an der Gefühligkeit unserer wundervollen Mit-Wesen zweifeln. Egal, ob gefiedert, pelzig, gepanzert, nackt oder schuppig. Selbst Bäume haben doch Gefühle!

Bei der TV-Show »Stars in der Manege« durfte ich zweimal mit recht begabten Tieren auftreten. Einmal mit der Jagdhündin Lady, die nur französische Kommandos verstand und erstaunliche kleine Tricks beherrschte, und ein weiteres Mal auf dem Rücken der eitlen Kameldame Tanya, welche wunderbar im Kreis laufen konnte und bockig sämtliche Kommandos verweigerte.

Meine Erfahrung: Beide Tiere hatten kurz vor dem Auftritt unfassbares Lampenfieber! Selbst durch gutes Zureden konnte ich sie kaum beruhigen. Herzschlag und Hormonkonzentration im Blut verändern sich bei emotionaler Erregung auch bei Tieren.

Peinlichkeit ist aber weit mehr als nur ein Gefühl. Scham ist auch eine gedankliche Leistung. Es braucht schließlich eine gehörige Portion Bewusstsein, um zu realisieren: »Ups! Ich habe mich gerade dumm angestellt, und das hat auch noch jemand live und in Farbe gesehen!«

Es bedarf eines »Ichs«, das seiner Umgebung und seiner selbst gewahr wird. Von Affen, Delfinen, Schweinen, Elefanten und Raben wissen wir, dass sie sich beispielsweise im Spiegel erkennen. Um sich die Gedanken eines Beobachters vorstellen zu können, braucht es allerdings auch Empathie und soziale Intelligenz. Man muss fähig sein, sich in andere hineinzuversetzen. Schimpansen sind echte Könner auf diesem Terrain.

Der Evolutionsbiologe Marc Bekoff, der mehrere Bücher über Tieremotionen geschrieben hat, formuliert es so: »Ich halte es für wahrscheinlich, dass soziale Tiere so etwas wie Peinlichkeit kennen. Läuft ein Löwe zum Beispiel gegen einen Baum und signalisiert dem Rudel nicht, dass es ihm peinlich ist, könnten andere glauben, er sei dumm oder verrückt.«

Kein Löwe auf der Welt möchte natürlich diesen Eindruck erwecken. Eigentlich logisch; sonst wird er womöglich vom Rudel verstoßen. Ist es ihm jedoch peinlich, ist die Sache okay. Das ist zwar nur eine Theorie, aber eine sehr plausible.

Peinlichkeit hat uns Menschen jedenfalls einen evolutionären Vorteil verschafft – den Katzen womöglich auch?

Katzengedöns, Samtpfoten-Wellness und Miezen-Massage

Haben Sie schon einmal etwas vom Tellington-Touch gehört?

Klingt ominös? Es handelt sich dabei um eine spezielle Massagetechnik für Haustiere im Allgemeinen. Ehrlich gesagt komme ich mir gerade ein bisschen albern vor, wenn ich jetzt ernsthaft darüber schreibe. Aber man muss sich auch mal selbst überraschen dürfen.

Als ich zum ersten Mal darüber las, habe ich mir vor Lachen fast in die Hose gemacht. Miezen-Massage? Geht's noch?

Die kanadische Tiertrainerin Linda Tellington-Jones hat diese Technik bereits im Jahre 1975 erfunden. Ursprünglich war diese Körperarbeit nur für Pferde gedacht, bis sie schließlich herausfand, dass nahezu alle Haustiere ähnlich positiv darauf ansprechen. Wirklich überzeugende, wissenschaftliche Beweise für die Wirksamkeit dieser Methode lassen sich allerdings bisher nirgends finden.

Probieren geht bekanntlich über Studieren. Die Natur hat mich nun einmal mit unbändiger Neugier ausgestattet, und so habe ich die Sache mit einiger Skepsis bei meinen Tieren ausprobiert. Und siehe da: Die Begeisterung war groß und der positive Effekt geradezu erstaunlich. Wenn Sie mich fragen, der Tellington-Touch wirkt. Ich kann ihn jedem Katzenhalter also hier nur empfehlen! Schaden können Sie damit ohnehin keinen anrichten.

Es handelt sich dabei um eine sanfte und ganzheitliche Methode, die der Gesundheit und dem Wohlempfinden der Katze dient. Schlechte Gewohnheiten lassen sich dadurch behutsam korrigieren und Schmerzen lindern. Egal, ob Ihre Katze die Möbel zerkratzt, Angst vor dem Onkel Doktor oder dem Donnerwetter hat – der Tellington-Touch ist eine Allzweckwaffe der alternativen Veterinärmedizin. Selbstverständlich kann keine alternative Heilmethode den regelmäßigen Besuch beim Tierarzt ersetzen. Der Tellington-Touch versteht sich als eine erfrischende Ergänzung zur klassischen Tiermedizin.

Zunächst muss es Ihnen natürlich erst einmal gelingen, Ihre Katze festzuhalten, sodass Sie mit dem eigentlichen Touch beginnen können. Weniger ist auch hier mehr. Der Tellington-Touch ist eine ausgefeilte Technik mit vielen unterschiedlichen Griffen.

An dieser Stelle beschränke ich mich auf die Ohrarbeit. Meine Katzen mochten diese am liebsten, und sie erscheint mir auch besonders wirkungsvoll.

Katzen lieben es in der Regel, an den Ohren gestreichelt zu werden. Insofern ist es gut, genau dort zu beginnen. Wenn Sie Ihre Katze eingehend beobachten, werden Sie feststellen, dass sie täglich viel Zeit mit der Reinigung und Bearbeitung der Ohren verbringt.

An den Ohren befinden sich, wie beim Menschen, viele Akupressurpunkte, die für das Immunsystem verantwortlich sind. Welche Krankheit auch immer Ihren Liebling plagt, eine gekonnte Ohrmassage verschafft immer Linderung. Auch der Akupressurpunkt für »Schock« sitzt in der Ohrspitze. Ob nach einem handfesten Streit unter Katzen oder einem kleinen Unfall im Garten, im Notfall hilft erst mal die Ohrmassage.

10. Goldene Katzenregel: OHREN KRAULEN KANN WUNDER WIRKEN!

Wie wird's gemacht? Beginnen Sie mit langsamen, kreisenden Bewegungen, und streichen Sie das Ohr, am besten mit dem Daumen, von innen bis zur Spitze aus. Bearbeiten Sie jeden Punkt von innen nach außen. Beginnen Sie immer an der Basis und arbeiten sich dann zur Spitze vor. Anschließend streichen Sie mit kreisenden Bewegungen die Ohrbasis aus. Dort befindet sich der Meridian- oder Lebensenergie-Kanal, der von den Augen über die Ohren bis hinunter zu den Vorderpfoten verläuft. Der sogenannte dreifache Erwärmer-Meridian reguliert die Verdauung, die Atmung und die Reproduktionsorgane.

Eine intensive Beschäftigung mit dieser Methode lohnt sich. Das garantiere ich Ihnen. Weiterführende Informationen und Videos zum Thema finden Sie im Internet.

Eine andere ausgefallene Behandlungsmethode für Katzen ist Reiki. Auch das ersetzt selbstverständlich keine tierärztliche Behandlung, und auch hier gibt es keinen handfesten, wissenschaftlichen Beleg für die genaue Wirksamkeit. In Australien und den USA findet man bereits viele Ärzte und auch Tierärzte, die, überzeugt von der Wirkungskraft von Reiki, zusätzlich zu ihrer medizinischen Ausbildung auch noch den Reiki-Master-Lehrgang gemacht haben.

Vor einigen Jahren habe ich mich dazu entschlossen, Reiki-Meister zu werden. Am meisten haben von dieser Ausbildung letztendlich sicher meine Katzen und manchmal die kranken Haustiere von Freunden und Bekannten profitiert. Auf eine kurze Formel gebracht: Reiki entspannt, beruhigt und lindert Schmerzen.

Reiki kommt ursprünglich aus Japan und bedeutet so viel wie universelle Lebensenergie. Ein kleines Wort, das viel will: »Rei« steht für »Geist«, und »ki« bedeutet »Energie«.

Es handelt sich dabei um eine sanfte Handauflegetechnik, die völlig sicher, natürlich und ohne Nebeneffekte funktioniert. Die »Heilung« basiert auf Fokussierung auf den Energiefluss durch die sieben Chakren. So nennt man die Energiezentren des Körpers in der indischen Tradition. Manchmal sind diese Zentren, welche in gerader Linie vom Scheitel bis zum Steißbein hinunterlaufen, blockiert. Reiki kann dabei helfen, diese Chakren wieder in die richtige Balance zu bringen.

Reiki funktioniert bei Katzen genauso wie beim Menschen. Nach meinem Eindruck reagieren Katzen sogar noch stärker als Personen auf den belebenden Energiefluss. Besonders bei älteren Katzen kann Reiki – und auch der Tellington-Touch – kleine Wunder vollbringen.

Reiki wirkt grundsätzlich unterstützend bei allen Heilungsprozessen. Lassen Sie es mich dennoch vorsichtig ausdrücken: Es gibt mittlerweile Forschungsergebnisse, die die Wirksamkeit von Reiki zu belegen scheinen.

MEINE ZWEITBESTE FREUNDIN GUDRUN UND IHR BLAUER KATER SCHMITTI – EIN KAPITEL FÜR SICH

Manchmal sitzt er zu deinen Füßen und schaut dich an, mit einem Blick so schmeichelnd und zart, dass man überrascht ist über die Tiefe seines Ausdrucks. Wer kann nur glauben, dass hinter solchen strahlenden Augen keine Seele wohnt!

Theophile Gaultier

Vor knapp fünf Jahren erbt meine liebe Gudrun von ihrer zu früh verstorbenen und bis dahin lebenslustigen Mutter Renate von Schmidt-Korzfleisch den Kartäuser Schmitti. Schmitti ist wie jede Katze etwas ganz Besonderes, um nicht zu sagen Sonderbares. So wie Gudrun eben auch.

Zwar haben die von Schmidt-Korzfleischs keine bedeutende Dynastie begründet, sondern gehören zum Wandernadel-Adel: Ihre Lebensfreude aber ist ansteckend und ihre Neugier auf Abenteuer mitreißend.

Gudrun selbst würde sich wohl als in paranormalen Dingen »durchschnittlich begabt« beschreiben, ihre Cousine Bärbel hingegen ist überzeugt davon, dass Gudrun »gewaltig einen an der Klatsche« hat. So weit würde ich nicht gehen, dafür ist mir Gudrun einfach viel zu sympathisch.

Interessant wird es an der Stelle, als Gudrun mir eines Abends bei einem gepflegten Gläschen Chardonnay mit Blick auf den zusammengerollten Kartäuserkater neben ihr auf dem Sofa verschwörerisch zuflüstert: »Ich habe ein Monster erschaffen!«

Lass die Kirche im Dorf und die Katze im Korb, Gudrunchen! denke ich. Gut, Schmitti ist eigen, manchmal wählerisch. Aber Monster!? Da schießt Gudrun doch übers Ziel hinaus.

Sie erklärt mir, immer noch leise sprechend und Schmitti nun verstohlen betrachtend, sie habe da »wen Esoterisches«, so eine Art spirituellen Katzenberater, im Internet konsultiert und wolle nun ein Buch über den hellsichtigen Schmitti schreiben.

Das klappt nicht, denke ich, dazu ist Gudrun zu phlegmatisch, eher schreibe ich ein Buch über Katzen; und ich sollte damit doch tatsächlich recht behalten.

Spiritueller Katzenberater? Das klingt in meinen Ohren wie Fashion-Influencer, irgendwie inkompetent. Vor meinem inneren Auge baut sich ein gruseliger Christian-Anders-Verschnitt im weißen, verknitterten Judoanzug und mit splissigen, blond gefärbten Haaren auf.

»Isis Köhler meint, Schmitti sei ein Mysterium!«, flötet Gudrun mir entgegen, während sie dabei genüsslich eine Handvoll Erdnussflips in den Mund schiebt.

»Isis ist ein Mädchenname, Gudrun!«, werfe ich besserwisserisch ein und forsche weiter: »Nennt dein Samtpfoten-Schamane sich etwa so!?«

»Ja, ja!«, murmelt meine Freundin und kaut desinteressiert weiter.

»Isis ist die ägyptische Göttin der Magie«, verkünde ich feierlich und ergänze, »und deshalb ein Mädchen!«

Gudrun möchte heute vor allem sich selbst zuhören, und so entscheide ich, mich ihrem Willen zu beugen und mich auf konzentriertes Horchen, Knabbern und Trinken zu beschränken.

Derweil setzt sie zum großen Monolog über Katzenmagie an: »Weißt du, ich teile Bett und Couch mit Schmitti, aber wer er wirklich ist, das ist mir erst heute bewusst.«

Jetzt kommt's!, denke ich still und bereite mich auf unfreiwillig lustige Pointen zum Thema »PSI mit Schmitti« vor.

»Entweder ist man eine Katzenmama oder nicht. Du kennst das!«

Ergeben nicke ich. Was soll ich machen? Heute werden bei Gudrun alle Männer einer radikalen Geschlechtsumwandlung unterzogen. Ist das jetzt die nächste Stufe des Gendering? Wenn's hilft! Dann ist Isis jetzt die alte Katzenflüsterin, und ich bin halt die Katzenmama.

Gudrun fährt ungebremst fort: »Ich mache mir da nichts vor. Bei aller Katzenliebhaberei. Fellnasen haben an ihrer schlechten Reputation über all die Jahrhunderte fleißig mitgearbeitet. Natürlich kann Schmitti auch ganz ätzend und schrecklich sein; wenn er zum Beispiel schamlos auf meine Angorastrickjacke pullert. Katzen foltern Kleintiere wie Mäuse oder Eidechsen oder fangen, wie mein Schmitti, mitten in der Nacht manchmal grundlos an zu schreien.«

»Ups!«, stutze ich. »Das ist für einen Kartäuserkater mehr als ungewöhnlich. Das sind stille Wesen.«

Gudrun gefällt sich gerade in ihrem Laberflash, und so warte ich weiter geduldig auf paranormale Anekdoten aus dem Hause von Schmidt-Korzfleisch.

»Wenn ich auf den Schaden blicke, den Katzen in europäischen Singvögel-Populationen anrichten, kann man bei ihnen, aus ökologischer Sicht, auch getrost von der Speerspitze des Bösen sprechen.«

Mit der drängenden Frage »Was fehlt Schmitti denn nun?« versuche ich, Gudrun wieder auf Kurs zu bringen.

Sie räuspert sich, nimmt einen Schluck Rebensaft und korrigiert mich umgehend: »Die Frage, die sich stellt, lautet nicht: ›Was fehlt ihm?‹, sondern: ›Was will Schmitti von mir? Was erwartet er?‹ Verstehst du?«

»Mindestens drei Mahlzeiten am Tag!«, sage ich trocken und finde mich selbst amüsant. Flugs füge ich hinzu: »Gudrun, es ist einfacher, eine Psychotherapie mit einem Fisch zu machen als mit Schmitti. Eine Katze kooperiert nicht. Sie will ihren Willen durchsetzen.«

Gudrun erwidert beinahe empört: »Na, du wirst gleich Augen machen! Ich habe Isis Köhler Polaroidfotos von Schmitti und einen Original-Pfotenabdruck nach Idar-Oberstein in seine Praxis geschickt. Du musst wissen: Isis ist auch hellsichtig!«

Und ich bin raus …, schießt es mir durch den Kopf, und ich zwinge mich, zumindest äußerlich so zu tun, als wäre ich parapsychologisch noch am Ball.

Auf dem Tischchen vor uns stehen drei prall gefüllte Schalen mit Knabberzeug. Wahlweise Erdnussflips, Schokokekse und Paprikachips. Ich entscheide mich für eine ganze Handvoll klebriger Chips.

Während Gudrun irgendetwas von morphogenetischen Feldern schwafelt, drifte ich gedanklich ab. Es ist doch so: Genau genommen ist Schmittis Leben besser als das von Gudrun. Es fehlt ihm an nichts. Gudrun ist die allerbeste Katzenmama auf der ganzen Welt. Wenn ich ihn mir betrachte, wie er da selig auf dem Sofa schlummert, ist er selbstbewusster als sein Frauchen. Nichts bringt ihn so schnell aus dem Tritt. Typisch Kartäuser eben. Verlässlich und konstant. Für die Phlegmatikerin Gudrun ist Schmitti ein Geschenk des Himmels.

Gudrun plaudert angeregt weiter, und so erfahre ich, nach meinem gedanklichen Wiedereinstieg in ihr Referat, dass Isis Köhler sich auf VOX einen Namen gemacht hat, als er das Pferd von Schlagersänger Jürgen Wendel durch Hypnose von einer schlimmen Wasserphobie geheilt hat und den psychotischen Hund von Schauspielerin Christiane Neumeier, durch gutes Zureden, vom Kläffer in die Ruhe selbst verwandelt haben soll. Kurzum, Isis ist eine Koryphäe auf seinem Gebiet. Aber die Tatsache, dass jemand im Fernsehen auftritt, bedeutet noch lange nicht, dass er ein Könner in Katzenfragen ist!

»Weißt du, was Isis meint?«, weckt Gudrun mich, mit einem Mal stimmlich etwas schriller werdend, aus meiner Trance auf und fährt umgehend fort: »Laut Isis denkt Schmitti, dass die Wohnung allein ihm gehört und ich sein Dienstmädchen bin. Ist das nicht erniedrigend?«

»Das denken alle Katzen«, sage ich nüchtern. »Das ist ja das Besondere an ihnen. Und Schmitti ist so besonders arrogant, weil du ihn verzogen hast.«

»Isis meint, Schmitti hat keinen Filter und nimmt alles, was ich sage, wortwörtlich. Also, dass er schön ist und klug ... und so ...«

Hilflos werfe ich ein: »Das würde Schmitti auch denken, wenn du es ihm *nicht* sagen würdest.«

»Alle Tiere sind paranormal, sagt Isis! Schau dir nur an, wie ein Vogelschwarm am Himmel agiert oder wie Ameisen blind kooperieren. Alles telepathisch!«

Während ich auf das Display meines Handys schiele, um klammheimlich die aktuelle Uhrzeit zu checken, wiederhole ich mein Mantra: »Was fehlt Schmitti denn nun?«

Gudrun erklärt prompt: »Isis meint, er würde im Geiste immer das Wort ›sensationell‹ hören, wenn er mit Schmitti telepathisch kommuniziert. Schmitti findet sich sensationell. Und er möchte, dass ich tue, was er mir in Gedanken überträgt!«

Gudrun stoppt ihren Wortschwall, und ich frage höflich nach: »Was zum Beispiel?«

Sie kramt in ihrer Erinnerung: »Na ja, Kühlschrank öffnen, Katzenklo sauber machen ... solche Dinge eben!«

Ich muss grinsen. »Solange er dich nicht dazu anstiftet, die Sparkasse in Derendorf auszurauben, ist die Sache doch okay?«.

»Jetzt kommt das Unheimliche!« Gudrun beginnt wieder zu flüstern: »Schmitti spricht in Gedanken mit Isis Köhler über mich ... ich würde ständig an meinen Ex-Mann denken, sagt er!«

»Hast du diesem Heiler-Heini etwa erzählt, dass du geschieden bist?«, empöre ich mich.

Gudrun kontert: »Nein, natürlich nicht. Ich habe es im Fragebogen unter ›Persönliches‹ angekreuzt. Denk dir nur! Schmitti möchte nicht, dass ich so oft an Tom denke. Ich solle mich mehr um ihn, also Schmitti, kümmern. Ist das nicht unglaublich erstaunlich?«

Innerlich stöhne ich, während Schmitti desinteressiert, aber durchaus gekonnt an seiner rechten Vorderpfote leckt.

»Deshalb schreit Schmitti nachts so? Wegen Tom?«, hake ich vorsichtig nach. Ich sollte jetzt beruhigend auf meine immer noch zweitbeste Freundin einwirken.

»Nein, Quatsch! Angeblich denkt Schmitti, dass ich mich falsch ernähre.«

Mein Blick streift kurz Gudruns Knabberangebot auf dem gefliesten Wohnzimmertisch. Gurke und Paprika sucht man da vergeblich. Das mit der schlechten Ernährung stimmt; wer auch immer das denkt.

»Ich soll mehr Ballaststoffe essen.«

Mit diesem Satz, der von meinem Hausarzt stammen könnte, erwischt Gudrun mich völlig kalt. Mein Gesicht verzieht sich zu einem finsteren Fragezeichen, und ich quäke: »Das sagt Schmitti? Wo hat er das Wort denn her?«

Nun behandelt Gudrun mich so, als wäre ich in Wahrheit der Irre am Tisch: »Nein, Isis sagt das, weil Schmitti ihm gesagt hat, dass ich falsch esse.«

Wer auch immer was gesagt hat: Schmitti scheint ja in Gudruns Augen ein geradezu erdrückendes Selbstbewusstsein zu besitzen. Oder mangelt es Gudrun einfach daran?

»Was fehlt Schmitti denn nun?«, frage ich zum soundsovielten Mal mit dem Langmut einer philippinischen Altenpflegerin.

Gudrun wird nachdenklich: »Schmitti fühlt sich immer so, wie ich mich fühle. Er nimmt alles in sich auf. Meine Trauer, meine Wut und meine Freude. Dadurch ist er über die Jahre wie ich geworden. Wählerisch, launisch, zickig, und er hat es gern kuschelig. Wie ich.«

Ist das eine Träne in ihrem Gesicht? Ich weiß es nicht, deshalb mache ich es jetzt wie die alte Pferdetrainerin Isis und hauche intuitiv: »Gudrun, ich mag dich, wie du bist. Das tut Schmitti auch! Ihr zwei habt euch gesucht und gefunden. Schmitti ist glücklich bei dir. Sei du es bitte auch.«

Auch wenn ich den Namen Isis Köhler aus Idar-Oberstein nicht mehr hören kann, eines stimmt: Katzen schauen tief in unsere Seele und gestatten uns dadurch, dass wir uns selbst durch ihre Augen sehen können. Das ist Magie.

»Das kleine Monster, das du in Schmitti siehst, bist du, Gudrun! Und wenn das Monsterchen manchmal was zum Knabbern braucht, füttere es. Das ist nicht schlimm, solange du auch genügend Ballaststoffe zu dir nimmst.« Genau so hätte mein Hausarzt das wahrscheinlich auch formuliert. Ich bin ein wenig stolz auf mich.

Alle Katzenmamas und -papas haben doch einen an der Klatsche! Aber was soll's? Allein in Deutschland sind wir über zehn Millionen. Denken wir immer daran: Wir sind eine unbesiegbare Armee des Guten! Rücken wir vor, ringen wir das Böse unweigerlich zu Boden.

Doch der eigentliche Höhepunkt der Geschichte ist damit noch nicht erreicht. Immer wenn man denkt, Gudrun habe genug, legt sie erst richtig los. Sie sprudelt: »Isis findet, ich sei so spirituell. Da sollte ich mir ein Tier zulegen, das noch esoterischer ist als eine Katze.«

»Nämlich?«, frage ich besonders vorsichtig, in schlimmer Vorahnung, und sehe Gudrun schon mit einem Jungalligator durch Düsseldorf-Derendorf spazieren.

Mit der Antwort: »Eine Ziege soll ich mir kaufen!«, überrascht Gudrun mich kolossal. »Wusstest du, dass Schmitti Erdbeben voraussagen kann?«, fragt sie im nächsten Moment erwartungsvoll.

»Das ist super, es nützt dir hier in Düsseldorf nur nicht viel. Vielleicht solltet ihr zwei nach Guatemala ziehen?«

»Jetzt trainieren Schmitti und ich täglich seine paranormalen Fähigkeiten«, merkt Gudrun spitz an.

Ich schweige bedeutungsvoll, in froher Erwartung der bevorstehenden Demonstration dieser sensationellen Fertigkeit. Ich befinde mich gerade mitten in der Reality-Variante von Loriots kleinem Meisterwerk

»Der Hund kann sprechen«. Schmitti kann nun sogar Gedanken lesen.

Gudrun spannt mich gekonnt auf die Folter und moderiert das Kunststück professionell in »Wetten dass ..?«-Manier an: »Ich denke an seinen vollen Napf, ganz konzentriert. Diesen Gedanken übertrage ich auf den Kater. Daraufhin wird er nach kurzer Zeit zum Napf gehen und fressen. Ich starte mit der Visualisation, jetzt!«

Mir stockt der Atem vor Spannung. Sollte das wirklich klappen? Im Hintergrund läuft inzwischen, passend dazu, der Riesen-Kitsch-Hit aus den goldenen Achtzigern, Richard Sandersons »Dreams Are My Reality«.

Gudrun greift noch einmal entschlossen nach den ballaststoffarmen Erdnussflips und mampft diese, während sie sich telepathisch völlig auf Schmitti konzentriert und seinen vollen Napf imaginiert. Ich bin drauf und dran aufzustehen, um mich, wie kohypnotisiert, zur Schüssel mit den Brekkies zu begeben und genussvoll daran zu knabbern.

Auch während der folgenden zehn Minuten bleibt Gudrun gedanklich auf ihren Kater fixiert. Während sie die Erdnussflips inzwischen restlos verspeist hat, bleibt das bröselige Trockenfutter in Schmittis Napf jedoch weiterhin jungfräulich unberührt.

Nach gut fünfzehn Minuten springt Schmitti mit einem Mal vom Sofa und tigert gemächlich hinüber zum Napf in der Küche neben dem Kühlschrank. Er schmatzt. Die Ohren stellt er dabei, wie jede Katze, nach hinten, um die eigenen Fressgeräusche nicht zu hören; geradezu sophisticated. Schmitti heißt bei mir ab sofort Sophisty-Cat.

Gudrun springt hysterisch auf, ihrem Kater hinterher und jubelt: »Siehst du das? Hast du das gesehen?« Sie zückt ihr Handy, um ein Foto von Schmitti am Napf zu schießen. »Das ist der Beweis!«, triumphiert sie.

»Wofür?«, frage ich mich laut.

»Schmitti kann Gedanken lesen!«, verkündet sie feierlich, wie eine Schiedsrichterin in der Fernsehshow der Guinness-Rekorde.

Da ich hier ohnehin der Spielverderber bin, verderbe ich die bereits getrübte Stimmung: »Sorry, Gudrun! Schmitti läuft alle zwanzig Minuten zum Napf, und das tut er unabhängig davon, ob du an einen vollen Napf denkst oder stattdessen an einen Sack Reis, der in China umfällt. Es ist wurscht!«

Beleidigt würdigt Gudrun mich keines Blickes mehr und belehrt mich arrogant: »Die alten Ägypter nannten Katzen ›Mau‹. Das bedeutet: die unbesiegbare Gedankenleserin!«

Wie kann ein so kurzes Wort nur so viel wollen? denke ich still und sage perplex: »›Mau‹ steht doch wahrscheinlich für etwas viel Naheliegenderes?« Zum wiederholten Male will ich jetzt von Gudrun wissen: »Weshalb schreit Schmitti denn nun nachts immer so?«

Sie schnalzt lapidar: »Na, er will in mein Bett!«

Gudruns Cousine Bärbel hat wahrscheinlich recht. Gudrun hat »gewaltig einen an der Klatsche«. Aber ich mache es wie ihr Kater Schmitti. Ich werde sie weiter lieben. Bedingungslos.

KATZEN, DIE **EINFACH** SO INS **LEBEN** FALLEN

*Ich glaube, Katzen sind Geister,
die auf die Erde kommen.
Ich bin sicher, eine Katze kann
auf einer Wolke wandeln, ohne hindurchzufallen.*
Jules Verne

Eine klitzekleine Korrektur: Ich schrieb, dass aus Annes Würfen eigentlich keine Katze überlebt hat. Nun, das stimmt so nicht.

Die eine Katze hat auf geradezu wundersame Weise überlebt: Bolli, aus Annes letztem Wurf. Und die andere, Kitty, stand, nachdem sie zwei Jahre lang spurlos verschwunden gewesen war, auf einmal wieder vor unserer Tür. So, als wäre es nie anders gewesen.

Was Bolli betrifft, frage ich mich an dieser Stelle: Ist sie nun eigentlich meine Katze oder eher nicht? Kann ich diese Katze guten Gewissens als mir zugehörig bezeichnen? Die Antwort lautet: Jein, vielleicht. Natürlich kann man überhaupt keine Katze besitzen. Aber Bolli gehört wahrlich, noch mehr als andere Katzen, nur sich selbst.

Vielleicht ist das auch der Hauptgrund, warum wir von unseren Samtpfoten so fasziniert sind. Wie kann ein kleines Tier so unabhängig, würdevoll und frei im Geiste sein? Anders als ein Hund ist eine Katze nie völlig abhängig vom Menschen. Meine Bolli jedenfalls besteht darauf, so akzeptiert zu werden, wie sie ist. Und glauben Sie mir: Sie ist schwierig! Mit dieser gesunden Einstellung wäre Bolli eigentlich die geborene Bürgerrechtlerin.

Unsere Mystery-Mieze ist jedenfalls schreckhaft, vergesslich, absolut unnahbar, aber auch die größte Überlebenskünstlerin, der ich je begegnet bin.

Eines Tages, da lebt Anne noch, kommt mir die halbwüchsige Bolli bedröppelt entgegengehumpelt.

Ihr rechter Vorderlauf ist anscheinend gebrochen. Sie kann sich kaum noch bewegen. Das überlebt sie nicht! denke ich. Sie wird nie mehr jagen können. Sie lässt sich partout nicht anfassen, also kann ich sie auch nicht zu unserer freundlichen Dottoressa ins Dorf bringen.

So füttern Anne und wir sie gemeinsam durch, bis Bolli eines Tages tatsächlich völlig wiederhergestellt ist. Beschwerdefrei begibt sie sich wieder auf die Jagd. Dass diese vom Schicksal so gebeutelte Katze überlebt hat, hat mich maßlos gefreut.

Die Marokkaner haben recht. Unsere Katze ist mit Segenskraft ausgestattet; Bolli besitzt »Baraka«.

Den Namen Bolli haben wir ihr übrigens gegeben, weil wir zunächst aufgrund des ziemlich großen Bollerkopfes dachten, es handele sich bei ihr um einen Kater. Nach knapp einem Jahr entpuppte sich das Katerchen allerdings als Muttertier. Inzwischen hat Bolli mehr als acht Kätzchen das Leben geschenkt. Bedauerlicherweise ist es auch unmöglich, sie von unserer Dottoressa im Dorf sterilisieren zu lassen, denn Bolli hält uns gegenüber konsequent einen Sicherheitsabstand von knapp zwei Metern ein. Wir haben wirklich alles versucht, und es war zwecklos.

Sie ist nur dann mäßig zutraulich, wenn die geschlossene gläserne Terrassentür uns von ihr trennt. Dann schnurrt sie auf der anderen Seite des Fensterglases an meinem Bein vorbei. Öffne ich die Tür, ist sie weg. Sind wir im Garten, läuft sie zwar hinterher, drehe ich mich aber um, flüchtet sie in Panik. Jedes gut gemeinte Zwinkern beantwortet die wohlerzogene Katze allerdings mit einem freundlichen Gegenzwinkern. Aber an eine echte Annäherung ist nicht mal im Traum zu denken.

Seit knapp fünf Jahren sitzt Bolli täglich morgens und abends vor unserer Terrassentür und wartet auf Futter. Ein bescheidenes Wesen ohne große Ansprüche. Sie scheint sich nach dem Grundprinzip zu richten: Es kann nie schaden, seine Wünsche deutlich zum Ausdruck zu bringen. Wenn wir ehrlich sind, würden wir alle doch gern nach dieser Maxime leben und unsere Wünsche ausleben. Unsere Katze hat den Mut, genau das zu tun.

Charakterlich ist Bolli überaus rätselhaft. Aber vielleicht ist ihr Verhalten auch gar nicht durch ihr Wesen geprägt, sondern muss eher als symptomatisch beschrieben werden. Es mag sein, dass unsere Katze krank ist – geistig, seelisch oder körperlich. Unser Freund Basti glaubt, sie habe das Downsyndrom, und unsere Freundin Nicole meint, sie leide unter einer Art Alzheimer. Ich glaube, sie hat beides und eine schwere Neurose.

Als Muttertier ist sie allerdings unschlagbar. Da, wo ihre Mutter Anne auch schon mal die strenge Erziehung mit heftigen Tatzenhieben und Fauchen unterstrich, ist Bolli liebevoll, sorgsam und geduldig. Tatsächlich reicht es mir manchmal, Bollis Katzenbabys beim Spielen zuzusehen, um ganz und gar glücklich zu sein. Ein Katzenbaby lässt das Haus erstrahlen. Man wird Zeuge einer brillanten Komödie, dargeboten von herausragenden Schauspielern.

Die Mama jedoch bleibt gespenstisch unnahbar. Bolli lässt sich nun mal nicht streicheln, reagiert nicht auf den ihr zugedachten Namen und scheint darüber hinaus immer wieder zu vergessen, wer mein Mann und ich eigentlich sind. Erscheinen wir nämlich allmorgendlich auf ihrer Bildfläche, erschreckt sie sich zunächst gewaltig, bevor ihr schließlich doch zu dämmern scheint, dass sie uns wahrscheinlich schon einmal irgendwo begegnet sein muss. Nur wo? Bolli kommt mir vor wie Dorie, der vergessliche Disney-Fisch. Aber schon Sigmund Freud wusste: Zeit, die man mit Katzen verbringt, ist nie verschwendet.

Trotz allem hat Bolli uns nun einmal ausgewählt, um ihre Familie aus sicherer Entfernung zu sein. Alle reinen Wesen sollen besonders praktisch veranlagt sein. Nun, das ist Bolli. Versorgt wird sie ja.

Doch zeigt Bolli uns auch immer wieder durch heftiges Zwinkern und Murren an, wie sehr sie sich dann eben doch über unsere Anwesenheit freut. Sie kann halt nicht über ihren Schatten springen. Madame ist kontaktscheu. Vielleicht mag sie mein italienisches Aftershave auch einfach nicht? Diese Katze gibt wahrlich Rätsel auf und besitzt ein geisterhaftes Wesen.

Unserer Anne ist sie zum Verwechseln ähnlich. Bolli erscheint mir wie die lebendig gewordene Erinnerung an unsere geliebte Katze.

Inzwischen respektieren wir Bolli so, wie sie ist. Ich hoffe, es beruht auf Gegenseitigkeit. Wir haben es aufgegeben zu versuchen, sie näher an uns zu binden. Aussichtslos. Sie hält sich zwar gern auf dem Grundstück auf, wartet regelmäßig auf Futter, aber ansonsten ist sie ganz und gar autonom. Ist sie aber mal nicht da, dann fehlt sie uns sofort gewaltig. Erstaunlich, dass man das Fehlen von jemandem, der nie richtig anwesend ist, als so schmerzhaft empfinden kann. Eine Katze macht nun mal glücklich. Auch wenn sie nicht richtig tickt. Da scheint es egal zu sein, ob sie unserer Erwartung entspricht oder eben nicht.

Ich weiß nicht, ob unsere Geduld mit Bolli belohnt wurde oder ob es die Sehnsucht nach einer relativ normalen Katze war, die Kitty nun in unser Leben gezaubert hat.

Kitty ist ein schwarz-weißer, besonders aufgeweckter Feger mit viel Sinn für Humor. Vor einigen Monaten sitzt sie plötzlich im Garten. Einfach so. Als hätte der Postbote oder ein guter Geist sie dort hingesetzt. Sie dürfte etwa zwei Jahre alt sein. Vom Wohnzimmerfenster aus beobachte ich sie interessiert. Gott, ist die süß! Sie sitzt mitten auf dem Rasen und scheint auf jemanden zu warten. Hat sie einen Termin? Ist das eine flüchtige Bekannte von Bolli?

Ganz vorsichtig öffne ich die Terrassentür. Nicht dass Bolli dahinter Aufstände macht, wieder einmal nichts begreift und grundlos durchdreht, um dann zwei Tage von der Bildfläche zu verschwinden.

Als ich mich der kleinen Kitty vorsichtig nähere und leise zu pfeifen beginne, denn schließlich habe ich mit unserer verhaltensgestörten Bolli schon so manchen Katzen-Streifen mitgemacht, merke ich schnell, dass mein übertriebenes Verhalten unangebracht ist.

Kitty schnurrt sofort um meine Beine und macht mir unmissverständlich klar, dass sie dringend mal vom Papa auf den Arm genommen werden möchte. So schnell hat noch keine Katze von mir Besitz ergriffen, und so flugs war mir noch nie klar: Das ist meine Katze! The Girl is mine.

Kitty und ich sind beide ganz verzückt, ja geradezu erschrocken darüber, wie gut wir zwei zusammenpassen. Als Dirk hinzueilt, lässt sich Kitty auch von ihm bereitwillig knuddeln, schmusen und drücken.

Dirk erkennt sie dann auch wieder: »Das ist Kitty! Erinnerst du dich?« Das war das freche Kätzchen aus Annes letztem Wurf.

Tatsache, sie hat die gleiche Stirnzeichnung. Ein verschwommenes schwarzes M prangt unter einer weißen Flamme auf ihrer Stirn. Madame steht also, dem italienischen Aberglauben nach, unter dem persönlichen Schutz einer einzelnen Dame.

Damals, vor knapp zwei Jahren, hatten wir versucht, das Tier an uns zu binden, und zunächst ließ sich die Sache auch ganz gut an. Aber dann war sie plötzlich verschwunden.

Anne war vom Charakter eher bedächtig. Kitty hingegen ist quirlig, ohne überdreht zu sein. Was hat die Dottoressa noch einmal über schwarz-weiße Katzen gesagt? Sie sind trickreich, verspielt und haben einen gutmütigen Charakter. Das trifft voll und ganz auf Kitty zu. Kitty hat mir gerade noch gefehlt. Wo war sie nur in den vergangenen zwei Jahren?

Kitty lebt sich ähnlich schnell bei uns ein wie ihre Mutter. Sie sitzt neben mir am Schreibtisch, wenn ich arbeite. Auch sie liebt ausgedehnte Spaziergänge in der Natur und hebt anmutig das Pfötchen zum Gruß. Kitty ist meine Freude.

Genau betrachtet hat unser Neuzugang doch eigentlich alles, was das Leben halbwegs lebenswert macht: Bewunderung, viel Schlaf und Gesellschaft nur, wenn sie mag.

Viel mehr kann ich noch gar nicht über Kitty schreiben, außer dass sie mit einer unglaublichen Lebensfreude gesegnet ist und den Eindruck macht, sie wolle bleiben. Für immer. Hier beginnt also ein neues Katzenabenteuer. Und wenn ich mir meine Kitty so anschaue, wie sie mir da so durch die Terrassentür zuzwinkert, glaube ich, dass es ein besonders schönes Lebenskapitel werden könnte.

Falls Sie jetzt doch noch Lust verspüren sollten weiterzulesen, obwohl das Buch hier offiziell eigentlich beendet ist, kann ich Sie beruhigen.

Da habe ich doch mein altes Buch »Grimms Märchen« noch einmal hervorgekramt, um mir die bekannteste Katzengeschichte von allen zu Gemüte zu führen. Ohne dieses weltberühmte Märchen wäre dieses Buch, offen gestanden, einfach nicht komplett. Es zeigt auf wunderbare Weise, wie gewitzt Katzen sind und wie mutig sie dem Schicksal Paroli bieten können. So habe ich den gestiefelten Kater für mich noch einmal entdeckt und neu aufgeschrieben – mit einer tiefen Verbeugung vor den Gebrüdern Grimm.

Die Begebenheit rund um den rätselhaften Kater aus dem Weserbergland hat sich seinerzeit wie folgt zugetragen.

DER GESTIEFELTE KATER VON OEDELSHEIM … FREI NACH EINEM MÄRCHEN DER GEBRÜDER GRIMM

Unser Herrgott hat des Öfteren seine schönsten und größten Gaben dem gemeinsten Tier gegeben. Nur die Menschen suchen sie dort nicht.

Martin Luther

Im schönen Hessen war's, im Orte Oedelsheim. Zwischen grünen Hügeln und saftigen Wiesen. Da gab es doch tatsächlich einmal einen Müller. Er war mächtig stolz auf seine drei Söhne und seine Mühle an der kühlen Weser; von einer lieben Frau weiß die Mär indes nichts zu berichten.

Zu des Müllers Besitztümern gehörten auch noch ein störrischer Esel und ein mürrischer Kater. Ein jeder hatte bei der Wassermühle seinen täglichen Aufgaben nachzukommen. Die Söhne mussten das Getreide zu Mehl mahlen, der Esel das Korn schleppen und die Mehlsäcke hinforttragen, und die schlecht gelaunte Katze musste die Mäuse fangen.

Bedauerlicherweise segnete der Müller aus dem Hessenland früh das Zeitliche.

Nun teilten sich die drei Söhne die übersichtliche Erbschaft: Der älteste, Jan, bekam die Mühle, der zweite, Carl, den Esel, der dritte, Dirk, den alten Kater; weiter bekam er nichts.

Da ward Dirk sehr traurig und sprach zu sich selbst: »Ach, mir ist es doch recht schlimm ergangen, mein Bruder Jan kann Korn zu Mehl mahlen, mein Bruder Carl auf seinem Esel durch die schönen hessischen Lande reiten. Aber was soll ich mit dem unnützen Kater nur beginnen?« Da kam ihm plötzlich die rettende Idee: »Ich hab's! Ich lass mir ein Paar warme Handschuhe aus seinem Leder schneidern!«

Der Kater verstand die Worte wohl und erschrak. Schon sein Weib und seine Kinder waren auf tragische

Weise ums Leben gekommen. Der grausame alte Müller hatte die Katze samt ihren Jungen einfach in die Weser geworfen. Aus Mitgefühl hatten die Weidenbäume am Ufer ihre Äste ins Wasser geneigt, damit die Kätzchen sich daran festhalten und herausklettern sollten. Doch sie waren ertrunken. Seitdem haben die Blüten der Weide ein weiches Fell und werden »Kätzchen« genannt. So ist es bis heute, wenigstens am hessischen Weserstrand.

»Hör zu«, fing der brummige Kater auf wundersame Weise zu reden an, hatte er doch zu Dirks Überraschung das Gesagte verstanden. »Töte mich nicht für ein Paar kratzige Handschuhe aus Katzenfell! Lass mir stattdessen lieber ein Paar schöne rote Lederstiefel machen, damit ich ausgehen und mich unter den Leuten in Oedelsheim sehen lassen kann. Es soll dein Schaden nicht sein!«

Der gute Müllerssohn Dirk war zwar recht verwundert über das plappernde Tier, eilte aber trotzdem mit dem dicken Kater unterm Arm zum nächsten Schuster in die Bremer Straße in Oedelsheim.

Der Schuster staunte nicht schlecht über die seltsamen Gäste, tat aber, wie ihm geheißen, und maß dem Kater brav die Stiefel an. Als diese nach einer Woche fertig waren, zog das Katerchen sie voller Stolz an und betrachtete sich darin im Spiegel. Ihm gefiel, was er da sah!

Als Dirk mit seinem Kater zurück bei der Mühle war, ergriff dieser einen Sack, füllte ihn mit Korn, verschnürte ihn gut und warf das Bündel über seinen Rücken. Mit einem Male lief er aufrecht wie ein Mensch zur Tür hinaus ins weite schöne Hessenland hinein.

Damals regierte ein gütiger König namens Edelhart von Hessen und zu Cassel das kleine Land. Ach, der verspeiste für sein Leben gern fette Rebhühner. Es herrschte aber eine Not und ein Mangel daran, sodass keine Vögel weit und breit zu fangen waren. Außerhalb der Landesgrenzen im Niedersächsischen war der Wald zwar voll davon, aber das Federvieh war so scheu, dass selbst der erfahrenste Jäger des Königs von Hannover es nicht zu Gesicht bekam.

Der kluge Kater wusste darum und wollte es klüger anstellen als die Waidmänner des Regenten. So begab er sich in den Wald, öffnete den Sack und breitete das Korn auseinander. Die Schnur legte er ins Gras und leitete sie hinter eine dichte Brombeerhecke. Dahinter versteckte er sich und lauerte. Die Rebhühner kamen alsbald gelaufen, entdeckten aufgeregt das Korn, pickten es begierig – und eins nach dem andern hüpfte freiwillig in den Sack hinein.

Als ein gutes Dutzend drinnen war, eilte der Kater herbei, zog die Kordel zu und drehte den Tieren die Hälse um. Schließlich warf er den Sack wieder über den Rücken und schritt geradewegs zum Schloss des Königs.

Die Leibwache am Tor der stolzen Sababurg stoppte ihn und rief: »Halt! Wohin des Weges, fellnasiger Geselle?«

»Zu Seiner Königlichen Majestät natürlich!«, antwortete der Kater wie selbstverständlich.

»Wir sind doch hier nicht im Tollhaus! Du bist ein struppiger Kater! Was willst du, Catus Felinus, denn beim Fürsten?«

»So lass ihn doch passieren, Leutnant«, sagte ein anderer Wachhabender grinsend, »dem König ist doch oft so fade in seinem Turm, vielleicht macht ihm der dicke Kater mit seinem Schnurren Freude.«

Als der Kater vor den erstaunten Fürsten trat, machte er eine tiefe Verbeugung und verkündete: »Sire, mein Herr, der Graf Dirk Gerhard von Gottstreu und Gieselwerder, lässt sich Eurer Majestät dem Herrn König empfehlen und schickt ihm als Beweis seiner Gunst diese saftigen Rebhühner.«

Der König Edelhart wusste vor Freude gar nicht, wohin mit seinen Gefühlen. Er herzte und küsste den Kater und befahl, ihm so viel Gold aus der Schatzkammer der Sababurg in seinen Sack zu packen, wie er nur tragen könne.

»Das bringe deinem Herrn, dem Grafen von …? Und danke ihm tausendmal für die fetten Rebhühner. Vergelt's Gott, Katerchen!«

Der arme Müllerssohn Dirk indes saß in der alten Mühle am Fenster, stützte den Kopf auf die Hand und dachte, während er auf die klare Weser blickte, dass er es wohl dumm angestellt und nun seine letzten Goldmünzen für die roten Lederstiefel des Katers verschwendet hatte.

Plötzlich flog die Tür der Mühle auf, und der Kater stiefelte herein. Den schweren Sack hob er vom Rücken, schnürte ihn schleunigst auf und schüttete das Gold dem jungen Müller vor die Füße.

»Hier hast du ein wenig Gold vom König Edelhart. Seine Majestät lässt dich grüßen und bedankt sich wärmstens für die Rebhühner.« Der Müller konnte sein Glück über den unverhofften Segen nicht fassen. Während der Kater langsam seine Stiefel auszog, erzählte er ihm das Geschehene. Schließlich erklärte er: »Und morgen schlüpfe ich wieder in meine roten Stiefel, und dann sollst du noch reicher werden. Beim Fürsten habe ich nämlich vertraulich erwähnt, dass du ein Graf bist.«

Verdutzt schaute der gute Dirk den Kater an und verstand nicht so recht.

Am darauffolgenden Tag begab sich der gestiefelte Kater, wie er es versprochen hatte, wieder auf die Jagd nach fetten Rebhühnern und brachte dem König gegen Abend seine reiche Beute auf die Sababurg.

So ging es wohl einen guten Monat, und der getreue Kater brachte alle Tage Gold heim in die Mühle an der Weser. Inzwischen ward er so beliebt und angesehen beim Fürsten, dass er im Schloss ein und aus gehen durfte, grad wie es ihm beliebte.

Eines Tages saß der Kater in der Schlossküche beim offenen Feuer und wärmte sich die Pfoten, da kam der grimmige Kutscher und fluchte: »Ich wünsche dem König Edelhart und seiner Tochter, der Prinzessin Wohlgemut, den Habicht an den Hals! Da will ich gerade ins Wirtshaus nach Oedelsheim gehen, genüsslich mein Weizenbier trinken, Karten spielen und mit meinen Kumpanen zechen, da soll ich die zwei jetzt mit einem Mal an den See spazieren fahren.«

Wie der Kater das hörte, schlich er sich schnurstracks zurück zur Mühle und flehte seinen Herrn an: »Herr Dirk, wenn du ein wahrer Graf sein und steinreich werden willst, dann komm jetzt mit mir hinaus an den See zur Sababurg und bade darin.«

Der gute Müller Dirk wusste wieder nicht, was er da erwidern sollte. So folgte er dem Kater an den See, zog sich splitterfasernackt aus und sprang ins kühle Nass. Der Kater sammelte eilig dessen armselige Kleider ein und versteckte sie hinter einer dichten Brombeerhecke. Im Wasser fröstelte währenddessen der Müller Dirk und schlug die Arme schützend um seinen Körper.

Mit einem Mal kam der König in seiner goldenen Kutsche dahergefahren. Der Kater am Wegesrand fing sogleich an, erbärmlich zu jammern: »Ach! Allerwerteste Majestät! Mein Herr wollt' baden hier im klaren See. Da ist ein schändlicher Dieb gekommen und hat ihm all seine damastenen Kleider gestohlen, die dort am Ufer lagen. Nun ist meine liebe Durchlaucht im Wasser und kann nicht wieder heraus. Ich befürchte, wenn er noch länger badet, wird er erfrieren.«

Als der König das hörte, ließ er die Kutsche anhalten und schickte eine seiner Wachen, um aus dem nahen Schloss von des Königs Kleidern zu holen. Alsbald zog der Herr Graf die prächtigsten Kleider an, und weil ihm der König wegen der Rebhühner sowieso gewogen war, befahl er dem guten Dirk, sich zu ihm in die goldene Kutsche zu setzen. Die Prinzessin Wohlgemut schien auch gar nicht bös darüber, denn schließlich war der Graf jung, anmutig und wohlgeraten. Alles in allem gefiel er ihr recht gut.

Der Kater aber war der Kutsche vorausgeeilt und an eine große Weide gekommen, wo viele Leute standen und Heu machten.

»Wem ist diese Wiese, ihr guten Leute?«, rief der gestiefelte Kater.

»Dem großen Zauberer von Adelebsen«, schallte es zurück.

»Hört zu, jetzt wird gleich der König vorbeifahren. Wenn er wissen will, wem diese Weide gehört, so antwortet: dem Herrn Grafen! Wehe dem, der es nicht tut, der wird noch heute erschlagen!«

Bald kam der Kater an einen prächtigen Wald, da standen fast 300 Leute, fällten die Eichen und sägten sie zu Holz.

»Wem ist dieser Wald, ihr Leute?« – »Dem Zauberer von Adelebsen.« – »Hört zu, jetzt wird gleich der König vorbeifahren, wenn er wissen will, wem der Wald gehört, so antwortet: dem Grafen; und wehe dem, der das nicht tut, der wird noch heute erschlagen.«

Der schlitzohrige Kater lief noch viel weiter, die Leute schauten ihm alle hinterher, und weil er so merkwürdig aussah und wie ein Mann aufrecht in Stiefeln daherlief, fürchteten sie sich auch vor ihm.

Er kam bald an die stolze Burg des Zauberers von Adelebsen, trat keck hinein und mutig im großen Rittersaal vor diesen hin. Der Zauberer blickte mit Verachtung auf den Kater und fragte, was er wolle.

Der Kater verbeugte sich tief und erklärte feierlich: »Ich hörte, dass du dich in jedes Tier verwandeln kannst. Was einen Hund, Hasen oder auch ein Huhn betrifft, da will ich es wohl glauben; aber kannst du dich auch in einen Elefanten verwandeln? Das scheint mir doch unmöglich!«

Der Zauberer lachte schallend und verkündete stolz: »Nichts leichter als das«, und mit einem Mal stand er als trompetender Elefant im Rittersaal.

»Sieh an! Unglaublich erstaunlich eigentlich«, sagte der Kater, »aber wie ist es denn mit einem Löwen?«

»Ein Klacks!«, entgegnete der Zauberer, und schon stand er als brüllender Löwe auf der großen Tafel vor dem Kater.

Der Kater tat höchst erschrocken und schrie: »Das hätt' ich mir nicht träumen lassen! Aber in ein Mäuschen kannst du dich wohl nicht verwandeln. Auch wenn du mir der größte Zauberer weit und breit zu sein scheinst! Das ist dir doch gewiss zu hoch?«

Der Zauberer von Adelebsen ward bei seiner Ehre gepackt und säuselte: »Liebes Kätzchen, nichts ist mir zu hoch, auch das kann ich!« Und mit einem Mal sprang er als weiße Maus im Saal umher. Der Kater war mit einem Satz gleich bei der Maus, fing sie und verspeiste sie.

Der König aber war mit dem Grafen Dirk und der Prinzessin Wohlgemut weiter auf Spazierfahrt, und bald kam er zu der großen Weide.

»Wem gehört das Heu?«, fragte der König neugierig.

»Dem Herrn Grafen!«, riefen alle, so wie der Kater es ihnen aufgetragen hatte.

Schließlich kamen sie auch zu dem Wald. Man versicherte auch dort dem König, dass wohl alle Ländereien dem Herrn Grafen gehörten.

Der König war darüber sehr erstaunt und beglückwünschte Dirk mit den Worten: »Herr Graf, Ihr müsst wahrlich ein wohlhabender und ehrenwerter Mann sein!«

Die goldene Kutsche erreichte gegen Abend die Burg von Adelebsen. Der Kater stand oben bei dem Tor, und als der Wagen hielt, sprang er freudig herbei, öffnete die Tür des Wagens und verkündete: »Allerwertester Herr König, willkommen in der Burg meines Herrn, des Grafen Dirk Gerhard von Gottstreu und Gieselwerder, den die Ehre Eures Besuchs bis an sein Lebensende glücklich machen wird.«

Der König entstieg seinem Gefährt und verwunderte sich über das prächtige Kastell, das beinahe größer und schöner war als sein eigenes Schloss. Der Graf aber führte die Prinzessin Wohlgemut die Treppe hinauf in den Rittersaal, der ganz von Gold und Silber schimmerte. Auch wenn es dort noch immer verdächtig nach Elefantendung roch.

Noch am selben Abend ward die schöne Prinzessin dem stolzen Grafen versprochen, und als der König bald darauf starb, ward der gute Müllerssohn Dirk zum König von Hessen und zu Cassel gekrönt, der gestiefelte Kater aber wurde Premierminister in seinem Kabinett und diente seinem Herrn treu bis ans Ende seiner Tage.

Die Moral von der Geschicht: Das Leben mit einem alten Kater ist überraschend, magisch und stets eine Bereicherung! So oder so. Die Katze entscheidet darüber, ob sie einen zum Bettler oder Edelmann macht.

Und wenn sie nicht gestorben sind, dann leben sie noch heute.

Manchmal miauen sie sogar noch.

EIN FINALES **MIAU**

*Wer Tiere quält, ist unbeseelt
und Gottes guter Geist ihm fehlt,
mag noch so vornehm drein er schau'n,
man sollte niemals ihm vertrau'n.*
        Johann Wolfgang von Goethe

Jede Mieze verbirgt ein Geheimnis oder weiß etwas, was man selbst nie erahnen wird. Die Katze wird uns deshalb immer einen Schritt voraus sein.

Der Dokumentarfilm »Kedi« über die streunenden Katzen von Istanbul beschreibt gut, was das Mysterium der Katze im Kern ausmacht. Dort heißt es nämlich, Katzen seien sich der Existenz Gottes bewusst. Für den Hund ist der Mensch Gott. Nicht so für die Katze. Sie weiß es einfach besser.

Wir sollten von den Katzen lernen. Sie denken nicht daran, sich kaputtzumachen, nur um mehr zu gelten. Wie einst die Mönche verbringen sie drei Viertel ihres Lebens schlafend und meditierend.

Katzen sind durchdrungen von emotionaler Aufrichtigkeit. Ein Mensch mag seine Gefühle aus dem einen oder anderen Grund manchmal verstecken, eine Katze tut das nicht. Sie fordert uns zu gefühlsmäßiger Wahrhaftigkeit auf.

Der Mensch hält sich zwar für klug, aber Katzen sind unendlich viel klüger – und weil sie so klug sind, wissen sie das auch. Wie wir uns Katzen gegenüber hier auf Erden verhalten, könnte auch über unsere Platzierung im Himmel bestimmen.

Da dieses Buch mit Hunden begann, soll es auch mit ihnen schließen, denn natürlich sind auch Hunde ganz wundervolle Wesen, die ihre wichtige Aufgabe im universellen Plan erfüllen.

Milan Kundera meinte: »Hunde sind unsere Verbindung zum Paradies. Sie kennen nichts Böses oder Neid oder Unzufriedenheit. Mit einem Hund an einem herrlichen Nachmittag an einem Hang zu sitzen, kommt dem Garten Eden gleich, wo Nichtstun nicht Langeweile war – sondern Frieden.«

Tja, und Katzen sind Engel mit einem Schnurrbart.

Bevor ich es vergesse: Bitte grüßen Sie unbedingt Ihre Katze von mir! Sagen Sie ihr einfach »Murr«, und zwinkern Sie ihr kurz zu. Dann weiß sie schon Bescheid.

QUELLEN

Industrieverband Heimtierbedarf (IHV) e.V., »Anzahl der Heimtiere in Deutschland 2020«: www.ivh-online.de/der-verband/daten-fakten/anzahl-der-heimtiere-in-deutschland.html

Tasmin Humphrey, Leanne Proops, Jemma Forman, Rebecca Spooner & Karen McComb, »The role of cat eye narrowing movements in cat–human communication«, in: »Scientific Reports«, Oktober 2020, zitiert nach: www.researchgate.net/publication/344688614_The_role_of_cat_eye_narrowing_movements_in_cat-human_communication

David M. Dosa, M.D., M.P.H., »A Day in the Life of Oscar the Cat«, in: »New England Journal of Medicine«, 26. Juli 2007, www.nejm.org/doi/full/10.1056/nejmp078108

David Grimm, »Cats rival dogs on many tests of social smarts. But is anyone brave enough to study them?«, in: »Science«, 9. Mai 2019, www.sciencemag.org/news/2019/05/cats-rival-dogs-many-tests-social-smarts-anyone-brave-enough-study-them

»Heilende Tierlaute: Katzenschnurren lässt Knochen schneller heilen«, Deutschlandfunk Nova, 27. Februar 2019, www.deutschlandfunknova.de/beitrag/heilende-tierlaute-katzen-schnurren-laesst-knochen-schneller-heilen

»Katzenschnurren macht gesund«, in: VitalAbo, www.vitalabo.de/info/magazin/katzenschnurren-macht-gesund

Naomi Bader, »Schau mich an«, SZ Wissen online, 19. Oktober 2020, https://www.sueddeutsche.de/wissen/katze-kommunikation-augen-haustiere-1.5072364?reduced=true

Elke Bodderas, »Genetik: Urmutter aller Katzen lebte im Nahen Osten«, Welt.de, 29. Juni 2007, https://www.welt.de/wissenschaft/article982848/Urmutter-aller-Katzen-lebte-im-Nahen-Osten.html

Rupert Sheldrake, »Der siebte Sinn der Tiere. Warum Ihre Katze weiß, wann Sie nach Hause kommen, und andere bisher unerklärte Fähigkeiten der Tiere«, aus dem Englischen von Michael Schmidt, Fischer, Frankfurt am Main 2007

Geolino Extra, Nr. 47: »Katzen«, August 2014

Basler Zeitung, 8. Januar 2018

ZEIT Wissen Nr. 3/2014, 15. April 2014

Wikipedia

Vielen Dank an Bettina Feldweg
für die Inspiration zu diesem Buch

Das erfolgreichste Sachbuch zum Neuentdecken

Hier reinlesen!

Hape Kerkeling
Ich bin dann mal weg
Meine Reise auf dem Jakobsweg – Jubiläumsausgabe

Malik, 368 Seiten
€ 20,00 [D], € 20,60 [A]*
ISBN 978-3-89029-600-5

Hape Kerkelings Erlebnisse auf dem Jakobsweg wurden zum Lieblingsbuch einer Generation und begeisterten über fünf Millionen Menschen: ein ehrlicher Bericht über die Suche nach Gott und sich selbst, voller Witz, Weisheit und Wärme. In der Jubiläumsausgabe blickt Hape Kerkeling in einem völlig neuen, ausführlichen Vorwort auf den wichtigsten Weg seines Lebens zurück. Er erzählt von der Entstehung des Buches, davon, was ihn beim Schreiben antreibt und wie der Nachhall der Pilgerreise ihn bis heute begleitet.

MALIK

Leseproben, E-Books und mehr unter **www.malik.de**

»Ein zutiefst bewegendes Buch«

Süddeutsche Zeitung

Hape Kerkeling
Der Junge muss an die frische Luft
Meine Kindheit und ich

Piper, 320 Seiten
€ 19,99 [D], € 20,60 [A]*
ISBN 978-3-492-05700-4

Mit »Ich bin dann mal weg« inspirierte er Millionen Leser, persönliche Grenzen zu überschreiten. Jetzt spricht Hape Kerkeling über seine Kindheit; mit großem Humor und Ernsthaftigkeit. Über die frühen Jahre im Ruhrgebiet, Bonanza-Spiele und den ersten Farbfernseher; das Auf und Ab einer turbulenten Karriere und darüber, warum es manchmal ein Glück ist, sich hinter Schnauzbart und Herrenhandtasche verstecken zu können. Über Verluste, Lebensmut und die Energie, immer wieder aufzustehen.

PIPER

Leseproben, E-Books und mehr unter **www.piper.de**

VERPASSEN SIE NIE WIEDER EIN NEUES BUCH VON HAPE KERKELING!

Folgen Sie Hape Kerkeling für News:

- Folgen Sie Ihrem Lieblingsautor Hape Kerkeling auf **piper.de**

- Wir schicken Ihnen eine Nachricht mit Neuigkeiten zu Hape Kerkeling

- Sie können auf **piper.de** oder in der Buchhandlung Ihrer Wahl alle Bücher vorbestellen

piper.de

Jeder Tag ist wie eine offene Tür

Isabell Varell

Die guten alten Zeiten sind jetzt

Wie ich das Leben jeden Tag neu erfinde

Piper Paperback, 256 Seiten
€ 15,00 [D], € 15,50 [A]*
ISBN 978-3-492-06300-5

Isabel Varell ist eine wahre Lebenskünstlerin. In diesem Buch erzählt sie entwaffnend ehrlich von den höchsten Höhen und tiefsten Tiefen ihres Lebens. Sie hat das Talent, immer das Positive im Blick zu behalten, Schmerzliches loszulassen, Scheitern als Chance zu erkennen und ihre Ängste zu überwinden. Keine Herausforderung ist ihr zu groß – auch nicht das Älterwerden, dem sie dank ihrer durchweg optimistischen Lebenshaltung mit bewundernswerter Gelassenheit begegnet.

Leseproben, E-Books und mehr unter **www.piper.de**